创新创业"1+1"
双创基础教程

主编　汪　岩　徐　来　王　征

副主编　王　利　金鸿德　李　璐　杨　光

　　　　王　建　乔桂彬　李红艳

天津出版传媒集团

天津科学技术出版社

图书在版编目（CIP）数据

创新创业"1+1"双创基础教程／汪岩，徐来，王征
主编． — 天津：天津科学技术出版社，2021.6
ISBN 978 - 7 - 5576 - 9445 - 6

Ⅰ．①创… Ⅱ．①汪… ②徐… ③王… Ⅲ．①大学生
－创业－教材 Ⅳ．①G647.38

中国版本图书馆 CIP 数据核字（2021）第 121871 号

创新创业"1+1"双创基础教程
CHUANGXIN CHUANGYE YI JIA YI SHUANGCHUANG JICHU JIAOCHENG
责任编辑：王 祯

出版：天津出版传媒集团
　　　天津科学技术出版社
地址：天津市西康路 35 号
邮编：300051
电话：(022)23332400
网址：www.tjkjcbs.com.cn
发行：新华书店经销
印刷：河北鑫彩博图印刷有限公司

开本 787×1092　1/16　　印张 12.75　　字数 300 000
2021 年 6 月第 1 版第 1 次印刷
定价：49.80 元

前言
PREFACE

当前，我国正在建设创新型国家、创新型城市，而大学生是最具创新创业能力的一个群体，也是中国未来经济发展的主要参与者和领导者。由此可见，大学生的创新创业教育是事关我国建设创新型国家、创新型城市能否取得成功的重大问题。

随着中国社会经济快速而全面的发展，医学教育也相应得到了长足发展。基于区域经济发展的地方医学类高校创新创业课程培养是时代的要求，创新创业教育是深刻分析当前国际国内发展趋势而形成的创新变革，是培养应用型人才的重要途径。医学类高校由于自身的特殊性，在大学生创新创业工作中遇到诸多困难和若干亟待改进的方面。例如，有学者强调我国医学类院校创新创业教育存在着如下问题：教育理念落后；简单化教育倾向严重；培养目标不清；教育模式相对落后；创新创业教育师资力量匮乏等。也有一些学者认为：创新创业教育的受重视程度不够，没有得到和专业教育的同等地位，师资缺乏、课程体系不健全等问题也是大学开展创新创业教育的主要障碍。

党的十八大报告就已经提出"进入创新型国家行列"和"促进以创业带动就业"的发展战略，为高校人才培养、教学模式提出了新的要求，更加注重学生创新创业能力的培养，创新路径的研究。大学生创新创业教育和实践训练是一项长期的系统工程，关系到我国高等学校教学质量与教学改革，也关系到创新型、应用型人才培养目标的实现。理性地审视、建设性地思考我国医学类高校创新创业的课程教育，是我们教育理论工作者不可推卸的责任。本书的编写，可以帮助同学们构建起有效的创新创业思维模式，为区域经济社会和企业发展提供更好的人才支持。

因此，切实加强和深入推进创新创业教育工作，是国家实施创新驱动发展战略、促进经济提质增效升级的迫切需要，是推进高等教育综合改革、促进毕业生更高质量创业就业的重要举措。为顺应"大众创业、万众创新"的新形势、新要求，也为学校深化创新创业教育改革提供良好机遇，强化办学目标，走一条摸索道路，并为广大师生提供一些微小的指导意义，我们特此编写了本书。

本书具有以下特点：

1. 应用性。本书强调创新创业理论知识、方法、原理的实际应用。在阐述大学生创新创业相关理论、方法和原理的过程中，力求做到用典型的案例指导大学生在实际的创新创业活动中如何应用。

2. 创新性。通过学习目标、案例导入、思考题、能力训练等形式创新教学内容的组成形式，使理论教学内容更加符合实际，更加通俗易懂。同时，将"互联网+医疗"纳入创业教材，可以说是国内大学生创新创业教材中的首创。

3. 实战性。围绕大学生创新创业能力构成主线，在创新创业知识内容方面遵循"够用""实用""服从能力培养需要"的原则；在创新创业实务方面做到专业素质训练与专业能力训练的融合，遵循以具备创新创业实战素质与能力为目的的课程改革思想。

本书由杨光老师编写第一至二章，金鸿德老师编写第三至四章，王利老师编写第五章，李璐老师编写第六至七章，王建老师编写第八至九章，乔桂彬老师编写第十至十一章，李红艳老师编写第十二至十三章，徐来老师编写第十四章。最后由汪岩、徐来、王征老师定稿。

本书的编写得到了有关专家、领导的大力支持和帮助，在编写过程中，参阅并适当引用了国内外相关作者的著作、教材和研究成果，在此一并表示诚挚的谢意。由于编者水平和时间的限制，书中难免有不足的地方，恳请广大读者批评指正。

编　者

目录
CONTENTS

第一章 创新概述 ………………………………………… 1
第一节 创新的概念 ……………………………………… 2
第二节 创新的特征 ……………………………………… 5

第二章 创新意识 ………………………………………… 11
第一节 创新意识与当代大学生创新意识培养的意义 ……… 12
第二节 我国大学生创新意识培养的必要性 ……………… 15
第三节 加强大学生创新意识培养工作的路径与方法 ……… 16
第四节 大学生创新意识和实践能力培养的思考 ………… 19

第三章 创新能力 ………………………………………… 25
第一节 创新能力及其领域 ……………………………… 26
第二节 提高创新能力的基本要素及举措 ………………… 30

第四章 创新思维 ………………………………………… 35
第一节 创新思维的概念 ………………………………… 36
第二节 创新思维的特质及培养方法 …………………… 40

第五章 创业概述 ………………………………………… 49
第一节 创业概述 ………………………………………… 50
第二节 创业阶段与分期 ………………………………… 54
第三节 创业者的素质 …………………………………… 60

第六章 创业模式 ………………………………………… 68
第一节 创业模式的理论概述 …………………………… 69
第二节 大学生创业模式的探讨与实践 ………………… 72
第三节 构建我国大学生创业教育模式 ………………… 77

第七章　医学生创新创业教育概述 85

第一节　创新创业教育的提出 86
第二节　医学生创新创业教育的重要意义 93

第八章　医学生创新创业教育理念与实施 101

第一节　医学生创新创业教育理念 102
第二节　医学生创新创业教育的实施 104

第九章　医学生创新创业教育师资培养与管理 111

第一节　医学生创新创业教育师资培养 112
第二节　辅导员在医学生创业教育的作用 117

第十章　医学生创新创业教育的课程设置与教学方法 123

第一节　医学生创新创业教育的课程设置 124
第二节　医学生创新创业教育的教学方法 128

第十一章　创新型人才与卓越医生的培养 135

第一节　创新型医学人才的培养 136
第二节　创新创业教育与卓越医学生的培养 138

第十二章　医学生的创业环境 142

第一节　医疗产业环境透视 143
第二节　医学生创业的困境 154

第十三章　医学生创业教育 160

第一节　医学生创业意识的激发 161
第二节　医学生创业动机 163
第三节　医学生创业素质的内容 171

第十四章　创新创业项目及创新创业相关政策 176

第一节　认知大学生创新创业训练计划 177
第二节　全面的创新训练 180
第三节　精英的创业实践 188

参考文献 195

第一章
创新概述

创新是人类特有的认识能力和实践能力，是人类主观能动性的高级表现，是推动民族进步和社会发展的动力。一个民族要想走在时代前列，就必须有创新思维，一刻也不能停止各种创新。创新在经济、技术、社会学以及医学等领域，尤其是在教育中的研究举足轻重。

第一节 创新的概念

创新是目前世界的一个高频词,在我们国家更是如此:政府官员、企业家、学者、教师以及其他普通社会成员都在谈论创新,但多数情况下人们并不真正知道什么是创新,因而付诸行动的人就更少。那么什么是创新呢? 从事创新概念研究的学者普遍认为,很难进行严格的界定。清华大学科学与社会研究所教授李正风认为,"创新"一词在我国存在着两种理解,一是从经济学角度来理解创新,二是根据日常含义来理解创新。目前,人们经常谈及的创新,简单说来就是"创造和发现新东西"。这里使用的实际上是"创新"的日常概念。从广义的概念上看,人类社会的每一次进步都离不开创新。

创新的本质是进取,是推动人类文明进步的动力;创新就是要淘汰旧观念、旧技术、旧体制,培育新观念、新技术、新体制;创新的本质是不做复制者。因此,创新实际上就是从观念、理论、制度到实际行动的创造、革新、进步和发展的过程。

一、创新概念的产生与发展

创新的英文字"Innovation"来源于拉丁文"Innovatus",而其对应的动词"innovare",的含义是"to renew(更新) or change(改变)"。

创新概念的起源可追溯到1912年美籍经济学家熊彼特的《经济发展概论》。熊彼特提出:创新是指把一种新的生产要素和生产条件的"新结合"引入生产体系。20世纪60年代,随着新技术革命的迅猛发展,美国经济学家华尔特.罗斯托提出了"起飞"六阶段理论,将一个国家的经济发展依次分为传统社会阶段、准备起飞阶段、起飞阶段、走向成熟阶段、大众消费阶段和超越大众消费阶段,其中,把"技术创新"提高到"创新"的主导地位。

20世纪70、80年代开始,创新的研究得到进一步深入,开始形成系统的理论。厄特巴克在70年的创新研究中独树一帜,他在1974年发表的《产业创新与技术扩散》中认为,"与发明或技术样品相区别,创新就是技术的实际采用或首次应用"。

缪尔赛在80年代中期对技术创新概念作了系统的整理分析。在整理分析的基础上,他认为:"技术创新是以其构思新颖性和成功实现为特征的有意义的非连续性事件"。

进入21世纪,信息技术推动下知识社会的形成及其对技术创新的影响进一步被认识,科学界进一步反思对创新的认识:技术创新是一个科技、经济一体化过程,是技术进步与应用创新"双螺旋结构"共同作用催生的产物。知识社会条件下以需求为导向、以人为本的创新2.0模式进一步得到关注。通过创新双螺旋结构的呼应与互动形成有利于创新涌现的创新生态,打造以人为本的创新2.0模式。

人类所做的一切事物都存在创新,创新遍布人类的各个方面,如思维、观念、知识、技术的创新,政治、经济、商业、艺术的创新,工作、生活、学习、娱乐、衣、食、住、行、通讯等领域的创造创新,而不仅仅是技术领域的事情,尽管技术创新对人类的生产生活有决定性意义。何道谊认为事物创新—仿复模型具有普遍适用性,在这一模型下生产力由学习能力、创新能力和仿复能力决定,生产力公式为:

$$生产力 = (学习能力 + 创新能力) × 仿复能力$$

仿复能力指仿照一定的模式进行复制、复做的能力。

为什么需要创新?

创新的关键在于人才,创新型人才将主导社会经济发展的方向。不论是新产品的研发、行业的崛起还是新的管理理念的产生,这一切都离不开人的创造力。从人才战略的角度来看,21 世纪的竞争将更加集中于创新型人才的竞争。

改革开放中的创业潮

图 1−1

马云,阿里巴巴引领了中国的电子商务行业。在胡润研究院推出的中国品牌榜百强名单中,马云是唯一一个创造了三个品牌上榜的,包括淘宝、天猫和支付宝。而马云的成功就是来源于他的创新思维。

图 1−2

二、创新的内容

1. 创新的主体

创新主体是具有创新能力并实际从事创新活动的人或社会组织。包含两层含义：一指个人（如：自然人的发明创造，像爱迪生等）；二指团体或组织（如：国家创新体系的建立）。

2. 创新的客体

创新的客体是客观世界。包括自然科学、社会科学以及人类自身思维规律。

3. 创新的过程

创新的过程是不断拓展和改变对客观世界（包括人类）认知与行为的动态活动本身。

4. 创新的内核

创新的核心就是创新思维，指人类思维不断向有益于人类发展的方向动态化的改变。

5. 创新的关键

创新的关键就是改变，向新的方向、有效的方面进行量和质的变化。

6. 创新的结果

创新的结果有两种。其一是物质的，如蒸汽机、电脑等；其二是非物质的，如新思想、新理论、新经验等。

7. 创新的特征

创新的特征包括价值取向性；明确目的性；综合新颖性；高风险、高回报性。

8. 创新的作用

（1）满足人类生存与发展的客观需要。
（2）深化人类对客观世界的认知。
（3）提高人类对客观世界的驾驭能力。

创新的领域

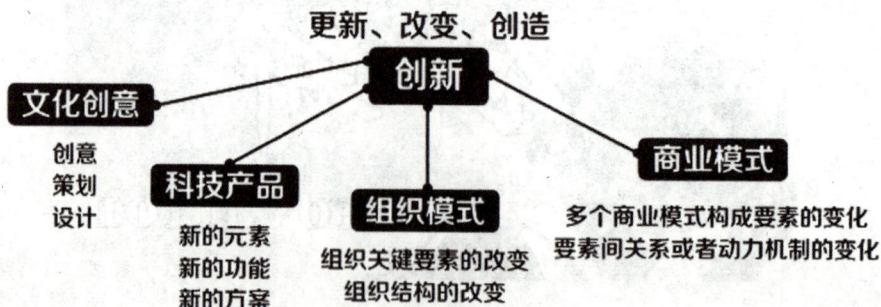

图 1-3

第二节　创新的特征

一、创新的基本特征

1.创新的起点在于问题

爱因斯坦说过:"提出一个问题往往比解决一个问题更重要。因为解决一个问题也许仅仅是一个数学上或实验上的技能而已,而提出一个问题则需要想象力,而且标志着科学的真正进步"。

●**案 例**● -

美国各大新闻媒体竞相报道了这样一件事:一位名不见经传的学生,利用他的智慧和执着精神,创造性地解决了旧金山市政当局悬赏1000万元美金久而未决的旧金山大桥堵车问题。据报道,该青年的成功主要得益于掌握科学的研究方法和解决实际问题的能力。经过细心的观察和缜密的调查,他发现了久而未决的旧金山大桥堵车现象不但具有上下班高峰时段的时间性,而且还具有上班时段进城方向发生堵车和下班时段出城方向发生堵车的方向性特征,从而追根寻源找到了同时发生时间性和方向性特征堵车问题的根本原因是"市郊农民上下班的车流太大"。最后他创造性地采用可改变"活动车道中间隔栏"的方法,巧妙地改变上班时段"活动车道中间隔栏",使进城方向四个车道变为六个车道,出城方向四个车道变为两个车道,下班则反其道而行之,把问题轻而易举的以最小的代价圆满地解决了。这充分说明了人的能力中,最可贵的是发现和提出问题的能力。

2.创新的关键在于突破

要创新,就要突破常规戒律,突破以前固有的习惯,突破条条框框,突破原有经验,突破以往的思维定势。创新就是对传统的背叛。

从前有个富人,住在自己豪华的别墅里,过着奢华的生活,但他却并不快乐,于是他去拜访一位智者以解答心中的疑惑。智者听了富人的疑问,没有直接回答,而是指着窗户问富人:"你从这看到了什么?"富人透过窗户看了看,说他看到了房子、道路、行人等。而后智者又给了他一面镜子问富人看到了什么。富人说他看到了自己。智者说:"镜子只是比玻璃多了一层银,但是就因为多一层银,你只看到了自己,却失掉了整个世界。"富人一下子明白了很多。每一个人都不能把自己局限在自设的圈子里,要敞开心扉,才会得到更多的东西,才会真正快乐!

3.创新的本质在于新颖

创新的意义在于"出新",新是创新的本质,是创新的价值所在。所有创新都必须在创新思维作用下,用新的思路、新的方法去解决问题,从而获得新的理论、新的技术、新的设计、新的方案、新的产品。

4.创新的基础在于继承

牛顿曾经说过这么一句话:"如果说我比别人看得远的话,那是因为我站在了巨人的肩膀上"。说明新与旧的关系,没有旧便无新。新是在旧的基础上发展而来的。所以,继承是一切创新的基础,只有在继承的基础上创新,才是科学的。

5.创新的目的在于发展

创新的目的性很明确,就是要看是不是有利于自然界的发展,有利于社会的发展,有利于人的发展。

● 案 例 ● -

俞敏洪的"打开水精神"

在北大当学生的时候,我一直比较具备为同学服务的精神。我这个人成绩一直不怎么样,但从小就热爱劳动,我希望通过勤奋的劳动来引起老师和同学的注意,所以我从小学一年级就一直打扫教室卫生。到了北大以后,我养成了一个良好的习惯,每天为宿舍打扫卫生,这一打扫就打扫了4年。所以我们宿舍从来没有排过卫生值日表。另外,我每天都拎着宿舍的水壶去给同学打水,把它当作一种体育锻炼。大家看我打水习惯了,最后还产生这样一种情况,有时我忘了打水,同学就说"俞敏洪怎么还不去打水"。但是我并不觉得打水是一件多买吃亏的事情。因为大家都是同学,互相帮助是理所当然的。同学们一定认为我这件事白做了。又过了十年,到了1995年年底的时候,新东方做到了一定规模,我希望找合作者,结果就跑到了美国和加拿大去寻找我的那些同学,他们在大学的时候都是我的榜样,包括王强老师等人。我为了诱惑他们回来,还带了一大把美元,每天在美国非常大方地花钱,想让他们知道在中国也能花钱。我想大概这样就能让他们回来。后来他们回来了,但是给了我一个十分意外的理由。他们说:"俞敏洪,我们回去是冲着你过去为我们打了4年水。"他们说:"我们知道,你有这样的一种精神,所以你有饭吃肯定不会给我们粥喝,所以让我们一起回中国,共同干新东方吧。"才有了新东方的今天。

资料来源:俞敏洪在北京大学2008年开学典礼上的讲话。新东方新浪博客

二、创新原则的内容

1.产品创新

产品创新就是研究开发和生产出更好的满足顾客需要的产品,使其性能更好,外观更美,使用更便捷、更安全,总费用更低,更符合环境保护的要求。因为产品是满足社会需要,参与竞争,直接体现企业价值的东西,因而这是企业创新的主要任务。

产品创新可在3个层面上实现:第一,开发出具有新功能的产品。例如,三九集团开发

出999健康煲,用于家庭煎药,有文火、武火、文武火三档选择,有药液循环系统、回流系统、蒸汽回流系统、时限报警、水位报警等功能,保证药效稳定,操作安全方便,大受市场欢迎。第二,产品结构方面的改进。例如,使产品轻、巧、小、薄,携带和使用方便,节省材料、降低能耗。电子记事本、摄像机、手提电脑、超薄洗衣机等就是典型的例子。第三,外观方面的改进。例如,服装款式及色彩的改变都可以使顾客需求得到新的满足,从而增加销售收入;苹果电脑一度依靠推出彩壳流线型PC机,而显著提高了市场占有率。

2. 技术创新

技术创新是指采用新的生产方法或新的原料生产产品,以达到保证质量、降低成本、保护环境或使生产过程更加安全和省力。

技术创新可在4个层面上实现:第一,工艺路线的革新,这是生产方式思路的改变。例如,用精密铸造、精密锻造、粉末冶金代替金属切削生产复杂的机械零件,可大大缩短生产周期,降低成本。第二,材料替代和重组。例如,前几年,美国农产品过剩,农场主负债累累,政府补贴农业的财政负担沉重。堪萨斯、卡罗来纳等农业州的农民,与大学合作,从环保角度,以农产品作原料生产工业产品,比如用玉米生产一次性水杯、餐具和包装盒,从玉米中提取燃烧用的乙醇,从大豆中提取润滑油替代石油产品等,受到市场欢迎,政府决定给予减税和强制推行等支持。第三,工艺装备的革新。例如,用电脑绣花机代替手工绣花;用数控机床代替手动操作机床等。第四,操作方法的革新,用更省力、更高效的操作方法,代替过去的一些传统的、不适应现代技术进步的操作方法。

3. 制度创新

制度创新是从社会经济角度来分析企业系统中各成员间的正式关系的调整和变革。制度是组织运行方式的原则规定。

企业制度主要包括产权制度、经营制度和管理制度等三个方面的内容。产权制度、经营制度、管理制度这三者之间的关系是错综复杂的(实践中相邻的两种制度之间的划分甚至很难界定)。一般来说,一定的产权制度决定了相应的经营制度。但是,在产权制度不变的情况下,企业具体的经营方式可以不断进行调整;同样,在经营制度不变时,具体的管理规则和方法也可以不断改进。而管理制度的改进当发展到一定程度,则会要求经营制度作相应的调整;经营制度的不断调整,则必然会引起产权制度的革命。因此,反过来,管理制度的变化会反作用于经营制度;经营制度的变化会反作用于产权制度。制度创新的方向是不断调整和优化企业所有者、经营者、劳动者三者之间的关系,使各个方面的权力和利益得到充分的体现,使组织的各种成员的作用得到充分的发挥。

4. 职能创新

职能创新就是在计划、组织、控制、协调等管理职能方面采用新的更有效的方法和手段。我国企业技术落后,管理更落后,因此职能创新任务紧迫。

(1)计划的创新。

许多企业在计划工作中运用运筹学取得显著成效,例如,华北油田电厂从1997年开始在购电、电网运行和用电方面采用目标规划,使油田用电费用年节约额达2000万元以上。

(2)控制方式的创新。

例如,丰田公司首创准时生产制(JIT),显著降低了成本;潍坊亚星化工集团采用购销比价管理,加强购销环节监控,5年增收节支7092万元。

(3)用人方面的创新。

例如,应用测评法招聘选拔和考核干部员工,采用拓展训练等方法改善培训效果等。

(4)激励方式的创新。

例如,美国企业实行"自助餐式"的奖励制度,使同样的支出获得更好的激励效果。

(5)协调方式的创新。

1999年,福建南平市政府试行科技特派员制度,他们通过调查,了解村镇和农业大户需要哪些技术支持,同时将全市3500名农业科学技术人员按专长分类公布,然后将两者对接起来,实行双向选择,结果农户收入和农业科技部门、农业技术人员的收入都大幅度增加。

实际上,由于管理职能互相渗透,有些创新很难归入哪一种,如PERT既是计划新方法,又是控制新方法(重点环节控制);目标管理既是计划新方法,又是激励、协调新方法;TQC小组既是控制新方法,又是组织和激励新方法。

5.结构创新

结构创新是指设计和应用新的更有效率的组织结构。结构创新按其影响系统的范围可分为技术结构的创新和经济与社会结构的创新两类。

(1)技术结构的创新。

例如,福特在20世纪20年代首创流水线生产方式,让工人依次地完成简单工序,大大提高了生产率,从而开创了大规模生产标准产品的工业经济时代。

(2)经济与社会结构的创新。

通过调整人们的责、权、利关系以提高组织效能。例如,美国通用汽车公司20世纪20年代采用事业部制,解决了统一领导与分散经营的矛盾,使规模经营与适应市场的要求得到了统一,极大地增强了竞争力。

6.环境创新

环境是企业经营的土壤,同时也制约着企业的经营。环境创新不是指企业为适应外界变化而调整内部结构或活动,而是指通过企业积极的创新活动去改造环境,去引导环境朝着有利于企业经营的方向变化。例如,通过企业的公关活动,影响社区政府政策的制定;通过企业的技术创新,影响社会技术进步的方向,等等。就企业来说,环境创新的主要内容是市场创新。

市场创新主要是指通过企业的活动去引导消费,创造需求。新产品的开发往往被认为是企业创造市场需求的主要途径。其实,市场创新的更多内容是通过企业的营销活动来进行的,即在产品的材料、结构、性能不变的前提下,或通过市场的地理转移,或改进交易和支付方式以及通过揭示产品新的物理使用价值,来寻找新用户,也可以通过广告宣传等促销工作,来赋予产品以一定的心理使用价值,影响人们对某种消费行为的社会评价,从而诱发和强化消费者的购买动机,增加产品的销售量。

三、创新原则在教育中的应用

通过各学科开展创造性课堂教育而实施创造教育,是素质教育的主要途径。在不改变统一教材和课时计划的前提下,通过运用一些创造性的教学方法,实现培养学生创新精神和实践能力的素质教育目的。在课堂教学中,应遵循以下四个原则。

1. 民主开放性原则

许多心理学的研究成果表明,过多的限制,特别是思维上的束缚会妨碍创造性思维的形成甚至扼杀创造力。教学过程中对学生人为地形成诸如时间的压力、畏惧的心理、权威的态度、命令的手段,以及对学生的讽刺挖苦、埋怨、耻笑等都会成为开发学生创造力的巨大障碍。要让学生进行创造性学习,必须实行教学民主。只有建立融洽、和谐、平等的师生关系,形成互相尊重、互相学习的民主气氛和积极主动的参与精神,才能使学生的创新精神得到充分的发挥,才能使学生的思维最大限度地活跃起来。

2. 成就激励性原则

实行激励性原则,就是教师在教学过程中要充分运用调动学生的积极性、能动性、创造性的技能技巧和方法,它具有针对性、灵活性、巧妙性、趣味性和创意性的特点。第一,竞赛激励。竞赛过程中,大脑皮层受到强烈刺激,克服困难的毅力增强,学习效率提高。例如回答问题"抢答竞赛",技能训练时"速度竞赛""准确竞赛""新方法竞赛"等,在课堂教学中应适时、灵活地运用。第二,成就荣誉激励。每个人都渴望获得成功或成就,有了小小的成功或成就,便会产生一定的成就感、荣誉感和成功快乐感,这会激发进取心和创造性思维。教师在教学过程中要不失时机地对学生特别是后进生的哪怕是微小成绩给予肯定、鼓励和表扬。

3. 实践性原则

培养学生的实践能力是素质教育的重要目的之一,实践为学生创新提供了机会和条件。在学科教学中运用陶行知先生"教学做合一"的思想,以技能训练为主线组织课堂教学。借鉴"自学辅导教学方法",尽量增加学生自学自练的机会,适当组织学生自改作业。所有教学环节,学生能够完成的或是师生能够共同完成的,教师不要包办,充分体现学为主体、教为引导的教学原则,最大限度地增加学生动手的机会。

4. 个性化原则

个性化教育,强调的是在学生发展的一般性中融入特殊性,在共同性中体现差异。鼓励每个学生形成自己的个性,力求使每个教育者都树立起良好的精神面貌。实施个性化教育,首先要尊重学生,注意发现学生的个性心理特点,精心培育,热心鼓励,在此基础上形成某种特长。遵循个性化原则,要求改变传统教育中存在的划一性、封闭性,应针对学生的不同基础和条件,提出不同标准的要求,因材施教,异步教学。

课后练习

1. 创新的内容有哪些?
2. 创新的基本特征有哪些?

第二章
创新意识

　　创新意识是创新型人才所必须具备的条件之一。创新意识的培养和开发是培养创新型人才的起点。为此，党和政府提出要建立国家创新体系的战略任务。大学生作为年轻的知识阶层，被视为民族的希望和祖国的未来，其创新意识的培养对整个民族和国家的创新发展起到了推动作用。

第一节　创新意识与当代大学生创新意识培养的意义

一、相关概念界定与分析

创新是一个民族进步的灵魂,是一个国家兴旺发达的不竭动力。高等学校作为培养人才的重要基地,责无旁贷地担负着培养创新人才的神圣使命。高校肩负着培养高素质人才的重任,大学培养学生的任务之一是使学生具有一定的创新意识和实践能力,大学生创新意识和实践能力的培养是大学生综合素质培养的核心,它维系着国家的发展、民族的未来。

1. 创新意识的含义

创新意识是指人们在社会实际活动中,主动开展创新活动的观念和意识,表现为对创新的重视、追求和开展创新活动的兴趣和欲望。它是人类意识活动中的一种积极的、富有成果性的表现形式,是人们进行创新活动的出发点和内在动力,是唤醒、激励和发挥人所蕴含的潜在本质力量的重要精神动力,与创新能力一起贯穿于人的创新活动的整个过程。

2. 创新意识的内容

(1)强烈的创新动机。

创新动机是创新意识的动力源,是形成和推动创新行为的内驱力,是引起和维持主体进行创新活动的内部心理过程,也是创新才能得以施展的能源。人的每项创新活动、每个创新意识都离不开一定创新动机的支配,创新动机明确并且强烈的人,他的创新活动的希望就越大,创新动机肤浅的人,他的创新活动成功的希望就小。

(2)浓厚的创新兴趣。

创新兴趣是指人们从事创新活动投入积极情绪和态度定向。它是创新动机的进一步发展。创新动机来源于对创新的浓厚兴趣。产生创新动机不一定有创新兴趣,而一旦形成创新兴趣必然伴随着创新动机。创新兴趣是人们从事创新实践活动强有力的动力之一。

(3)健康的创新情感。

创新过程不仅仅是纯粹的智力活动过程,它还需要引起、推进乃至完成创造性活动的创新情感。首先稳定的创新情感。现代创新者只有在稳定的创新情感支配下,才能提高自身创新敏感性,及时捕捉有用信息,对与创新有关的事物充满浓厚的兴趣。其次积极的创新情感。现代创新者积极的创新情感,可以极大地激发自身的创新意识和创新敏锐性,充分调动自己投身于创新活动的积极性。再次深厚的创新情感。创新热情是一种稳定深厚的创新情感,具有持续性。它是一种能促进现代创新者形成强烈的创新意识,并展开创新活动的心理

推动力量。

（4）坚定的创新意志。

创新意志是在创造中克服各种困难，冲破阻碍的心理因素。首先是创新意志的目的性。现代创新者对自己的行动目的有明确的认识，才能按既定的目标去行动。其次创新意志的顽强性。科学创造是一种艰苦的劳动，是要探索前人没有走完的路，要产生前人没有产生过的成果。在创造过程中成功与失败并存，只有意志顽强的创造者才能在挫折与失败中不断进取，从而把失败引向成功。创新意志的顽强性指人们在创新的过程中能精力充沛，坚持不懈地克服一切困难和障碍，取得创新成果。

二、大学生创新意识培养的重要意义

目前，我国整个人才教育培养体系存在着比较严重的一些问题，其中最为关键的就是人才的创造能力培养体系不完善，尤其是在高等教育领域。目前，高等教育人才培养的核心与创造性精英人才培养模式仍然相距甚远。而事实上，高等教育的本旨却在于提供学生自由发挥自身特长，形成自身独特社会技能之教育，基于此，高等教育的基本培养目标便理应定位于创造性人才的培养。

1. 大学生创新意识培养是民族进步的灵魂

创新是一个民族进步的灵魂，是一个国家兴旺发达的动力。高校是培养创新型人才的摇篮，高校学子创新能力强不强，某种程度上决定了一个国家乃至一个民族的未来。

创业能力是指凭借个性品质的支持，利用已有的知识和经验，新颖独特地解决问题，产生出有价值的新设想、新方法、新方案和新成果的本领。

创业素质的人才应具有的能力包括：创造力和创造精神、学习能力、技术能力、团队合作精神、解决问题能力、信息收集能力、敏锐的洞察力、研究和完成项目的能力、环境适应能力和献身精神等。

创业教育不但体现了素质教育的内涵，而且突出了教育创新和对学生实际能力的培养。在未来的人才竞争中，核心竞争力的培育是至关重要的，高校的核心竞争力来自于培养大学生人文和科学素质、就业和创业技能、创新和创业精神的机制和能力。通过创业教育，培养大学生良好的创业素质，培育大学生的实践精神、探索精神、冒险精神和创业能力，进而促使学生注重自身基本素质的提高，提高大学生的就业竞争力。

2. 激发学生的创新意识是培养学生创新能力的基础

信息社会的高度发展对数学教育的目标也提出了更高的要求—数学教育必须培养面向信息化社会的创新人才。

（1）创设教学情境。

创设丰富多彩的教学情境，诱导学生主动思考、探索，是激发学生创新意识的重要方法。现代信息技术资源丰富多彩，信息技术具有将文字、图像、图形、声音、视频图像、动画等多种信息载体集于一身的特点,形象逼真,生动新颖,从而为学生创设出生动、形象、贴近实际的教学情境。正是由于信息技术所带来的这些独特优势,才为学生提供丰富的资源,使学生处于一种强烈的感受之中,从而激发学生探索的欲望,使学生的"要我学"变为"我要学",使学生的思维高度活跃,激发学生的创新意识。

(2)培养学生的想象力。

有效利用信息技术,培养学生的想象力,是发展学生创新意识的最佳途径。爱因斯坦说过:"想象力比知识更重要,因为知识是有限的,而想象却概括着世界上的一切。"可见,培养学生的想象力是发展学生创新意识的关键。想象是指人们通过仔细观察得到的表象和已掌握的知识相结合的结果,也是人的大脑对已有的表象进行加工而形成新的形象的过程。而就在进行加工形成新形象的这个过程中,学生的创新意识逐渐得到发展。有效利用信息技术,设计出具有声、光、情、景的动态画面,为学生提供丰富的表象,培养学生的想象力,进而发展学生的创新意识。

例如,在"多面体和正多面体"教学中,首先,利用多媒体播放一段小老鼠滑稽地越过一系列多面体障碍物的小短片,学生很快就会被录像中形形色色的多面体和有趣的画面所吸引,为学生提供了丰富的表象。其次,看过短片后,要求同学们自己动手做一个多面体,学生的想法千奇百怪,各有千秋。这时他们的想象力得到培养,而在制作多面体的过程中创新意识也得到逐渐发展。最后,利用多媒体展现几个具有代表性的多面体,引导同学们归纳总结规律。可见,有效地利用信息技术,能不断地培养学生的想象力,发展学生的创新意识,为培养创新能力打下坚实的基础。

3. 模拟实验

在教学过程中,教师有针对性地选择特定的教学内容,利用信息技术的模拟功能,合理地设计实验,丰富教学形式,不仅能使学生们在动态中观察,在操作中发展,在探索中学习,而且还逐步强化了学生的创新意识。

随着信息产业的飞速发展,教育已经步入新的时代—教育信息时代。信息化是当今世界的发展潮流,是国家社会发展的趋势。而创新能力也是一个民族、一个社会发展水准的标志,是一个国家综合国力的重要组成部分。有效利用信息技术,培养学生的创新能力,便能很好地把握今天,走向明天。有效利用信息技术教学中的创新因素,大胆地让学生自由发挥,挖掘其潜在的创新因子。教师要善于利用信息技术,从点点滴滴中寻找提高创新能力的立脚点,优化教学设计,以先进的理论来发展全新的教学思路,潜移默化地培养学生的创新能力,从而使他们的创新能力得到质的飞跃。我们是信息时代的教师,要有效利用信息技术,在信息技术教学中探索出"创新"的崭新天地,充分发挥教师的主导作用,完成时代赋予我们的使命。

第二节　我国大学生创新意识培养的必要性

一、全面推进素质教育是时代对高校的迫切要求

当今世界科学技术突飞猛进，知识经济初见端倪，国力竞争日趋激烈。国力的强弱取决于劳动者的素质，取决于各类人才的质量和数量。人才培养的关键在教育。众所周知，改革开放以来，我国的教育事业取得了令人瞩目的成就，教育事业开创了蓬勃发展的大好局面，但必须看到，我国的教育事业仍比较落后。同当今世界一些发达国家的教育水平相差甚远。仅就我国改革开放以来对人才的需求来看，还很不适应。这主要表现在以下几个方面。

一是一线工人劳动者的素质普遍较低。

二是一些技术人员知识老化，进口的设备不会使用，造成浪费。

三是一些乡镇企业技术人员严重不足，部分国有企业技术改造长期处于落后状态。

四是教育结构不合理，各级各类学校普遍存在办学规模小，人才得不到充分发挥和合理利用，基础教育还比较薄弱，职业教育尚处于起步阶段，结构调整的任务还相当繁重。

五是政府对教育的投入不足，先进的教育技术、教学手段得不到普遍应用。

六是教育观念落后，教学模式单一，严重制约了对人才的培养。

另外，从目前学生的思想状况看，生活在大学校园里的青年学生，面对日新月异的社会环境，面对激烈的人才竞争和并不轻松的学习，正在经历着种种磨炼和考验。大学生在生活、学习、交往、成长、情感等方面产生的心理问题日益突出。有的学生因"社会变化快，难以适应"而苦恼，有的抱着过去计划经济的观念上大学，认为上了大学就有了一个"铁饭碗"，一旦实现不了"愿望"，就怨天尤人，认为"学白上了，钱白花了"，没有目标，没有方向，整天昏昏沉沉，无所用心。综上所述，无论从社会对人才的需求看，还是从目前在校大学生的思想状况看，都给高校素质教育提出了迫切的要求，素质教育已成为教育战线的当务之急。

二、培养学生创新意识和实践能力是推进素质教育的关键

推进素质教育，首先应转变学生的思想观念，能否让学生深刻认识自身价值，培养学生的创新意识和实践能力，这是推进素质教育成败的关键。

过去，由于受"万般皆下品，唯有读书高"的旧教育思想的影响和片面追求升学率的干扰，上大学是唯一的出路。学校普遍重视应试教育，教师只把应试的知识教给学生，根本不考虑学生的"智"与"能"和"学"与"行"的问题。而素质教育的核心是创新，是启发诱导学生多思考、敢提问、有见解。社会需要各方面的创新人才，创新人才也可以通过多种渠道培养，关键在于受教育者是否认识到自身社会价值和自我创新意识。创新是通过发现和发明

达到与大自然的和谐。

中华民族是一个最具有创新精神的民族。我们的开国元勋毛泽东就具有强烈的创新意识和创新精神。伟大的教育家陶行知先生也讲过这样一句话"时时都是创新之时,事事都是创新之事,人人都是创新之人。"可见,推进素质教育,提倡创新能力和创新精神,即是当今社会对人才的迫切求,也是中华民族的传统美德。

第三节　加强大学生创新意识培养工作的路径与方法

一、创造性的学习和思维是大学生创新意识培养的核心

改革开放以来,我国的科技事业蓬勃发展,取得了举世瞩目的巨大成就。科技发展为经济发展、社会进步、民生改善、国家安全提供了重要支撑,其整体水平已位居发展中国家前列,有些科研领域达到国际先进水平。但同时也应看到,在我国的科技发展中仍存在不少问题,很多领域的科技水平和世界发达国家相比仍存在着相当大的差距。当今世界,科技发展日新月异,科技已成为支撑和引领经济发展和人类文明进步的主要动力,谁掌握了先进科技,谁就掌握了经济社会发展的主动权,这既是机遇,更是挑战。

随着我国经济实力的不断壮大,随着社会主义市场经济体制和投融资体制的不断完善,我国全社会科技投入将会不断增长。培养大批具有创新精神的优秀人才,造就有利于人才辈出的良好环境,充分发挥科技人才的积极性、主动性、创造性,是建设创新型国家的战略举措。民族的希望在创新,创新的希望在青年。着眼未来,迎接知识经济的挑战,提高青年大学生创新能力尤其是他们的自主创新能力是当务之急,也已成为高校工作的重中之重。

1. 持续积累扎实的基础知识,是培养创新意识和创新能力的根本

良好的基础知识和学习方法是创新成果诞生的良好基点,开阔的视野是大学生进行创新活动条件。优秀的创新成果都是饱含科技含量的,没有坚实的知识积累和深厚的知识底蕴,是不可能孕育出优良发明的。在大学期间,同学们一定要学好基础知识,以及本专业要求的基础课程。其原因是创新成果大都来源于基础知识的深层次组合。另外,如果没有打下好的基础,大学生们也很难真正理解高深的应用技术。另外一个方面,学习的方法、开阔的视野也至关重要。提高大学生的创新能力,关键要培养科学的学习习惯和思考习惯。我们应该通过学术讲座等方式,使学生开阔视野,掌握科学的学习方法、学习基础的同时,也不要仅仅依靠教材上的知识,要敢于问"为什么",要敢于打破陈规,要敢于在别人的基础上提出自己新的观点、新的思路、新的方法。

2. 要营造活跃的创新校园文化氛围

体现创新教育要求的新型校园文化建设本身就是一项重大的创新实践活动,创新人才的成长需要有平等、信任、宽容、进取的氛围,这些都可以通过有意识的校园文化建设体现在课外活动安排、物质和精神的校园环境、学生社会实践中,并透过这些方面对学生的创新人格发展产生直接或间接的、有意识的或潜移默化的持久影响。创新氛围的营造能为创新行为提供环境支持,积极热烈的创新场景可以使大学生本身产生创新的意识和灵感。一方面,要组织大学生营建自己的创新团体,以社团和学生宿舍、班级为重点,加大指导教师的指导力度,在引导学生开阔视野、培养兴趣、实际动手能力等方面重点开拓和深入。另一方面,大学生本身也要主动参与创新活动中,要积极利用好大学里的各种硬软件方面的环境资源,如图书馆、实验室等,这些场所通常是培育和激发创新灵感的绝佳环境;同时,还应鼓励大学生主动走出校门,参加社会调研,让理论和实践相结合,在社会实践中发现问题、思考问题、解决问题,并在实际活动中及时反馈,形成最后的成果。

3. 对传统培养措施的改进与优化

在大学生创新能力培养的方式方法上,学者们提出了很多有效的措施。高等教育质量是学校中教师、学生和管理者三主体之间共同努力、相互促进的成果。大学应当为增进高等教育质量努力创造条件。在大学里,每一个人都能充分表达自己的思想和观点,使自身兴趣获得优先培养,个性得到充分张扬,人性得以彻底解放。大学应当充满着人和人的友爱、平等、团结和协作,大学生应当富有高尚的道德思想品质、崇高的人类同情心和人道主义精神,能够相互帮助和学习、共同提高和进步。要营造有利于创新能力培养的环境,包括物质环境、制度环境以及良好的氛围,培育和提高师资力量,打破教师终身制,实行岗位聘任制,引进市场机制来约束、激励教师队伍。

4. 不断探索新的创新能力培养模式

创新能力培养模式是指在一定的教育理念指导下,为实现特定的创新能力培养目标,而采取的教学手段和教学技术的组织形式以及评价与激励机制的运行机制。通过大量考察高校大学生创新能力培养的实践活动,根据培养平台的不同,可以将目前高校大学生创新能力培养的具体做法划分为四种模式:教学实践结合型培养模式、产学研结合型培养模式、依托科研项目型培养模式、"分层递进式"培养模式。每一种培养模式,都有一些成功的案例以及许多可供借鉴的经验和必须吸取的教训,各高校可以根据自身的优势和不足,选择最适合自己的一种或者组合几种大学生创新能力培养模式。

5. 构建合理的评价和激励机制。

合理的评价和激励机制是培养学生创新能力的制度保障。首先,在教育评价上,教师要改变以往把考试成绩,通常是一次考试的成绩,作为评价学生唯一的标准,建立一套综合评价体系,将学生的考试成绩、学生在实践中发现问题、分析问题、解决问题的能力以及学生的实践能力都纳入评价体系中,进行综合全面的考核和评价。其次,在激励机制上,一方面要对师资队伍及骨干力量以利益激励,让他们的创新成果得到社会承认和相应回报。同时,建立专项奖励基金,对培养学生创新能力成效特别突出的教师实行专项奖励,并对教师指导学生进行的创新活动提供资金便利。另一方面,通过奖学金、创新基金、奖励学分、创新学分、素质拓展学分等多种措施激励学生开展创新活动,并为学生的创新活动提供经费支持便利以及导师专业辅导。

大学生创新能力的培养工作是高校工作的一个重要课题,直接关系到能否培养高素质的社会主义建设者和接班人。尽管在新形势下大学生创新能力的培养工作面临着许多挑战。但只要我们坚持以邓小平理论和"三个代表"为指导,积极学习贯彻中央16号文件的意见,认真研究新情况、新问题,理论联系实际,创新工作思路与方法,我们就能够把大学生创新能力的培养工作推向一个新的阶段。

二、学校教育是大学生创新意识培养的沃土

当今世界,知识的更新周期缩短。高新技术发展迅猛,国力竞争日趋激烈,各国都急需涌现一批又一批创新型科技人才。因此,培养学生的创新能力,越来越受到有识之士的共同重视。作为基础工具课的语文教学,具有培养学生创新能力的独特优势。那么,如何在教学中培养学生的创新意识呢?

1. 激发兴趣,唤醒创新意识

教师要不断创设富有变化的能够激发学生兴趣的学习情境,才能推动其求知欲,发展其智力因素和非智力因素,形成为科技进步作贡献的兴趣和志向,创新意识不能只靠教师的讲述来启发,在课堂上要注意知行结合,营造兴趣氛围。精讲多练,激励学生的创造性思维,培养能干巧干的动手能力,鼓励学生进行小发明、小创造。

2. 鼓励质疑,培育创新萌芽

创新意识来自质疑"学贵知疑,小疑则小进,大疑则大进。"只有善于发现问题和提出问题的人才能产生创新的冲动。在语文教学中,教师应充分挖掘教材所蕴含的创新教育素材,鼓励、启发、诱导学生多提问题,多质疑,因为提问是一个人从已知伸向未知的心理触角,是创新意识的具体体现。

善于发现问题和提出问题是一个人具有创造潜力的重要标志。在课堂教学过程中,教师有仅要做到"传道、授业、解惑",更要善于启发学生对一些问题从不同角度去进行思考、质疑,然后提出不同的见解和看法。例如,人们时常看到,两块从悬崖上落下的石头尽管大小悬殊,但却同时落到了深谷的底部。可是,没有人因而对亚里士多德关于物质下落的速度和他的重量的理论提出,只有伽利略能意识并发现了这一问题存在。这一意识促使他进行了比萨斜塔上的实验,实验证明了铁球和铅球的下落速度同它们的质量无关,正是由于伽利略独具慧眼,看出了破绽,他才能对亚里士多德"自由落体定理"做出科学的修正与创新。

3. 启发想象, 开拓创新之路

想象力是人类所独有的思维能力, 它能够开发学生的发散思维, 而发散正是创新的基础, 也是一切发现和发明的基石。因此, 在阅读教学中, 教师要提供机会, 精心选择一些发散点, 培养学生创造想象的能力, 如对有些充满活力诗情画意的正诗文, 就可让学生在读文的基础上充分展开想象, 画一幅能够表达出诗意的图画。古诗的特点是诗中有画。一首诗往往就是一幅山水画, 一幅田园风光图。因此, 理解好诗句, 就能在脑海中浮现出一幅美妙的画面。然而, 从文字到图像, 需要思维的加工过程。不同的学生, 对画面会有不同的表现手法和不同的构图布局。让学生通过绘画表现自己脑海中诗的画面, 谋求一种与众不同的理解。鉴于学生的能力水平问题, 在实际教学操作中, 可采用小组合作的形式, 让学生在绘画过程中, 边讨论、边思考: 画什么, 该怎么画。这样, 学生在和谐、合作的气氛中自主学习, 各抒己见, 培养了学生创造性的思维。例如, 在教学古诗《天净沙。秋思》时, 学生就如何在画中表现"小桥流水人家"一句的诗意展开了讨论, 各执一词, 争执不已。有的认为应该在房子旁边画一座桥, 再画一条小溪绕屋而过, 有的认为小溪不应绕屋而过……所有这些争议对诗句的理解似无关联, 怎么画都无所谓。但可贵的是, 它能引发学生的进一步思考, 能训练学生的想象能力和创造性的思维能力。为适合学生的年龄特点, 选进教材中的部分古诗有一定的故事内容, 可表演性强。让学生把古诗编演成一个故事, 学生则能展开丰富的联想, 理解诗意, 充实内容。例如, 学生表演《水调歌头、明月几时有》一诗中诗人询问苍天的场面时, 他们运用已有生活经验, 充分展开想象, 进创造性的表演。

第四节 大学生创新意识和实践能力培养的思考

创新意识和实践能力只有在实践过程和实践活动中才能体现出来, 是学生自身综合素质在具体实践过程中的现实展现, 创新意识和实践能力所体现的不仅仅是知识的学习和应用, 更重要的是, 在具体实践过程中, 学生对自身素养的反思总结和提高。通过实践过程, 让学生懂得"怎么做", 并且"能做""会做"; 在此基础上, 要求学生的实践能力不能仅仅停留在操作阶段, 还要具有较强的分析判断能力, 解决实际问题的综合能力与手段以及在技术应用性层面上有一定的开发和创新能力。因此, 本文把学生创新意识和实践能力看作学生职业发展中基本的职业能力、生存能力和求职能力, 以发展的视角、过程的眼界来审视学生创新意识和实践能力的培养和发展。

一、创新意识和实践能力培养的关系

实践是创造性的来源, 创新意识和实践能力的培养, 最终都要体现在解决具体问题的实践活动中, 只有在实践活动中才能不断地产生创新想法, 并不断通过实践活动检验创新想法最终形成创新成果。一方面,实践活动中林林总总不断变化的情景,有助于激发创新的欲望,是创新意识产生的来源;另一方面,实践活动是检验创新行为和创新成果的唯一途径。

实践能力的培养过程包含创新意识的激发和培养,实践能力和创新意识不是彼此独立的,而是紧密相连、相辅相成的。一方面,从创新意识到创新成果,需要通过实践能力作为桥梁来转化;另一方面,创新意识有利于实践能力的切实提高。创新意识在实践能力培养中的作用在于,创新意识有助于避免在实践能力培养过程中的模拟性和重复性实践活动,有助于运用新方法高效能地完成具体工作。实践能力和创新意识之间存在紧密的联系,因此,实践能力和创新意识的培养也是相辅相成的。实践活动的过程既是知识经验积累的过程,也是发现探索新知的过程;既是知识运用的过程,也是知识结构改造的过程。而实践能力和创新意识的培养都应当以学生知识的应用为基础,不断提升学生的发散性思维和逆向思维等创造性思维能力。学生实践能力和创新意识都是在具体的生产实践中不断地发现新问题、解决新问题,在总结新经验的基础上形成发展的。

因此,培养学生的实践能力和创新意识,都要求为学生提供符合其素质发展的真实的生产实践场景。培养学生的实践能力和创新意识,最终都是为了让学生成为创新实践型人才,从而能够适应社会的发展,创造性地解决实际工作中的问题。所以,在培养学生创新意识和实践能力的过程中,既要兼顾学生实践能力的创新性,也要注重学生创新意识的可行性。

二、创新意识和实践能力培养的原则

1. 把握规律性

学生创新意识和实践能力是大学生人才培养实效性的具体体现,创新意识和实践能力作为客体,要满足主体的需要。需要引起动机,动机支配行为。

创新意识和实践能力形成的主体是具有现实需要的人——大学生;创新意识和实践能力培养和形成是在自身需要的激励和驱动下进行的,就业的要求和自身发展的需要构成了创新意识和实践能力培养的出发点和归宿。因此,学生创新意识和实践能力培养要得以进行,首先要有内在的需求,然后才能推动培养过程的进行。因此,创新意识和实践能力的培养要从了解学生的需求、社会的需求、企业的需求开始,从把握规律着手,从大学生就业和发展、社会和企业对人才的要求的实际状况出发,寻找与之匹配的人才培养模式、目标、内容、方法、途径,深入了解学生自身职业发展的客观规律,尊重大学生兴趣、性格和价值观的个体差异等因素,客观地对待创新意识和实践能力培养过程中的多样性和过程性。

2. 增强协调性

创新意识和实践能力的培养要取得实效,是社会、企业、学校、教师、学生等方面因素共同作用的结果,因此需要注重各因素之间的协调性,以较少的投入取得最大的效益,为实现人才培养的目标,保证人才培养的质量,确保学生创新意识和实践能力的形成,就必须优化人才培养过程中的教育教学资源,对创新意识和实践能力培养过程中所需要的资源进行调整、整合,以实现人才培养过程的无缝连接,实现课堂与车间、校园与企业有机结合。创新意识和实践能力培养有效性的实现,需要人才培养过程中各个要素的协调配合,产生的是一种综合效应。因此,创新意识和实践能力培养要确保持续性和有效性,就需要研究创新意识和实践能力培养的生态环境,消除对立及不利因素的影响,有效地优化配置各方面的资源:一方面,需要保持学校内部环境的和谐统一,树立教育育人、实践育人、全员育人,全方位育人的观念;另一方面,需要与社会和企业等外部环境相适应,实现学校、学生、企业等方面资源的优化组合。

3. 激发主体性

创新意识和实践能力培养,对于大学来说,是一个学习的过程,一个接受教育的过程,是一种外在的作用和影响。内因决定外因,这种外在的形式是否具有有效性,关键取决于受教育者的态度和接受教育程度。大学生自愿地参与到创新意识和实践能力培养的过程中,把外在的教育内容和实践锻炼内化为自身的能力和思想。因此,只有将让我培养转化为我想培养,教育者所教授的知识和推行的思想才能由内而外转变为受教育者的知识和能力。职业教育人才培养模式的核心是工作和学习相结合、理论和实践相结合,在实践中不断地提升学生自身的核心职业技能,不断地建构学生的自身素养,不断地提高学生自身的建设水平。通过实际的实践过程,充分调动学生的积极性,激发学生的创造性,发挥学生的主观能动性,克服在传统人才培养模式中学生自身被动接受信息的教育缺陷。创新意识和实践能力的培养就是要激发学生的主体性,彻底改变灌输式的教育教学方法,尊重受教育者的个性发展,让学生更多地参与到教育教学中,充分发挥学生的主动性和积极性,让学生在教师、学校和企业的帮助下自主发展。

4. 坚持开放性

学生在实践获得的知识是感性的,需要经过加工提炼,才能升华为理性知识。自由辩论和科学的引导,激励学生勤思、多问、多练习,在教师指导点拨下探索、交流,建立新旧知识间的联系是实现这个转变的一条重要途径。因此,要突出创新意识和实践能力培养过程的开放性,教师要认识到学生是具有主观能动性的人,他们带着自己的知识、思考、灵感、兴趣参与学习和实践。人才培养要呈现丰富性、多变性、复杂性,不应拘泥于预先设定的模式。在此过程中要鼓励学生对教科书所传授的知识进行大胆的自我理解、解读、质疑,尊重学生感受与个人见解。学生在教师引导下,利用学生所学的知识,对实际操作进行分析,充分讨论,调动学生的主观能动性,允许学生自由、充分地陈述自己的观点,展示自己。

三、创新意识和实践能力培养过程中的反思

1. 转变学习方式,是创新意识和实践能力培养的先决条件

学习的终极目标是创新,创新和实践是人本质属性的集中体现,实践和创新活动是学生发展的不竭动力,创新意识作为一种精神,实践能力作为一种素养,贯穿于学习的全过程,影

响学习的方方面面,作为一种最终的结果,创新意识和实践能力的培养是学习的目的所在。作为一种发展的动力,创新意识和实践能力的培养推动着大学生综合素质的形成,然而,创新的基础是知识和能力的优化组合,是知识通过实践内化为能力,能力通过实践推动创新。

创新的核心问题是质疑,这不仅是知识和能力的问题,也是个人素养和责任感的问题,良好的心理品质、坚强的毅力、敢于反思敢于质疑既是创新意识和实践能力培养的心理基础,也是掌握知识培养能力进行创新的先决条件。

构建以培养创新意识和实践能力为主的,具有个性化动态性的学习方式也就成为创新意识和实践能力培养的先决条件。首先,体现学习的多样性,这不仅是学习内容的多样性,也是学习方式的多样性。任何一种学习方式都不是完美的,也不是唯一的,课堂教学和课外教学相结合,理论学习和实践学习相结合,个人学习和合作学习相结合,接受学习和探究学习相结合。其次,体现学习的反思性,学而不思则罔,思而不学则殆,好问质疑是反思学习的主要表现,探究是反思学习的基本特征。而好问质疑探究都是培养创新意识和实践能力的前提。在学习中敢于把外在的知识和事件与自己切身经验结合起来进行认真思考,既用自己的经验来思考知识与事件,又用知识与事件来思考自己的经验,不断地交换位置和方向,达到理解和重新理解知识、事件和经验的目的。在此过程中,学生有意识地、积极主动地进行自我回顾、自我分析、自我评价、自我总结,最终实现自我发展与提高。最后,体现学习的个性化,个性化学习不仅是个体差异性的要求,也是创新意识和实践能力培养的客观需要,学生个体在感知、思维等方面的差异,要求学生选择适合自己特点,符合自身兴趣能够发挥自身优势的学习方法。《学习:内在的财富》说:"个性的多样性,自主性,和首创精神,甚至是爱好挑战,这一切都是进行创造和革新的保证。"因此,尊重学生的个性,为学生提供自由、宽松的学习环境,才能体现以生为本,促进大学生创新意识和实践能力的发展。

2. 树立创新教育理念,全面推行素质教育是创新意识和实践能力培养的根本

创新意识和实践能力培养其根本是创新教育观念的深化和实践。美国杜威的"教育即生活""教育即生长"的教育思想可以给我们以启迪,即教育本身就是生活,是学生现在生活的过程,而不是将来生活的准备;教育不是把外面的东西强迫学生去吸收,而是使学生的本能得以生长。这种教育思想包含着以追求生活适应、强调教育切合需要为特征的人文主义思想以及以追求学业优异、强调学术教育质量为特征的科学主义思想。两者互相结合,齐头共进。在这种教育思想的影响下,其人才观是"承认个性差异,鼓励最大限度完善自我";教师观是"教师不仅传道、授业、解惑,而且是引导学生就业的教练";学校观是"立足于职业,着眼于发展,通过学校教育使学生获得前途和职业";教育观是"引导学生通过学习改造生活";目标观是"树立终身学习的思想,掌握终身学习的能力"。归根结底,学校与教师奉行的是一种教育的实践主义,主张让学生实践,在实践中发展,在发展中创造。这其中充分认识到创新意识和实践能力培养在社会进步和学生发展中的重要作用和意义,使创新意识和实践能力培养的价值深入到教育者和被教育者内心深处,更深入到社会教育发展理念、社会

发展理念的深处。不仅把学生创新意识和实践能力的培养看作学生持续发展的核心要素，更要把学生的创新意识与实践能力看作民族腾飞和兴旺发达的基础，看作提高民族综合实力和竞争力的重要标志，看作民族生生不息的发展源泉和动力，看作民族进步的灵魂和核心，把树立创新与实践贯彻于素质教育工作的重中之重。从教育创新的角度，把创新意识和实践能力看作学生个人素养的最高体现，看作学生反思自我、突破自我、超越自我、完善自我的体现，不仅认识到创新意识与实践能力是学生智力因素的体现，更是学生精神和人格的体现。作为教师，树立以培养学生创新意识与实践能力为己任的教育信念，充分认识创新意识与实践能力的重要性和必要性，是教师的基本素质。在教学中创新教育观念，拓展教学形式，丰富教学内容，以创新意识与实践能力的培养为目标，是教师的基本责任。

3. 做好职业规划，是创新意识和实践能力培养的有力保证

职业规划作为学生成长发展的一个重要组成部分，既是对责任素质和能力实践效果的反馈，也是对学生发展方向的引导，引导学生进行职业规划，做好职业规划是培养学生创新意识和实践能力培养的有力保证。在职业规划的基础上，不断地更正人才观、质量观、知识观和教育观，进一步地明确自身的发展方向，探索自身的发展潜能，从职业发展角度，了解自身的需求，促进自我认识，建立和制定适合自己的成长评价标准。通过对自我的全面客观认知，激发自身的求知欲和创新实践欲望，端正自身的学习习惯，培养自身的学习能力，注重创新实践品质的培养，注重对自身特殊才能和兴趣的重点培养。同时，做好职业规划，有利于学生树立正确的社会观念，增强学生的社会责任感。

创新意识和实践能力培养是各院校人才培养的重要内容。这不仅是学生自身发展的需要，也是社会科学技术发展和企业人才需求的要求。强调创新意识和实践能力培养的重要性，不仅是期望学生在知识和技能层面的提高，更希望学生在学习观和思维能力方面的培养和提高，更重要的是，让学生学会思考，培养发现、分析、探索和解决实际问题的能力。

拓展阅读

鲁班发明锯的故事

相传有一年，鲁班接受了一项建筑一座巨大宫殿的任务。这座宫殿需要很多木料，他和徒弟们只好上山用斧头砍木，当时还没有锯子，效率非常低。一次上山的时候，由于他不小心，无意中抓了一把山上长的野草，却一下子将手划破了。鲁班很奇怪，一根小草为什么这样锋利？于是他摘下了一片叶子来细心观察，发现叶子两边长着许多小细齿，用手轻轻一摸，这些小细齿非常锋利。他明白了，他的手就是被这些小细齿划破的。后来，鲁班又看到一条大蝗虫在一株草上啃吃叶子，两颗大板牙非常锋利，一开一合，很快就吃下一大片。这同样引起了鲁班的好奇心，他抓住一只蝗虫，仔细观察蝗虫牙齿的结构，发现蝗虫的两颗大板牙上同样排列着许多小细齿，蝗虫正是靠这些小细齿来咬断草叶的。这两件事给了鲁班

很大启发。于是他就用大毛竹做成一条带有许多小锯齿的竹片，然后到小树上去做试验，结果果然不错，几下子就把树干划出一道深沟，鲁班非常高兴。但是由于竹片比较软，强度比较差，不能长久使用，拉了一会儿，小锯齿就有的断了，有的变钝了，需要更换竹片。鲁班想到了铁片，便请铁匠帮助制作带有小锯齿的铁片。鲁班和徒弟各拉一端，在一棵树上拉了起来，只见他俩一来一往，不一会儿就把树锯断了，又快又省力，锯就这样发明了。

在鲁班之前，肯定会有不少人碰到手被野草划破的类似情况，为什么单单只有鲁班从中受到启发，发明了锯，这无疑值得我们思考。大多数人只是认为这是一件生活小事，不值得大惊小怪，他们往往在治好伤口以后就把这件事忘掉了。而鲁班却有比较强烈的好奇心和正确的想法，很注意对生活当中一些微小事件的观察、思考和钻研，从中找到解决问题的方法和思路，甚至获得某些创造性发明。这告诉我们一个道理：留意生活中许多不起眼的小事，勤于思考，会增长许多智慧。锯发明以后，鲁班又发明了许多木工工具，古书对此有很多记载。

第三章
创新能力

第一节　创新能力及其领域

一、创新能力的内涵

创新能力是人们革旧布新和创造新事物的能力,包括发现问题、分析问题、发现矛盾、提出假设、论证假设、解决问题以及在解决问题过程中进一步发现新问题从而不断推动事物发展变化等。创新能力最基本的构成要素是创新激情、创新思维、科技素质。创新激情决定了创新的产生,创新思维决定了创新的成功和水平,科技素质则是创新的基础。

● 案　例 ●

80后颠覆式创新:"极米锤"诠释工匠精神

一群80后,放弃百万年薪,从深圳来到成都,创办"极米科技"。2016年4月25日,李克强总理考察成都菁蓉创客小镇,体验了极米最新款无屏电视,勉励他们不断创新,越做越好。

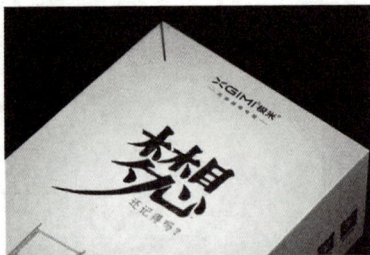

图3-1

2013年他们创办极米科技;2014年8月,极米获得创东方领投的A轮1亿元融资,成为智能硬件史上最大一笔金额融资;2015年6月,极米获得芒果传媒Pre-B轮价值3亿元人民币的战略投资;2015年7月,极米"智能微投Z4X"以1125万元的众筹金额,成为京东众筹史上第一个千万级家庭娱乐产品。

做一件不一样的事情

创始人钟波,毕业于四川电子科技大学,此前在一家著名的电视芯片制造公司工作了九个年头,年薪超过百万,并拿到了公司500多万元的股权。

预感传统电视机制造业在受到互联网思维的冲击下即将被颠覆,钟波决定抓住这次机会:辞去原公司技术总监的职位,回老家成都创业。抱着"将来的世界一定是无屏的"的信念,钟波拿出所有家当,与小伙伴凑足1000万元,作为极米的创始资金。为了让团队安心做研发,钟波离开创业资源丰富的深圳,将公司迁至成都菁蓉创客小镇。到今天团队已经发展到200多人,其中一半以上的人在做研发。

刚开始创业时,一些员工家属还留在深圳,十几个大男人只身来到成都,吃饭睡觉都挤在一个房间,而且是上下铺,曾经都是年薪几十万、上百万的人,现在却要如此艰苦,确实不容易。"三十而立,四十不惑。"处在这样一个中间带的钟波依然坚持着自己的梦想:做一件不一样的事情。这个不一样的事情就是要用做好的产品去打动人、感染人,做一种有情怀的产品。

80 后的颠覆式创新

钟波一手创建的极米科技专注于智能微投创新,致力于巨幕无屏超级电视研发,打造属于我们每一个人的私人家庭影院。

极米公司研发出的无屏电视,将投影技术、智能化技术和固态光源技术融合在一起,用一个巴掌大的盒子,在任何可供投影的地方最大可以投射出超 6 米宽的屏幕,画面相当于 36 台 50 英寸电视拼接在一起,且在白天不拉窗帘的情况下也能显现清晰逼真的观影效果。

智能硬件领域不乏"当红炸子鸡",而他们都在不约而同地在搭建自身的粉丝营销体系。苹果有果粉,小米有发烧友,乐视有乐迷。极米从一开始就将自己的创业想法和过程通过类似日记的形式不断地呈现在网上,创业两年间就积累起一百多万的忠诚粉丝。这些粉丝提出了许多建议,极米根据这些建议不断调整、改进,让产品更加符合市场的需求。

确实,用户是上帝。但正如乔布斯所说:其实,用户并不知道自己的需求,直到你将产品呈现在他们面前时。而极米就是要做一款创新型的产品,这款产品能改变人们的生活方式,提高人们的生活品质。

不将就的工匠精神

"把一样东西做好并不是工匠精神的全部,将专注、极致、创新深入流程再造之中,才是工匠精神应有之义。"钟波说,他忙来忙去就忙一件事:不计成本,"一根筋"地"死磕"技术和产品。为了做出一台完美的无屏电视,钟波和团队通宵达旦,吃睡在办公室,终于熬到第一代产品上市,钟波却挥起锤子砸掉它,宣布从头再来,原因是"体积不够小"。

从推出第一代产品开始,为了彰显"不将就"的信念,团队立下一个规矩:对不甚满意的样机,一律当众砸毁。创业四年多来,钟波砸毁的样机至少有 30 台。这把砸毁不满意产品的铁锤,被命名为"极米锤"。这把"极米锤",催促、倒逼和见证了极米团队在用户最关注的领域不断实现重大创新。极米无屏电视至少比行业水平快半年,使极米始终占据着市场领导者的角色。

钟波认为工匠精神就是:可以做到 100 分的考题,就是 99.9 分也不交卷。对于试用者反馈的问题,设计团队进行汇总评估,如果试用者反映仍有"痛点",已基本成型的样机就会被砸毁。优化设计的产品最大限度令用户满意后,才上市销售。

创新不可能一蹴而就,它会是一段艰苦而漫长的过程。钟波与他的团队用了近三年的时间,将极米无屏电视打造成行业标杆,占据了国内 50% 以上的市场份额。他们利用科技创新超越了国际巨头 LG,市场占有率跃居全球行业第一,创造了又一个领跑世界的中国自主创新品牌。五年后的极米能否颠覆电视行业,我们不能断言。但我们知道,极米的创新精神会引发每一位有志从事创新创业的人们深刻思考。

二、创新能力的形成及其作用

当人的目标需求体系通过实践操作系统与外部环境接触后,发现现实条件不能满足自己的需要,便会发现问题,并力图解决它,以便达到目的。于是,创新能力便在人类利用外在环境以求自身生存与发展的过程中生成。这种生成过程是一个漫长的历史进程,而且其总是伴随着人类自身的进化发展——尤其是人脑机能的不断健全——而从简单的工具发明到复杂的思想和物质创造,最终形成纷繁斑斓的人类文明体系:物质文明、制度文明和精神文明。

创新能力的作用主要表现在:第一,教人学会创新思维;第二,教人如何进行创新实践;第三,教人解决遇到的各种现实问题。

三、创新能力建设的主要领域

1. 理念创新

理念实际上就是我们对某种事物的观点、看法和信念。在很多情况下,理念和观念都是可以互用的。因此,这里理念创新也就是指思想观念的创新和思维方法的创新——打破常规,突破现状,敢为人先,敢于挑战未来,谋求新境界的思维定势。理念的创新必须具备创新的意识——表现为对创新的重视、追求和开展创新活动的兴趣和欲望,以及创新精神——综合运用已有的知识、信息、技能和方法,提出新方法、新观点的思维能力和进行发明创造、改革、革新的意志、信心、勇气和智慧等。创新意识只是一种兴趣和欲望,这种意识转化为行动还需要创新的精神。

创新精神是一种勇于抛弃旧思想旧事物、创立新思想新事物的精神。例如:不满足已有认识(掌握的事实、建立的理论、总结的方法),不断追求新知;不满足现有的生活生产方式、方法、工具、材料、物品,根据实际需要或新的情况,不断进行改革和革新;不墨守成规(规则、方法、理论、说法、习惯),敢于打破原有框框,探索新的规律,新的方法;不迷信书本、权威,敢于根据事实和自己的思考;不盲目效仿别人想法、说法、做法,不人云亦云、唯书唯上,坚持独立思考、说自己的话、走自己的路;不喜欢一般化,追求新颖、独特、异想天开、与众不同;不僵化、呆板,灵活地应用已有知识和能力解决问题……都是创新精神的具体表现。

2. 理论创新

理论上来讲,有了创新意识和创新精神,在此基础上形成了理念的创新,但如果想将这些理念转化为现实的行动还需要理论创新的系统支持。理论创新就是在扬弃原有的思想、学说和理论的基础上,通过创造性的思维活动,提出新思想、新学说、新理论的过程。通过理论创新推动制度创新、科技创新、文化创新以及其他各方面的创新,不断在实践中探索前进。

理论创新的种类很多,但是根据创新的不同程度,我们往往把它区分为原始性创新和综合性创新。原始性创新,就是在深刻把握事物发展规律、有效探索社会实践新领域的基础上,独辟蹊径,创立新原理、新理论或新学说的过程。综合性创新,指人们在社会实践活动中,根据实践的发展和要求,对前人的理论观点通过扬弃和修正进行丰富和发展;对不断出现的新情况新问题作新的理性分析和理论解答;对认识对象或实践对象的本质、规律和发展变化的趋势作新的揭示和预见;对人类历史经验和现实经验作新的理性升华。

3. 技术创新

技术创新的内涵的正确理解源于对技术的正确理解。狭义的技术主要是指工程学含义上的技术,是具有特定应用目标的手段、方法体系。技术并不等同于知识,任何技术都有目的,都服务于某个特定的应用目标,采用正确的技术手段、方法是技术创新成功的重要保证。美国技术哲学家米切姆对技术的分类具有广泛影响,其分别为:作为对象的技术(装置、工具、机器),即实体性技术;作为知识的技术(技能、规划、理论),即观念性技术;作为过程的技术(发明、设计、制造和使用);作为意志的技术(意愿、动机、需要、设想)。可见,技术的内涵绝不仅限于知识层面的理解。通常意义上的知识总是与认识活动相关联的,而技术活动却与实践紧密相关,是介于科学活动、生产活动之间的具有生产、研究双重性的特殊社会活动;知识主要是以观念形态方式存在,而实体性技术却可作为直接的生产工具应用于生产;技术的目的性突出,知识是相对零散的,不具有明显的应用性目的。因此,不宜将技术简单地归入知识的范畴,抹杀了其不同于知识的应用性特征。

4. 制度创新

制度创新必须符合社会结构变动和社会发展的要求。制度创新的核心内容是社会政治、经济和管理等制度的革新,是支配人们行为和相互关系的规则的变更,是组织与其外部环境相互关系的变更,其直接结果是激发人们的创造性和积极性,促使不断创造新的知识和社会资源的合理配置及社会财富源源不断的涌现,最终推动社会的进步。同时,良好的制度环境本身就是创新的产物,而其中很重要的就是创新型的政府,只有创新型政府,才会形成创新型的制度、创新型的文化。目前科技创新存在和面临体制、机制、政策、法规等诸多问题的解决,很大程度上有赖于中央和地方政府能否以改革的精神拿出创新型的新思路,同时政府从经济活动的主角转为公共服务提供者,努力创造优质、高效、廉洁的政务环境,进一步完善自主创新的综合服务体系,充分发挥各方面的积极性,制定和完善促进自主创新的政策措施,切实执行好已出台的政策,激发各类企业特别是中小企业的创新活力。

自主创新是强国之道,而制度创新是自主创新的保证,是促进自主创新和经济发展的一个非常重要的动力。所以,制度创新应该是需要优先解决的问题,也是在自主创新上取得突破的关键所在。应当从体制改革、机制完善、政策扶持、人才培养、作风建设等方面形成鼓励和支持自主创新的良好文化和制度环境。

5. 创新团队

团队概念本身类似于组织的概念——为了一个共同的目标而共同努力的人群。也就是说,团队是一个由少数成员组成的小组,是为了一个共同的目标而一起努力的一群人,小组成员具备相辅相成的技术或技能,有共同的目标,有共同的评估和做事的方法,他们共同承担并分享最终的结果和责任。然而,团队与普通的人群有着明显的不同。在简单组成的一群人中每个人本身是独立的,他们的目标各不相同,有着不同的活动。而一个团队的人是有共同目标的,他们互相依赖、互相支持,共同承担最后结果:首先,团队成员之间为了完成任务,相互支持,相互依赖。而一群人是独立的完成任务。其次,团队成员有共同的目标,有相同的衡量成功的标准。而一群人内部没有统一的衡量标准。再次,团队成员之间相互负责,共同承担最终的对产品或服务的责任。而一群人中没有最终的责任人。创新团队则是指具有创新精神的团队,也就是具有创新意识、创新思维和创新能力,从而能取得做出创新性成果、有所建树的团队,而其核心则是创新造性思维。

6.创新学习

创新学习是创新人才的首要能力。创新学习过程是接受、活化、内化和建构知识的过程。创新学习的实质是知识的增殖。因此,对于创新能力的开发,首先要重视创新学习能力的开发。创新学习能力是获取、继承、建构知识的能力,创新思维能力是标新立异、另辟蹊径的想象和思考能力,创新实践能力是把新的思想和设计变为现实产品的能力,这种产品包括文字产品、艺术作品、技术成果和工艺、方法、工业产品等。创新学习能力是进行创新思维和创新实践的基础,创新思维能力是进行创新学习和创新实践的纽带,创新实践能力是实现创新学习和创新思维的关键,三者共同作用形成人的创新能力。

创新学习功能在于通过学习,提高学习者发现、吸收新信息以及提出新问题的能力。创新性学习的基础是创造性教育。创造性教育在发展人的创造性思维、开发创造性潜力中起着主导作用。创新性学习强调学习者的主体地位,学生之所以是创新性学习活动的主体,在于学生是学习活动的主人。创新性学习是学习者与某种学习经验、知识、文化相互融通、消化,进而不断验证各种解决问题的假设,获得新颖、独特的解决问题答案的活动。

创新性学习是一种全新的大学习观。创新意识和创新能力是创新学习的关键。创新意识是创新能力的先导。只有掌握创新的基础知识、基本技能和一定的创造规律,了解科技发展、知识更新的动态,具有较强的学习能力和思维能力,才能萌生创新意识。只有具备较强的创新意识,不断培养创新能力,才能有效开展创新学习,成为创新型人才。一句话,培养创新型人才需要创新性学习。

第二节　提高创新能力的基本要素及举措

一、提高创新能力的基本要素

创新能力已经成为新世纪人才素质要求的核心之一。大学生应该如何培养自己的创新能力?

1.好奇心——创新的驱动力

好奇心对原始创新是至关重要的,原始创新不是事先能够预料的,往往是在好奇心的推动下,最后才得出来的。那么如何培养学生的好奇心和兴趣呢?首先,要让学生有机会观察到丰富多彩的自然现象,最好是亲手做实验。现在在西方国家的每一座城市里,基本上都建有博物馆、科学馆,大力发展科普事业。波士顿的科技馆是世界上最好的科技馆之一,里面非常有趣,它有好多实验可以让你动手做,很多小孩一进去,就不想出来了。对于这种设施,社会上需要建,学校更需要建,目的就是要唤醒大家在中学和小学沉睡的好奇心和兴趣;其次,教学方法也很重要。量子论的创始人普朗克回忆说,他在上小学时,他的老师这样说:"想象一下,一个工人举起一块重石头,把它放在房顶,若干年以后,一个人走在房子下面,房子塌了,石头突然掉下来砸在他身上,他知道这个能量并没有消失。"这样一说,学生们哄堂大笑,普朗克就像被雷击了一下,他一下子产生了一种强烈的好奇心,原来我们周围的世界有这么多道理在里面,而这个道理支配着所有事情的行为,于是他就很想去搞清楚这些道理。这促使他选择了物理专业,并且终身献身物理。所以,传授知识并不一定会扼杀学生的好奇心和兴趣,那要看老师传授知识的方式方法是否科学、得当。课讲得生动,深入浅出,既给了学生知识,也给了学生好奇心。因此,课堂教学永远是学校教学的中心环节,作为高校,应该让最好的教师讲课,特别是讲授基础课。

2. 直觉和洞察力——"悟"的学问

为什么有许多人在大学时是高材生,但在科研上却做不出成绩,遇到复杂问题就一筹莫展?朱清时认为,归根结底在于缺乏直觉和洞察力。国外的科学家评价一个人,最喜欢说的是某某人对科学有很好的感觉,也就是很有直觉和洞察力。其实,这些能力是不能靠上一门课或读一些书获得的,最好的办法是让学生在实践和浓厚的创新气氛中自己"悟"出来。世界上的一流大学大都是研究型大学,它们通过教学与科研相结合,在学校里营造出浓厚的研究气氛,来促进学生创新素质的成长。特别是这些学校都有许多学术大师,学生有机会与大师直接交流。这些交流容易产生火花,让学生领悟对科学的直觉和洞察力。杨振宁教授曾这样回忆他是如何懂得了科学的直觉和洞察力的:"到了芝加哥大学,老师泰勒开了一门课,泰勒非常之忙,所以他通常不备课,讲课有时就会误入歧途。我那时已经有相当多的知识,所以当他误入歧途时,我知道他就要出问题了,这对于我有很大的启发。因为当他发现自己要出错的时候,他一定要想办法赶快弥补,当他想办法弥补时,思想就像天线一样向各个方向探索,看到底是什么地方走错了。那么,在这关口,如果你对这个题目很了解的话,你就可以看出来他在物理学上的想法:他注意什么,不注意什么;哪些真正是他觉得值得注意的,哪些只是雕虫小技,是不重要的。通过这点我也学到了很重要的东西,在这方面我受到了很大的启发。"

3. 注意力——决定思维的深度

创新能力必须具备的一个要素是勤奋工作和集中注意力。"刻苦"这种素质在中国已经有很多年的历史,也有很多典故。现在,对自然科学来讲,用"刻苦"这个词不是很贴切,因为如果你有好奇心和兴趣,从事的专业研究是你感兴趣的,就无苦可言,只有乐趣。一旦有了乐趣,你可以把你的业余时间都花在上面,这样自然就很勤奋。勤奋是一个人有创造性地工作的前提,不勤奋的人什么事也做不好。勤奋必须以能集中注意力为前提。注意力集中的程度决定着思维的深度和广度。在科学研究上有重大创新的人,他们思维的广度和深度都超过常人,常人想不到的东西,他们却能创新。爱因斯坦特别能集中注意力,"我确信那是他成功的真正秘诀:他可以连续数小时,以我们大多数人一次只能坚持几秒钟的程度完全集中注意力"。因此,天才比常人能更高度地集中注意力。能长时间集中注意力勤奋工作的人,才可能成为天才。华罗庚和陈景润就是这样的天才。事实上,陈景润的成功不仅是由于他有超常的毅力、耐性和不计代价的投入,更重要的是他具有长时间地高度集中注意力的能力。

一个人集中注意力的能力既有生理因素,也有心理和社会原因。学校有责任,不仅应该让学生具备集中注意力的能力,而且应该营造出有利于学生集中注意力的环境。

二、大学生创新能力培养举措

21世纪是知识经济在国民经济中占主导地位的世纪。知识经济是以知识为基础的经济,这种经济直接依赖于知识与信息的生产、扩散和应用。在知识经济时代,创造能力,包括知识创新和技术创新,还有制度与体制创新,将是决定一个民族和国家命运与前途的关键性基础因素。教育就是一个创新的过程,教师必须具有创新意识,才能培养出在21世纪的国际竞争中脱颖而出、敢于争先的顶尖人才,才能让中华民族在未来的国际竞争中永远立于不败之地。

1. 对学生创新能力的准确理解和定位

创新能力的基础是创新意识,创新意识的源泉是创造性思维引领的丰富的想象力,而知识则是想象力自由飞翔的翅膀。因此,创新能力的培养离不开知识的沃土和营养,知识是托起创新活动的有力臂膀。认为"知识无用""创新与知识无关或关系不大"等观点都是错误的,是对知识的重要性认识不足,是对知识与创新能力的关系认识不准确所致,不能以此误导学生。重视想象力,重视知识,就是要求学生重视课本知识的学习和把握。那些认为脱离教材的小制作、小发明或奇思怪想才是创新,甚或是创新的全部的观点,是十分荒谬的。事实上,对于教师而言,对于学生而言,每一个合乎情理的新发现,别出心裁的观察角度等,都是创新。即使把不同的事物或问题通过一条主线连接在一起,也是创新。当然,对于学生来说,只要是新颖的,是新的发现,是提高,是发展,即使前人或他人曾经说过、做过了,也属于创新,也是难能可贵的,必须予以提倡和激励,必须予以肯定和表扬。这样就会使学生认识到:"创新就在我身边,就在学习性、创造性的活动中! 创新并不是高不可攀、遥不可及的事! 只要肯动手,肯动脑,我也行!"

2. 如何培养学生的创新能力

(1)创设良好教学情境,激励学生的创新意识。

情境教学是指在教学中引入、创设与教学内容相适应的场景或氛围,帮助学生正确理解教学内容,促进其知识和能力协调发展的一种教学方法。情境教学可以激发学生的兴趣,培养他们的创新意识,使他们在特定的客观情境中获得丰富而强烈的感受、体验乃至情感,激发其思考与探究的冲动和激情,发展其创新能力。如在高中思想政治课的教学过程中,要注重师生的共同参与,以学生为主体,充分尊重和发挥学生的主体作用,把看书权、思考权、讨论权、质疑权和总结升华权交给学生,提倡学生在看、思、辩、综中发展,呵护学生每一个具有创意的冲动和念头,珍惜他们每一个带有思考性的言行萌芽。

(2)充分利用课堂教学,不断发展学生的创新能力。

现今的课堂教学必须是开放性、平等性、兼容性、创造性相统一的,思想碰撞产生智慧火花的乐园。教学方法以探究式、合作式、研究式、发现法等为主,辅之以传授式。课堂的主人是学生,教师是服务者、协调人,学生挑战书本、挑战教师、质疑权威的见解和异想天开的设想是课堂内容的重要组成部分,教师是权威,也是讨论的平等参与者。引导学生独立思考,不盲目从众,大胆探索,不墨守成规,在学习知识的过程中,在理论联系实际的设想中,发现问题、解决问题,从而展现自我、发展自我、创造自我、相信自我,是教师教育教学能力的体现,也是学生创新能力发展的必然要求。

(3)把作业作为培养学生创新能力的重要平台。

学生对知识的理解、运用、触类旁通是一个复杂而渐进的学习过程,同时也是学生创新意识、创新能力厚积薄发的积累过程、发展过程。数学、物理、化学等科,要鼓励学生做作业时进行一题多解的探索,并由学生自己或教师在黑板上板书学生作业的全过程,理清思路,探讨其新颖之处和思维闪光点,激励同学们积极进取、创新思维。政治、历史、地理等科,要鼓励学生发散性思维,标新立异,倡导创新精神。发散思维是创新思维的核心,是创新能力成长的基石。多角度思考,变思维的单向性为多向性,打破思维定势,灵活地思考问题等,是诱导发散思维、突破传统观念与思维模式束缚的关键。因此,在作业这样一个培养学生创新能力重要平台的运用上,要鼓励学生不怕失败,学会从错误中学习,从失败中获得经验,在不断经历错误和总结经验的过程中养成勇于思考的学习品质,从而培养学生勇于探索、敢于创造的独创意识和创新精神。

(4)在研究性学习活动中培养学生的创新能力。

研究性学习是指学生在教师指导下,从学习、生活及社会生活中选择和确定研究专题,用类似科学研究的方式,主动地去探索、发现和体验新观点、新事物和新情境,从而培养学生的创新精神和实践能力。一句话,研究性学习的目的就是为了培养有独立思想、动手能力强的一代新人,从而提高全民族的素质。

在研究性学习活动中,教师是导演,学生是演员,教师是配角,学生是主角。正因为如此,学生可以通过研究性学习,自己搜集资料,自己总结观点或得出理论,自己主动与他人进行交流和合作,自己独自提出、发现问题,自己独自找到解决问题的方法与途径,从而树立起科学的合作观、进取的竞争观、创新的思维观,不断地发展学生的创新能力。

扩展阅读

激发性思维的方法:头脑风暴

基本概述

当一群人围绕一个特定的兴趣领域产生新观点的时候,这种情境就叫作头脑风暴。由于团队讨论使用了没有拘束的规则,人们就能够更自由地思考,进入思想的新区域,从而产生很多的新观点和问题解决方法。当参加者有了新观点和想法时,他们就大声说出来,然后在他人提出的观点之上建立新观点。所有的观点被记录下但不进行批评。只有头脑风暴会议结束的时候,才对这些观点和想法进行评估。头脑风暴的特点是让参会者敞开思想使各种设想在相互碰撞中激起脑海的创造性风暴,其可分为直接头脑风暴和质疑头脑风暴法,前者是在专家群体决策基础上尽可能激发创造性,产生尽可能多的设想的方法;后者则是对前者提

图 3-2

出的设想,方案逐一质疑,发现其现实可行性的方法,这是一种集体开发创造性思维的方法。

基本程序

确定议题:一个好的头脑风暴法是从对问题的准确阐明开始。因此,必须在会前确定一个目标,使与会者明确通过这次会议需要解决什么问题,同时不要限制可能的解决方案的范围。

会前准备:为了使头脑风暴畅谈会的效率较高,效果较好,可在会前做一点准备工作。如收集一些资料预先给大家参考,以便与会者了解与议题有关的背景材料和外界动态。

确定人选:一般以8人~12人为宜,也可略有增减(5~15人)。

明确分工:要推定一名主持人,1~2名记录员(秘书)。

规定纪律:根据头脑风暴法的原则,可规定几条纪律,要求与会者遵守。

掌握时间:会议时间由主持人掌握,不宜在会前定死。一般来说,以几十分钟为宜。

设想处理:通过组织头脑风暴畅谈会,往往能获得大量与议题有关的设想。至此任务只完成了一半。更重要的是对已获得的设想进行整理分析,以便选出有价值的创造性设想来加以开发实施。

💡 思考与实践

1. 结合你的专业,设计一项创新科研计划,并征求专业老师的意见。
2. 约上你的朋友们一同观看纪录片《创新之路》,谈谈关于创新的话题。

第四章
创新思维

创新思维是以新颖的思路或独特的方式来解决问题,从而产生创新性成果的思维。它除了具有一般思维活动的特点外,还具有自己独特的一面。在整个创新思维过程中,各种思维方式和方法综合交互作用。通过掌握创新思维原理,遵循创新思维法则,运用创新思维方法,从而培育创新思维,提高创新能力。

第一节　创新思维的概念

一、创新思维的内涵及特征

1.思维的含义

思维是人们探索客观事物属性、内在联系和内部规律性的有意识活动过程,是客观事物属性、内在联系和内部规律性的反映。换言之,思维是人脑的机能,是主体人对于客体对象的概括性和间接性反应,是主体联系客体的中介和手段,是主体加工处理客体的方法和工具。

2.思维创新的基本内涵

思维创新又称创造性思维,是指产生新思想的思维活动。思维创新能突破常规和传统,不拘既有的结论,以独特的方式解决新的问题。

思维创新具有:开放性、灵活性、独特性、有效性和非常规性等特点。在思维创新中智力因素和非智力因素都起着积极的作用(知、情、意、行统一)。

3.思维创新的特征

广义的创造性思维是指思维主体有创见,有意义的思维活动,每个正常人都有这种创造性思维。狭义的创造性思维是指思维主体发明创造、提出新的假说、创见新的理论,形成新的概念等探索未知领域的思维活动,这种创造性思维是少数人才有的。创造性思维是在抽象思维和形象思维的基础上和相互作用中发展起来的,抽象思维和形象思维是创造性思维的基本形式。除此之外,还包括扩散思维、集中思维、逆向思维、分合思维,联想思维。

创造性思维具有以下特点。

(1)思维方向的求异性即从别人习以为常的地方看出问题。

(2)思维结构的灵活性。是指思维结构灵活多变,思路及时转换变通的品质。

(3)思维进程的突发性。即思维在时间上以一种突然降临的情景标志是某个突破的到来,表现一个非逻辑性的品质。

(4)思维效果的整体性。即思维成果迅速扩大和展开,在整体上带来价值的更新。

(5)思维表达的新颖性。

创造性思维是创造成果产生的必要前提和条件,而创造则是历史进步的动力,创造性思维能力是个人推动社会前进的必要手段,特别是在知识经济时代,创造性思维的培养训练更显得重要。其途径在于丰富的知识结构、培养联想思维的能力、克服习惯思维对新构思的抗拒性,培养思维的变通性,加强讨论,经常进行思想碰撞。

创造性思维对于人们更好的认识世界和改造世界,尤其对于我们建设具有中国特色的社会主义的伟大事业具有重要意义。

创造性思维可以锻炼和提高人的认识能力。人们为了取得对尚未认识的事物的认识，总要探索前人没有运用过的思维方法，寻求没有先例的办法和措施去分析认识事物，从中获得新的认识和方法，从而锻炼和提高人的认识能力。创造性思维可以极大地丰富人类的知识宝库。在实践过程中，运用创造性思维，提出的一个又一个新的观念，形成的一种又一种新的理论，做出的一次又一次新的发明和创造，都将不断地增加人类的知识总量，丰富人类的知识宝库，使人类去认识越来越多的事物，为人类实现由"必然王国"向"自由王国"和"幸福乐园"的飞跃创造条件。创造性思维为人们的实践活动开辟新的领域。它不满足环境人类已有的知识和经验，努力探索客观世界中尚未被认识的事物的规律，从而为人们的实践活动开辟新领域、打开新局面。没有创造性思维，没有勇于探索和创新的精神，人类的实践活动只能停留在原有水平上，人类社会就不可能在创新中发展，开拓中前进，必然陷入停滞甚至倒退的状态。

创新思维训练一

洪长兴是上海著名的羊肉店，为了保证肉的质量，该店有专门供肉基地，整羊运来，店里的职工操刀拆卸、开料。因为店堂面积小，拆羊劳动强度大，每天供肉量有限。到了冬天羊肉销售旺季，来买肉的人排成长队，供不应求，许多顾客失望而去。这不但满足不了顾客的需求，营业额也受到很大影响。店堂小，供肉不足，成为该店发展的瓶颈。

请思考：能否通过创新思维为该店相处办法，增加肉量，满足顾客的需求。

参考思路：方法是颠倒羊肉的加工程序。由洪长兴羊肉店派人到羊肉供应基地，指导基地的员工按肉店的要求将整羊拆卸，精选出肉块，再运到店里切片出售，或者将切肉机运到供应基地，按要求切成羊肉片，再运到洪长兴店里出售。这样就解决了店面面积小，羊肉片加工量不足的问题。

创新思维训练二

有一所美容美发职业学校开办了益群理发店，由于店址偏僻，顾客较少，他们想扩大客源，又不愿花太多的广告费用进行宣传。

请思考：能否通过创新思维为该店相处办法，增加客源。

参考思路：办法一、可与该是电视台、市劳动局合作，为下岗职工开办理发、美容电视讲座，由该校老师授课，并定期在益群理发店开展辅导、咨询等活动。

办法二、可在当地其他社区、步行街和居民区设立周末义务理发服务点。每到服务日，将书写"美容美发学校益群理发店义务理发点"的招牌立起（并标上理发店的地点和联系电话），组织理发师为行人、居民理发，同时分发介绍理发店服务项目的名片。这样坚持一段时间，该理发店的顾客将大量增加。

二、创新思维的基础

墨子在《耕柱》中说:"古之善者则诛之,今之善者则作之,欲善之益多也。",这是墨之教育思想永恒之所在。墨之已矣,而他的诛古善扬今善启后善的思想仍似玉佩激扬、空谷回音。

1.创新思维的思维习惯

创新思维习惯包含创新意识、推理意识和解决问题意识的习惯。创意意识越明确,越能激发产生新的假设和构想,多思维多智慧,提出的假设和构想必然就越多,因而出现领新标异的理念设计就越多。牛顿说:"我成功的秘诀是我一直在想,想……";爱因斯坦说:"提出问题比解决问题更重要"。牛顿和爱因斯坦小时候的那些事儿也能使学生把自己的能力与卓越的创新思维连起来:牛顿曾经把院墙挖了一大一小的两个洞,说是大狗走大洞小狗走小洞。爱因斯坦4岁时才开始说话,小时候钉小桌子的作业中,全班就小爱因斯坦不能完成,但后来他和他却成了牛顿和爱因斯坦 。我们的学生听到这些后,创新意识和信念还不会油然而生吗?

推理意识是创新思维不可缺少的组成,创新思维活动要求不能只是就某一个事物孤立地进行分析和研究,而应该把各种事物,哪怕是风马牛不相及的事物联系起来,加以综合思考,因此,推理意识就成了创新思维的一个重要因素,推理意识的培养是创新教育的一个重要环节,推理意识的培养要求学生养成善于把大量的事实进行组织、整理并概括、总结的习惯。

解决问题的意识主要表现为信息转化的意识,恩格斯曾把自然、社会和思维的转化运动归结为三条一般的规律:质变、量变规律,对立统一规律,否定之否定规律。人类在认识自然、社会中,信息转化的工作是非常复杂的,经常会出现"山重水复疑无路"的困境,解决问题的过程往往是未知变已知、已知变未知再变书籍的过程;由否定变肯定、由肯定变否定再变肯定的过程;由不可能变可能、由可能变不可能再变可能的过程。因此,创新教育也要培养学生用锲而不舍的精神去思考、理解、解决问题。科学巨匠丁肇中先生,他自己说找J粒子,就像是在一场大雨中找一颗带色的雨滴。这样的例子教育学生通过多次往复,一步一步地由低级向高级发展,由片面向全面转化,最后才能使艰苦化为发展,化为精神、物质和力量。

2.创新思维的发散性思维

发散性,即对一个问题能从多个角度、沿着不同的方向思考,然后从多方面提出新假设或寻求各种可能的正确答案。

发散性思维具有两个特征:变通性和多端性。

发散性思维的变通性:它反映发散思维有发散、迁移、升华的特点。变通性的培养实质上也是培养学生的一种终身受用的学习能力:从八年级开始学习物理时,我就留意一些物理单位发散、迁移、升华是一个循序渐进的过程,勿求毕其功于一役。

发散性思维的多端性:它反映发散思维具有发散、流畅、敏捷的特征。要求思维者多向

观察、多维策略、横向比较。如何使这一特点要教学中得到体现呢？首先,可以由老师给学生输入一个信息,学生根据这个信息和掌握的知识,在老师的启发下,获得新知识,锻炼新思维:如在学习杠杆的知识后,给学生出示一老虎钳,让同学们指出这把老虎钳所涉及的物理知识及用途,并激发和鼓励同学竭尽所能,给出尽可能多的答案。其次:可以在解决某一问题的过程中,充分发挥学生思维的不成熟性,或者说是不固定性,让他们设计出多方案,如教室里日光灯坏了,请学生列出可能的原因,并由我当堂实施修理,这样既培养了学生思维的多端性,也培养了学生思维的流畅和敏捷的特质,还让学生经历了多向观察、多维策略、横向比较的认知过程。

3. 创新思维的求异性思维

求异思维表现为在解决问题的过程中,当依据原有的事实,原理已经不能达到预期目的时,能够提出与众不同的设想方案,从而有效地去解决问题。求异思维具有独特、立异的主要特点。

独特,即在解决问题或认识世界的时候,不拘泥于一般的原理、原则和方法,而能应用与众不同的原理、方法和原则,使问题合理地解决。立异,即不满足于已知的结论,而标新立异地提出自己独立的见解。在"立异"这一创新因素的培养过程中,我举过这样的众所周知的例子来引导学生敢于"立":亚里士多德断言"物体从高处下落时,其速度与它的质量成正比",这一理论在古老的欧洲大陆横行了两千多年,而意大利物理学家伽利略却认为这个结论是错的,他通过比萨斜塔实验推翻了亚里士多德错误的理论,发现了自由落体定律。

4. 创新思维的非逻辑性思维

强调遵循思维规则,对事实材料时行分析,通过一步一步地推理,从而得出科学的结论,这是逻辑性思维。创新活动是需要逻辑思维的,但善于逻辑思维的人,不一定长于创新,在创新活动的关键阶段,非逻辑思维甚至起着主要作用,思维的非逻辑性包括直觉和灵感。

直觉:又叫直觉思维,指的是对问题的一种突如其来的领悟或理解,它不像逻辑思维那样是有意识地按照推理规则进行,在这种思维过程中,思维的中间环节被忽略了。直觉思维可以帮助我们在创新中作预见,引导人们敢于进行非逻辑性思维。

灵感:灵感是指人们以全副精力解决问题时豁然出现新思维的顿悟现象。它通常与创新思维活动中那些最重要的、最有决定性的因素联系着。灵感是长期思维积累的结果,只有经过专心忘我的思考过程才有可能产生顿悟。

孙子有云:"治众如治寡,分数是也,斗众如斗寡,形名是也。"只要教育工作者始终立足创新思维的培养,善于创新的学生就会涌现,善于创新的民族将永远屹立,善于创新的国家将有解决一切问题的创新能力。

第二节　创新思维的特质及培养方法

一、创新思维的特质

1. 创新思维的本质不同

有史以来,人类生产力的发展已经历了手工劳动时代、机械化时代、电器化时代、自动化时代,现在正迈向信息化时代。但是,在信息时代以前的各个时代,思维创新都在延长人的胳臂、扩大人的拳头、放大人身的自然力,提高人身自然力的效果。而知识经济时代思维创新则是放大人的脑力,提高和增强思维本身的能力。

2. 创新思维充分展露了自身软性的特质

思维创造感性活动的"脚本",从来都是软性的。然而千百年来,它却一直表现为硬邦邦的存在,表现为蒸汽机、电动机、自动生产线。只有到了今天,思维创新才首先表现为知识、信息、一切软件。创新思维毕露自身的软性,是思维发展史上划时代的事情。它将使思维的异在,一切外围设备都为提高、放大思维自身的能力而奔忙,思维的无限潜能都将因之无遗地发挥出来。人类社会的软性财富和无形资产也将随之剧增,今天全世界国民生产总值的近70%是知识或信息产业发展促成的,发达国家如美国总资产已有60%是无形资产,人类社会财富的特性也被改变。

3. 创新思维覆盖的时空越来越少,创新的生命短得惊人

在现代科技的核心领域——微机的天地里,创新思维更新多者一年半载,少者一两个月。在人类历史的舞台上,一个创新思维能覆盖几十年、几百年时空的历史已经一去不复返了,今日还是绚丽多姿的智慧之花的创新思维,明朝即成夕日黄花,它不得不让位给它前头更新的创新思维,装点人类五彩缤纷的世界。

4. 思维创新产业化

多少世纪以来,创新思维只伴着勤于思索者孤单的形影前进,创新的思维往往要在科学家的圣殿里徘徊很长时间才能走向社会。今天思维创新生产知识、生产信息,知识和信息的生产不仅成了大规模的产业,而且,形成了打破国界的互相竞长争高的产业群落。这些产业将千百万个富于思维的头脑集中在一个屋顶下创新知识或信息,使思维创新在人类发展史上第一次规模化、产业化。

5. 思维工具在创新思维中发挥了前所未有的作用

过去的思维工具其作用都无法与知识经济时代思维工具的作用相提并论。自1942年第一台计算机问世以来,对社会生产率的影响,已经到了令人瞠目结舌的地步。1998年美国

问世的万亿次并行高性能计算机,峰值达 3.9 万亿次/秒。33 卷《大不列颠百科全书》,用"信息高速公路"传输只需 4.7 秒。今天的微机,不仅可以将隐性的思维力量显示出来,而且可以将其放大或提高亿万倍。

6. 创新思维具有强烈的自我超越性

创新思维一个很突出的特点是敢于自我否定,勤于自我否定,具有极为强烈的超越性。自我超越是创新思维无穷的生命力的搏动,它以自我超越战胜他者,取代他者,从而将现代科技革命向前推进了一大步。

7. 创新思维有强烈的竞争意识

知识经济时代的创新思维具有极为强烈的竞争意识。思维一旦失去了创新的灵魂,即使是曾经拥有巨额资本的百年老店,也将可能沉没商海。企图以失去创新能力的思维,去指导企业,是千万成功的企业家走向失败的致命伤。所以说创新思维只能在竞争中生,竞争中长,在竞争中永恒。在创新的领地里一劳永逸的创新是不存在的。

8. 创新思维对生产力发展的作用前所未有的增大

创新思维价值的大小,视其发展社会生产力的功能而定。今天,知识创新在经济增长中的贡献率,已由 20 世纪初的 5%～20%,上升到 80%～90%。1950 年到 1992 年之间,全球经济年度总产出从 5 万亿美元扩增到 30 万亿美元,增长了 5 倍。如果说近代创新思维 200 年间使人类生产的社会财富总和翻了一番,那么,我们可以预定,以现代创新思维为基石的生产力所生产的社会财富的总和,在今后 200 年中绝不只是翻一番,可能是几十番或上百番。现在创新思维已成为一个国家富强的源泉,成为社会经济发展的最主要推动力。

知识经济时代创新思维的大飞跃,极大地活化了人类的思维尺度,思维尺度正以前所未有的速度向前发展。这也意味着人类思维方式又一次大变革已经揭开了序幕。人类思维方式的每一次革命性的变革,都将使人类社会大步前进,为新时代的确立创建舞台,新时代的喜剧就将揭幕。

扩展阅读

创新需要遵循规律吗?

1939 年,前身为爱迪生实验室的美国通用电气公司发现,尽管公司目前高学历的大学毕业生比以前增加了不少,但新发明、新发现、新产品、新技术的开发,新专利的申请却大大少于爱迪生实验室时代,这不能不引起公司决策层的重视。经认真细致的分析研究,终于找到了原因。原来这些大学生尽管学业成绩非常出色,但在学校时都没有学过怎样进行创新思维。对怎样提出意见、怎样从事创造发明的知识和方法了解得很少,更缺乏这方面的实际经验和切身体会,因此造成他们的创新意识薄弱,创新能力不强,只习惯于按部就班地干一些机械性、模仿性的技术工作。

为了改变这一状况,公司组织人员总结了爱迪生生前从事创造发明的方法和经验,编写了一套"创造工程培训班"的教材。经过系统的培训,职工们的创新能力和水平大大提高,申请发明专利的数量比培训前提高了三倍。与此同时,美国纽约 BBDO 广告公司副经理奥斯本总结了一系列的创新思考的方法和创造技法,于 1941 年出版了《思考的方法》一书,在美国引起了一场创新思维的学习推广热潮。由于奥斯本对创造学的研究和推广起了开拓者和奠基人的作用,被后人誉为"创造学之父"。

二、创新思维能力的培养方法

1. 掌握创新思维原理

整合原理:创新是各种心理因素(包括兴趣、求知欲、理想、信念、情感、意志以及思维品质、形式、方法等)高度的有机整合的结果,是主体心理的、思想的、思维等意识活动的综合表现。

流动原理:创新思维随着人类认识活动的深入而不断运动,表现为按个人自我发展的需要流动、随个人兴趣爱好的变化流动、按思维能力结构层次的变化由低向高流动。

调节原理:随着人类认识活动的变化,根据创新活动的需要,不断调整目标,使之更符合实际。

信息轰击原理:通过努力学习和多接受新信息,以诱发思维的创新性。

群体机智原理:通过争论、辩论、讨论等形式汲取群众的智慧,弥补个人创新力的不足。

压力原理:外在压力迫使自我克服惰性,将压力转化为动力,成为推动创新的巨大力量。

上文所述前三项原理取决于主体内因,由自身素质与能力的高低来决定;后三个原理取决于社会外因,在外力适度的作用与影响下,主体的创新潜能就会得到激发。内因起决定作用,外因只能提供有利的条件。

2. 遵循创新思维法则

综合法则:通过集思广益、智慧杂交、思维交融创新;还原法则:通过回到根本、抓住关键、提纲挈领创新;对应法则:通过模拟比较、类比联想、相似想象创新;移植法则:通过模仿造型、移植结构、模拟演示创新;离散法则:通过离散产品、分解要素、解剖认识创新;强化法则:通过强化技法、强化目标、强化工艺创新;换元法则:通过代用材料、代用零件、代用方法创新;组合法则:通过附加组合、异类组合、同物组合创新;逆反法则:通过逆反思考、求异思维、对应思考创新;造型法则:通过外观造型、结构造型、色彩造型创新;原型启发:通过物件启发、事件启发、言行启发创新;特征迁移:通过事物特点、事物特征、事物特性迁移创新;功能变化:通过功能组合、功能改变、功能提升创新。

3. 运用创新思维方法

(1)加法思维——组合就是创新。

美国的《读者文摘》的诞生来自创始人德惠特·华莱士的一个创意。他"把最佳文章组合精编成袖珍型的非小说刊物"是一个伟大的创意。加法思维就是将两种或两种以上的学说、技术、产品的一部分或全部进行适当叠加或组合,用以形成新学说、新技术、新产品的创新方法。爱因斯坦曾说:"组合作用似乎是创造性思维的本质特征。"美国创造学家奥斯本说:"新的发明几乎都是通过对老发明的组合或改进产生的。"

(2)减法思维——简单也是一种创新。

我国对计算机简化中得到的 VCD 和学习机的问世就是减法思维运用的例子。将计算机中的光驱与解码部分取出来变成了 VCD;将计算机的文字录入编辑和游戏功能取出来就成了学习机,造就了一个利润丰厚的产业。减法思维就是将事物的要素进行缩减或分割,从而达到创新的目的。哲学家奥康说过:"切勿浪费较多的东西去做用较少的东西同样可以做好的事情。"这句话不仅适用于哲学思维,也适用于创新思维。

(3)变换思维——山无常势,水无常形。

某西方国家有两个教徒在教堂祈祷时想抽烟,其中一个问牧师:"我在祈祷时可以抽烟吗?"牧师断然拒绝。另一教徒换了一种问法:"我在抽烟的时候可以祈祷吗?"牧师说可以。两个教徒所说事实是一回事,但效果却大不一样。前者给人的感觉是何等的亵渎神灵,而后者给人的感觉是何等的虔诚。变换思维是指从各个方面、各个角度采用灵活多样的改变和转化,进而达到创新的目的。孙子兵法有云:"山无常势,水无常形,人因敌变化者胜也。"伽利略曾说过:"科学是在不断改变思维角度的探索中前进的。"

(4)逆向思维——把事物倒回来。

司马光打破缸。按常规思维,要救小孩,必须把小孩从水里拉出来,使人离开水。但司马光却想到了砸破缸,让水离开人,达到救人的目的。

逆向思维是指不采用人们通常思考问题的思路,而是从完全相反的、对立的角度思考问题,从而达到创新的目的。通俗地讲就是"背道而驰"。当我们面对新事物新问题的时候,人们可沿着事物的相反方向,用反向探求的思维方式去思考问题,从而提出创新的思想。

(5)类比思维——类比支配发明。

鸡蛋固化技术。哈尔滨市道里区榆树乡榆树村农民李德库,他从鸡蛋想到了奶粉,嘀咕着要把鸡蛋"晒干",他做试验就用了几百千克鸡蛋,1996 年试验终于成功了。1998 年他发明的鸡蛋固化技术在"中国专利周"上展出。"晒干后的鸡蛋"不但能制成蛋黄粉、蛋黄饮料和罐头等食品,还能提取黄油,市场前景非常看好。

类比思维是指根据两个或两类对象具有某些相似或相同的属性,从而推出其中一个对象可能具有另一个或另一类对象已经具有的其他属性的思维方法。英国的培根说:"类比支配发明。"德国天文学家和数学家刻卜勒曾说过:"我特别喜欢类比—我的最可靠的老师,因为它们给我们揭开了自然界的各种秘密。"

(6)联想思维——联想促发创新。

茅以升的"射水打桩法"。我国著名的桥梁专家茅以升,他在建造钱塘江大桥时因江中泥沙层很厚,打桩时遇到了意想不到的困难。后来他看到邻家的孩子用铁罐浇花,细细的水流居然把花坛泥土冲出了一个深深的窟窿,他茅塞顿开,立刻想到了射水打桩的好办法,解决了工程进展中的难题。联想思维是指通过一个或一类事物联想到相连、相关或可能相连、相关的另一个或另一类事物,从而达到创新目的的方法。古希腊哲学家亚里士多德说:"我们的思维是从与正在寻求的事物相类似的事物、相反的事物或与之相接近的事物开始进行的,以后,便追寻它相关联的事物,由此而产生联想。"

(7)迂回思维——以迂为直。

拿破仑说过:"我从来不正面攻击一个可以迂回的阵地。"孙子也说过:"军争之难者,以迂为直,以患为利。"这也是常用而有效的方法。

(8)发散思维——创新的核心。

齐白石会客。一天有三个学生上门求教,只见门上写了个"心"字。其中一位学生转身就走。另两位学生却上前敲门,被齐家人劝回。次日他们三人又来求教,发现门上换了个"木"字,头一天先走的学生立刻上前叩门,白石老人笑盈盈地开门迎客。这是什么道理呢?第一次门上写的实际是个"闷"字,说明齐老情绪不好,不会客;第二次门上实际上写的是个"闲"字,说明齐老清闲无事,可以见客。发散思维是指围绕一个中心问题,进行多方面、多角度、多层次、多途径的思考和联想,以探求问题的答案的思维方式。也就是"从一点向四面八方想开去的思维"。著名创造专家吉尔福特高度评价道:"发散思维是创新思维的核心,正是在发散思维中,我们看到了创造性思维的最明显的标志。"

4.培养创新思维能力

建立合理广泛的知识结构,不断丰富实践经验。知识和经验越丰富,思维越宽深。增强好奇心以发展想象力,培养高尚的兴趣以增强创新能力。好奇心是发挥想象力、创新力的起点,兴趣是维系恒久创新力的基础。培养直觉力以开发想象力。培养联想力,有利于新事物的产生。培养良好的创新素养和艺术素养。建立合理的能力结构,培养良好的心理品质。培养人的模糊思维能力。实践证明,许多创新是在想象基础上建立模糊概念,通过模糊思维而逐渐具体化的。

三、医学生创新性思维的培养

在现代的世界里,各个国家之间的竞争,实际上就是创新能力的竞争,创新能力是一个国家安身立命的根本,是想要傲立于世界舞台上最有力的武器。创新产生科研成果,而创新的前提是创新思维。创新的思维就是通过对事物的观察,得到生动内容,即知觉思维形式上,在此基础上利用联想、想象、逆向思维、逻辑推理等抽象的思维形式,对事物的发生、发展、做出不同寻常的分析判断。创新思维不是凭空产生的,也不是一些天才们与生俱来的,这需要我们学习,并且需要长期的培养才能形成。医学生作为未来的医生,作为未来医学界的主力军,掌握夯实的专业知识固然重要,但培养及养成创新的思维更加重要。因为只有创新的思维,才能更好地做学问,更强地做学问,才能提高我国的医学水平,才能让我国成为真正的创新大国,才能更好地为中国乃至全世界人民去除病痛。那么如何培养及养成创新的思维?个人认为,应基于以下几点。

1.养成坚定的创新意识

只有树立了坚定的创新意识,才能有可能培养成创新的思维。养成坚定的创新意识必须存在于医学生教育的始终。在基础学习中,必须着重培养创新意识,以及打下坚定的理论基础。我们医学生怎么样才能通过图书馆及发达的网络了解最新的科学发展情况以及最新的科学研究情况。现在许多学校的图书馆藏书较少,网上查阅文献时只能看到摘要,不能看到文章的全部内容,这样就造成了学习内容的片面性、单调性,以及思维的狭窄性。我认为学校应该更多的订阅各种优秀的文献资料,从而让医学生有更多的选择机会和更好的学术客观环境。这样才能使查看文献时更加全面和具体,更好理解作者的原意。这样才能更好地为创新思维研究做准备。在科学研究阶段,要培养自己发现问题及解决问题的能力,凡事多想想为什么。带着这些为什么去学习、去研究,这样才能保持自己学术的创新性。

2. 夯实坚定的理论基础是创新思维的源泉

在现代的社会,现代的中国,医学生想要获取资料方法有很多种,如图书馆、网络,等等。可以说能获取到的资料是海量的。如果创新是一座高楼大厦,那么学习这些理论知识是这座高楼的根基。我们在学习过程中,不能局限于这些根基的知识。应该对这些已有已经掌握的知识进行汇总。对这些知识进行总结和归纳。从而发现它们的不足与局限以及发现这些知识还没有解决的问题。除此之外,还可以参加国内外的一些学术会议以及一些知识讲座。这些都是获取知识的渠道,也是进行创新的根本。

3. 突破传统的思维定势

在传统的中国教育中,一个学生从小学到初中到高中以至于大学都是被动的学习。死记硬背条条框框,缺乏自主的思考,久而久之就缺少了自主思维与创新的意识,缺少灵活运用知识的能力。而医学生作为未来的医生,工作的对象是人,不是机器,是具有灵活性的,是具有特殊性的。我们在以后的工作中,遇到同一种疾病,发生不同人的身上,治疗方法也会不同。如果不突破传统的思维定势,现在医学界所倡导的个体化治疗也就无从谈起。突破传统的思维定势,需要辩证地看待已有的知识与新鲜的信息。已有的知识是创新的源泉,但不恰当的运用又会阻碍知识的创新。一方面,已有的知识是过去的创新,现在的创新必须以其为基础。另一方面,如果固执的坚信原有的知识,就会对新鲜的事物不容易接受。会认为其违背常理,这就会对创新产生阻碍的作用。因此,必须在尊重原有知识的前提下,敢于对其提出疑问,敢于突破原有的理念,敢于突破传统的思维定势,才能产生新的东西。

4. 培养及养成"发散思维"的能力

当我们在学习的过程中,应该培养自己发散思维的能力。例如看到某个病人的症状的时候,不只要局限于局部的症状,要想想身体发生了哪些变化,想想哪个生化过程发生了改变,哪些器官发生了改变。也不要只局限于自己本学科的专业,还要从其他相关的学科对此症状进行分析。这些对自己以后做学问打下良好的思维习惯。

5. 学会逆向思维

长期的思维习惯,很少有人具有逆行思维的行为。有的时候,反过来想一想也许能起到意想不到的效果,这对创新思维的培养也是一个重要的组成部分。逆行思维有可能对长时间的疑问产生某些启迪,有可能给人一种拨云见日的感觉。

6. 学会总结

总结是指对现有的知识进行归纳,发现其内在规律,从而把各个板块的零散的知识科学性的聚拢在一起。从而发现新的问题,对其进行分析,并加以解决。这也是学习知识的有效的方法,也是创新思维的一部分。如何训练"总结"的能力,多多学习,多多的看书,多多的查阅文献,在拥有了大的知识库的前提下进行逻辑性训练。久而久之,"总结"的能力自然而成。

7. 抓住"灵感"

"灵感"是突然出现的而且转瞬即逝的东西。古今中外,很多知识的创新,发明创造都来源于"灵感"。但她转瞬即逝,我们要学会抓住它,并记录他,将其用于做学问中,创新也就随之而来。但"灵感倾向于有准备的人",其产生的前提是夯实的理论基础与博大的知识库。因此,我们要扎扎实实地学习现有的知识,充实自己。才能在苹果砸到脑袋的时候有所想,并有所为。

8. 合作是创新有效力量

合作是进行创新的有效力量,这不只是一个口号。如果想做科研,做出好的新的东西,单独的一个人乃至单独的实验室都是不容易完成的。所以要讲究"团队"。每个人的能力与精力有限,对方方面面的知识不可能都能了解和掌握,这就需要别人的帮助。各个实验室也是如此。每个导师想把自己的团队、自己的实验室打造成无所不有,无所不能是不可能的。这就需要与外界进行交流,进行沟通,进行合作。"资源共享"是各个实验室以至于各个国家科学进步的"法宝"如人类基因组的测定就是很多国家一起合作的成果。如果课题涉及其他的学科,这就需要与其他学科进行合作,互相学习本学科的基础知识与实验技能,这样才能有所成就,才能有所创新。学术交流也是合作的一种表现形似。各个高校应该重视学术交流,让学生有机会参加各种学术研讨会,了解现在世界科学的前沿,了解各个新的科学成果以及一些新的学习与研究的方法。从而打破自己的瓶颈,开创思路,"灵感"也就随之而来,创新也就应运而成。

9. 兴趣与坚定的意志力是创新的根本

培养创新思维首先要有兴趣,同时也要有坚定的意志力。许多研究的开始只是因为爱好它,喜欢它。兴趣是创新思维的起动机。选择科研方向时,每个人可以根据自己的兴趣爱好进行选择,这样才能乐于从事,才能思维活跃,创新思维也就产生。当代大多数的医学生都有着进取心和强烈的竞争感,但也有少数的人急功近利,有着莫大的虚荣心与物质愿望。有的同学学习态度不正确,做学问不认真,应付了事。所以如果想培养学生的创新意识,首先要从思想上对其进行正确的教育。培养严谨的治学态度与对科学的献身精神。做学问很苦很累,会有很多的挫折,有可能暂时的付出与回报不成比例。这就要求我们要有着坚定的意志力,胜不骄败不馁,保持着对创新、对科学的执着的追求,并充分掌握知识,同时有着自己的思维,不轻信书本,不轻信权威,保持创新思维的热情,知难而进。

10.熟练地掌握计算机和英语也很重要

在当代社会,计算机已经普及与民间,更不要说科学领域。做学问是时时刻刻离不开计算机的,如果熟练地掌握了计算机技术,开拓了自己的视野,同时对自己创新意识的培养也会有很好的作用。熟练地掌握外语也很重要,各种文献基本上都是以英语的形式书写的,不能很好地掌握英语,这对自己吸收先进的科学成果与先进的科学理念会产生很大的障碍。这就对创新思维的培养产生了障碍。

扩展阅读

TRIZ 理论

TRIZ 理论翻译为"发明问题解决理论"。它是苏联科学家根里奇·阿奇舒勒(G. S. Altshuller)在 1946 年创立的。他也被尊称为 TRIZ 之父。

1946 年,阿奇舒勒开始了发明问题解决理论的研究工作。当时他在苏联里海海军的专利局工作,在处理世界各国著名的发明专利过程中,他总是考虑这样一个问题:当人们进行发明创造、解决技术难题时,是否有可遵循的科学方法和法则,从而能迅速地实现新的发明创造或解决技术难题呢? 答案是肯定的! 阿奇舒勒发现任何领域的产品改进、技术的变革、创新和生物系统一样,都存在产生、生长、成熟、衰老、灭亡,是有规律可循的。人们如果掌握了这些规律,就能能动地进行产品设计并能预测产品的未来趋势。以后数十年中,阿奇舒勒穷其毕生的精力致力于 TRIZ 理

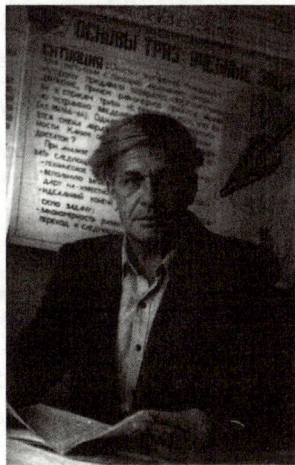

图 4-1

论的研究和完善。在他的领导下,苏联的研究机构、大学、企业组成了 TRIZ 的研究团体,分析了世界近 250 万份高水平的发明专利,总结出各种技术发展进化遵循的规律模式,以及解决各种技术矛盾和物理矛盾的创新原理和法则,建立一个由解决技术,实现创新开发的各种方法、算法组成的综合理论体系,并综合多学科领域的原理和法则,建立起 TRIZ 理论体系。

TRIZ 理论的核心思想主要体现在三个方面。首先,无论是一个简单产品还是复杂的技术系统,其核心技术的发展都是遵循着客观的规律发展演变的,即具有客观的进化规律和模式;其次,各种技术难题、冲突和矛盾的不断解决是推动这种进化过程的动力;再次,就是技术系统发展的理想状态是用尽量少的资源实现尽量多的功能。

20 世纪 80 年代中期前,该理论对其他国家保密,20 世纪 80 年代中期,随一批科学家移居美国等西方国家,逐渐把该理论介绍给世界产品开发领域,对该领域已产生了重要的影响。

21 世纪,每个国家都不可能离开全球市场而独立发展,在经济全球化的趋势下,就必要在激烈的市场竞争中求生存,而成功生存的法定就在于创新。TRIZ 理论正可以帮助我们实现发明创新的凤愿。

思考与实践

1. 做一次"机会漫步",发现你的身边的创业机会。
2. 创新与创业的关系是什么?
3. 结合自己的兴趣爱好,寻找一个自己喜欢的创业项目。

实例展示

某市一家民办英语培训学校,师资力量较强,培养的学生有较高的英语读、说、写的能力。他们想扩大学校在全市的影响,以增加生源,请同学们通过创新观点为他们出些主意?

参考思路:可以以学校的名义,或者联合社会共青团等机构,选择合适的公共场所,定期举办"英语会友日"等活动,向社会开放,为英语爱好者提供练习英语的环境。让该校师生在活动中尽量驾驭英语的能力,以提升学校培训的声誉。

第五章
创业概述

随着近期我国不断走向转型化进程以及社会就业压力的不断加剧，创业逐渐成为在校大学生和毕业大学生的一种职业选择方式。特别是在大学生就业形势愈加严峻的情况下，很多在校大学生以及已毕业大学生不再羡慕"朝九晚五"的工作，他们希望通过某些创业活动体现个人价值。大学生创业包含的范围广泛，涉及社会层面的多个方面，大学生创业教育是一项系统的教育工程，是现阶段我国教育体制的变革与创新。

第一节　创业概述

一、创业的概念与分类

1. 创业的概念

创业的含义因时期和地域的不同而不同,汉语对"创业"一词有着较为广泛的解析,"创",即有开始、创造、开创、设立之意;"业",含义广泛,可以指学业、事业、功业、家业、产业、职业、行业等。"闻道有先后,术业有专攻"(《师说》)是指学业;"先帝创业未半,而中道崩殂"(《出师表》)是指事业、基业;"武陵人,捕鱼为业"(《桃花源记》)是指职业、行业。在我国几千年的封建社会体制中,"创业"的含义因主体的不同而不同。应用于贵族、官僚、文人等有一定职务的人们主要是指创建基业和事业;应用于居民百姓则是操持家业。然而"创业"一词在我国很长的历史时期内都未能与工商业活动联系起来,直到资本主义制度的出现以及市场经济的兴起,"创业"的主体才逐渐确定,专指那些商业行为者。在很多英语国家,表达创业概念的英语单词是"entrepreneurship"和"venture"。从词义上看,创业和企业(Enterprise)有很强的关联,"entrepreneurship"是创业的名词形式,主要用于表示静态的"创业状态",主要从"企业"和"企业家"的角度来阐述"创业活动"。"venture"以动词形式表达了"创业过程",同时包含了"冒险"的含义。从英语单词的表层含义看,可以把"创业"理解为创立经营企业的过程,其中具有一定的风险性。

2. 创业的分类

创业的概念可以分为广义和狭义两个层面:广义的创业是指创立事业的过程,主体和客体均较为宽泛。狭义的创业专指在经济市场领域内创立商业组织,追求经济资源的活动,也就是指创业主体在一定的市场环境中,发掘利用市场机会,以自身拥有的经济社会资源,通过组织运作和业务开展等方式,实现资源升值的过程,狭义的创业均以追求提高商业利润为最终目的。狭义创业将创业分为传统技能型和开拓机会型两种,传统技能型创业以组织或个人拥有的知识或技术密集型要素为出发点,通过传统组织和运作模式两种方式,攫取商业利润。机会型创业通过个人独有的创新思维,寻找和创造与自身相符的市场机会,为市场创造新价值的同时,实现组织自身盈利。这两种类型的创业因为最终目的相似所以往往相辅相成,相互交融,但是也有一定的区别,其主要区别表现在三个方面:区别一,技能型创业追求短期目标,盈利模式较为清晰,往往有成功案例可以借鉴。机会型创业追求长期目标,在开拓市场的过程中,未知因素较多,运作模式常会随着业务的开展而进行调整。区别二,两种类型的创业模式决定赢利的主要因素大不相同,传统技能型创业模式主要是观察短期内的经营管理水平,市场渠道建设以及各种生产要素的投入状况。开拓机会型创业模式主要是战略方向的选取和思维的创新程度,以及开拓新兴市场的能力。区别三,技能型创业是指参与市场内部的利润抢占与再分配,机会型创业具有帕累托改进效应,是对外部利润的开发过程,具有开拓扩张市场容量的能力。

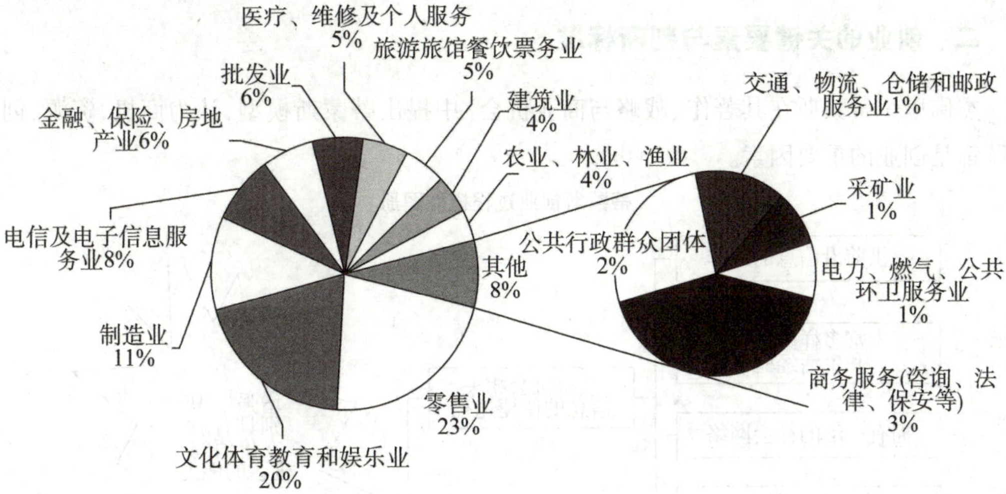

图 5-1

3. 创业内涵的核心

创业的定义含义较广,概括来说,广义的概念着重对范围进行规定,包括经营活动、企业组织等,有代表性的定义是出于国际科学管理学会(the Academy of Management)的"对家庭企业、小型企业和新企业的经营和创建";狭义的概念侧重于对创业活动所带来的价值创造的本质的揭示,如罗宾斯提出的"创业是个人或群体投资或组建公司,通过提供服务或产品,有意识地创造价值的过程,它包括价值创造,创建和经营一所营利企业的整个过程"这一理论。广义的创业概念宽泛不专,因此除特别指出外,以下的分析阐述主要以狭义的创业概念为主。

通过对创业概念的分析很容易看出,创新是创业的核心,它或是在经济上带来一定的增长,或是在理念上带来一种新价值,包括所有改造、变化、改革和新方法的引入。创业不是要模仿别人而是要做一些从未尝试的、独一无二的新事情。关于对创业含义中创新特质的强调,早在20世纪30年代,熊彼得就曾在《创业精神与创新》一书中有所论述,提出了"创造性毁灭"的观点,即用新的产品和新型生产方式来代替以往旧的产品生产和老式创造方式,以促使生产的发展。创造性毁灭行为的原始驱动力量是那些企业家将利益尽可能达到最大化的天性,故而把某些突破性观念带入市场的创新行为。

创业本质上是企业家面对新情况新问题所具有的新的认知能力和行动力,这种冒险意识实质上就是创新精神。这源于在复杂的创业过程中,除少数创业方式是在有范本的模式下产生,多数情况是依靠企业家如何看待和回应未曾开发和使用过的机会而形成的。这就是人们所谓的创新精神。在市场经济中,创新的关键在于如何赢得市场,至于他有多么巧妙、新颖或具有科学内涵都在其次。在知识经济时代的创新,则关键看它能否依靠创新意识来获得利益。由此可见,创新意识是创业的核心和基石,二者紧密联系,没有创新,创业成功的概率就会大大降低。

二、创业的关键要素与判断标准

杰佛里·蒂蒙斯在其著作《战略与商业机会》中提出蒂蒙斯模型,认为商机、资源、创业团队都是创业的重要因素。

蒂蒙斯创业过程模型图册

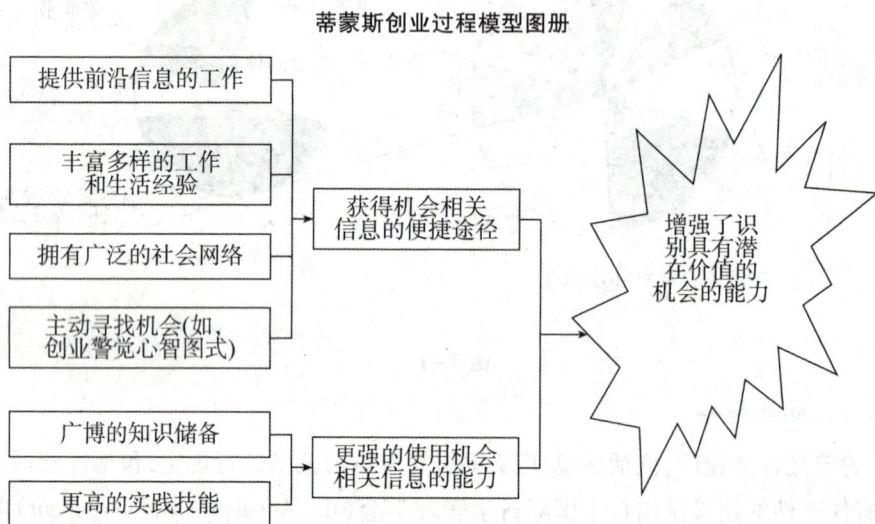

图 5-2

后来的一些专家对创业核心要素的研究基本上是对蒂蒙斯模型的拓展和深入,如华盛顿大学教授卡尔·维斯珀认为创业核心要素包括盈利性的商业机会、创业者的技术专有知识、创业者的商业专业知识和创业动机 4 个核心要素。匹兹堡大学戴卫·格耶瓦里博士和丹尼尔·弗葛尔教授将维斯珀提出创业核心要素为创业机会、创业技能和创业意愿。

总结各方观点,可以将创业的核心要素概括为:创业主体的主观能动性、市场的客观机会、创业主体把握客观机会的能力这三个方面。当机会出现时,创业主体运用一身的整合能力和自身拥有的创业资源把握机会,创业机会将是创业成功的前提。

西方市场经济理论认为社会化大生产包括劳动力、土地、资本和企业家才能这四种要素,其中主体的创业能力即是企业家才能的代表与体现,土地和资本是包容在创业活动中的必要资源。基于以上原理,判断创业的关键因素应在于是否存在劳动力资源的参与,也就是创业组织提供就业岗位的能力。一个组织一旦具有了提供就业岗位的能力,这个组织也就具有了创业的性质,同时就与自主就业或灵活就业区分开来。

三、创业教育概念与性质

最早提出创业教育概念的柯林·博尔先生认为创业者应该具备如下素质:对待变化态度积极,具有来自自信的安全感,勇于冒险和尝试未知领域,善于提出创造性思想,善于交流和组织语言,坚定不移的将思想付诸实践。发达国家对创业教育概念的研究各不相同,但均强调对创业精神和素质的培养。

澳大利亚教育委员会提出,创业教育是一种直接指向培养年轻人能力、技巧和革新性、创造性、开创性等个性品质的教育方式。日本的创业教育要求培养创业观,有针对性地教授学生创业方面的基本知识,尽可能组织实践活动,培养他们的创业思维和创业能力,这是一个授人以渔的概念。欧洲委员会指出,创业不应仅仅看作是自己开公司,事实上,创业应该是每个公民日常生活和职业生涯为了取得成功所具备的一种普遍素质。英国政府明确提出高校培养创业人才的根本目标在于形成一个激发创业、鼓励创新和奖励成功的文化在社会当中。

创业教育是一种素质教育,扩展教育,是以培养创业精神和品质为目标,其与专业教育既有区别又有关联。创业机会存在于任何专业领域中,因而创业教育具有普遍性和广泛性。

创业教育是一种起始教育,也可以说创业教育是为了让学生对创业有一定的认知,并不是通过创业教育培训就一定是商界精英,创业教育就像普通专业一样,通过大学学习只能让毕业生对所学专业有一定的认知和了解,但是要在专业领域内有所作为,还要靠后期的工作实践,创业教育亦是如此。

创业教育是一种实践教育,也就是说在创业教育的实施过程中,要注重对实践能力的培养,通过实践和实训教学锻炼学生的创业素质。虽然创业形式多种多样,但是无论何种形式的创业教育都要通过实践环节的锻炼,才能达到良好的教学效果。

创业教育是一种素质教育,创业活动不等同于教会学生如何开公司挣钱,其包含的内容十分广泛。简单来说,创业教育应该以培养具有企业家才能的人为目标,企业家才能是综合素质的一种体现。因此创业教育不光是对学生实践能力的培养,也是对大学生创业精神、价值观和人格品质的教育。

创业教育在国外的发展已经达到了一个较为成熟的阶段,而在国内还处于起步阶段,因此创业教育的发展需要各个高校根据区域发展情况,研究制定合理的教学体制,其中师资队伍建设、课程设置、培养模式等工作都需要多年的积累与积淀,是一项需要持续努力的系统工程。在创业教育的建设过程中,不要急于求成,刻意追求成果,应在体制建设上下工夫,理顺各参与部门的职能,分工协作,从提高学生素质和未来发展的角度出发,促进创业教育建设工作的稳步推进。

第二节　创业阶段与分期

一、创业过程的三个阶段

完整的创业过程,通常按时间顺序划分为三个阶段:机会识别;创办新企业;新创企业的成长管理。在每一阶段中,新创企业的快速发展要经历不同的环境。根据每一阶段的不同情况,创业者需要选择应对的战略,实施可行的对策,推动新创企业向前发展。

1. 机会识别

创业开始于商机的发现。面对众多看似有价值的创意(idea),从中发现真正具有商业价值和市场潜力的有意义的商机,进而寻找与商机相匹配的商业模式,选择合适的商业模式需要审慎而独到的眼光,这是创业成功的基本保证。每一个创业者在创建企业之前,都应该准确地把握机会识别的概念,熟悉机会识别的关键步骤,不要急于求成,踏实地走好创业的每一步。

(1)创意。

创意是创业者进入创业状态的起点。不是每一项创意都能成就一个企业,然而每一个新创企业最初都是创业者头脑中的创意。创意也因此成为研究人员关注的对象。然而,实际中的创意纷乱繁杂,呈现各样的表现方式:有的仅仅是一项尚停留在实验室中的研究成果,有的是一套全新的经营方案,有的甚至只是灵机一动的点子。但是创意有一个共同的特点,就是具有较大的不确定性——市场前景未知,离新创企业的商业机会有很大的差异,有的甚至从诞生之日起就注定在构思阶段。但是,独具一格的创意,却能使创业者具有天降奇兵般迅速占领市场的魔力。

(2)机会。

机会不同于创意,尽管在很多情况下机会与创意常常被混淆。从某种意义上说,机会是创意的一个"子集",机会包含在创意之中。机会可以满足创意的诸多特征:来源广泛,具有较强的创新性,同时未来的发展带有很大的不确定性。但是,机会拥有大多数创意所不具备的一个重要特征:能满足顾客的某些需求,因而具有市场价值。这一特征使有价值的商业机会得以从众多创意中脱颖而出,成为创业者关注的焦点。因此,从众多创意中寻找值得关注的机会,是创业者选择创业生涯,实施创业战略的第一步。

（3）商业模式。

当创业者瞄准某一商机之后，需要进一步构建与商机相适应的商业模式。机会不能脱离必要的商业模式而独立存在。成功的商业模式是一座桥梁，富有市场潜在价值的商业机会将通过这一桥梁过渡为企业。缺乏良好的商业模式，机会就不能实现其市场价值。良好的商业模式需要回答的核心问题是企业如何获取利润，具有不清晰或是错误的引导方向的商业模式对创业者来说是失败的征兆，创业者应当尽快调整战略，明确方向，重新部署商业模式。

2. 创办新企业。

创业者选择了商业机会，找到了与之匹配的商业模式后，就要考虑如何利用商业机会使其成为现实中的企业。进入这个阶段，才是创业的开始。创业者开始接触到新企业要面临的种种问题，创业者要建立一个能充分体现其商业机会、商业模式和市场价值的载体，以实现其创业价值。通常，创建一个新企业，要经历几个基本的步骤，牢牢掌握每一步的要领，熟悉每一步的谈判技巧，是每一个创业者必备的基本功。

（1）组建创业团队。

良好的创业团队是创建新企业的基本前提。创业活动的复杂性，决定了创业者不能将所有事物独自包揽，要通过组建具有明确分工体系的创业团队来完成，而组建这种创业团队需要一个过程。创业团队的优劣，基本上决定了创业是否成功。这就不可避免地涉及两个层面的问题：创业团队成员在企业中是否有适当的角色定位，是否有基本素质和专业技能；创业团队是否能团结合作，优势互补，团队成员之间是否有一个统一的核心价值观，是否做到了责任和利益的合理分配。

（2）开发商业计划。

成功的商业计划是创业的良好开端。通过商业计划的开发，创业者开始正式面对组织创建中的诸多问题。商业计划是创业者对整个创业活动的理性分析、定位所得出的一个结果。一份有效的商业计划可以对创业者的行动选择起到良好的指导作用，从而避免一些无谓的代价和资源的浪费。对于新创企业内部或是外部的利益相关者来说，商业计划也是一种明确而有效的沟通方式；对新创企业本身，商业计划可用于获取必要的资源，吸引企业发展亟须的融资，赢得政府相关部门的支持等。通过商业计划的开发，创业者对自身的优势和劣势，企业的战略发展定位有更清晰更明确的审视，对企业未来的发展有很大的益处。商业计划的一个重要组成部分是对新创企业的核心产品或是技术作详细的阐述，对产品采用的赢利模式和市场前景作大致的规划，商业计划同时要介绍创业团队的组成，创业资源的整合问题,为吸引外部资金提供必要的书面材料;商业计划的另一个重要组成部分是关于新创企业的发展战略,企业在未来发展中可能遇到的问题以及应对方案。

(3)创业融资。

资金是每一个新创企业的首要问题。创业融资不同于一般的项目融资,新创企业的价值评估也不同于一般企业,因此需要一些独特的融资方式。新创企业的融资方式大致分为内源式和外源式两种。在不同阶段,创业者可以选择不同的融资方式,当然,针对不同的融资方式,融资策略亦有所不同,风险也不同。创业初始,创业者更可能选择在创业团队内部融资,这种融资方式的优点是成本低,资金渠道简单,容易操作。缺点是融资量有限,特别是在企业需要大量资金支持的时候,过分依靠内源式融资可能导致新创企业资金流不畅,资金无法带动企业,企业发展缓滞。外源式融资则可以大大拓宽新创企业的融资范围,但是由于创业者必须与企业之外的投资者不断进行谈判,无疑增加了融资成本,同时创业者必须适当放弃某些权益获得这些资金。

3.成长管理。

新创企业的建立,还远不能说创业获得成功。新创企业成长管理的意义并不低于创建新企业。创业者常常需要更加谨慎地把握企业的发展方向,甚至如履薄冰。但是,需要注意的是,新创企业的成长管理不同于一般的企业管理,需要结合新创企业自身的特点、发展情况,关注新创企业的独特问题。由于新创企业的快速成长性,需要以动态的观点看待新创企业成长过程中所遇到的各项管理问题,根据企业的发展阶段积极快速地制定适宜的解决方案。

(1)新创企业的战略管理。

企业战略是企业行动的纲领,是企业发展的方向性定位。因此,战略是企业管理中需要解决的首要问题。新创企业的战略选择有其重要意义,是选择持续技术开发占据技术前沿,还是选择市场开发争取市场份额,这种选择本质上决定着企业发展的成败。新创企业的战略管理的着重点在于战略位置的确立与战略资源的获取。制定适合企业自身的战略定位对于企业的良性成长相当重要。新创企业要想在市场竞争中取胜,应该主要抓住自身企业和市场上已有企业的差异来做文章,形成自己独特的竞争优势,发展核心竞争力。

(2)新创企业的危机管理。

新创企业的管理者要常备危机意识。新创企业的发展面临着更多的不确定性,出现危机的可能性也大大高于一般企业。管理者需要时刻关注企业发展中出现的技术问题和市场危机、财务危机、人力资源危机等。危机不是一成不变的,采用适当的措施,可以适当将危机转化为企业发展的机遇。因此,创业者要积极把握新创企业发展中遇到的每一个危机,努力讲危机变为机遇,为企业的后续发展奠定基础。

大学生创业流程示意图

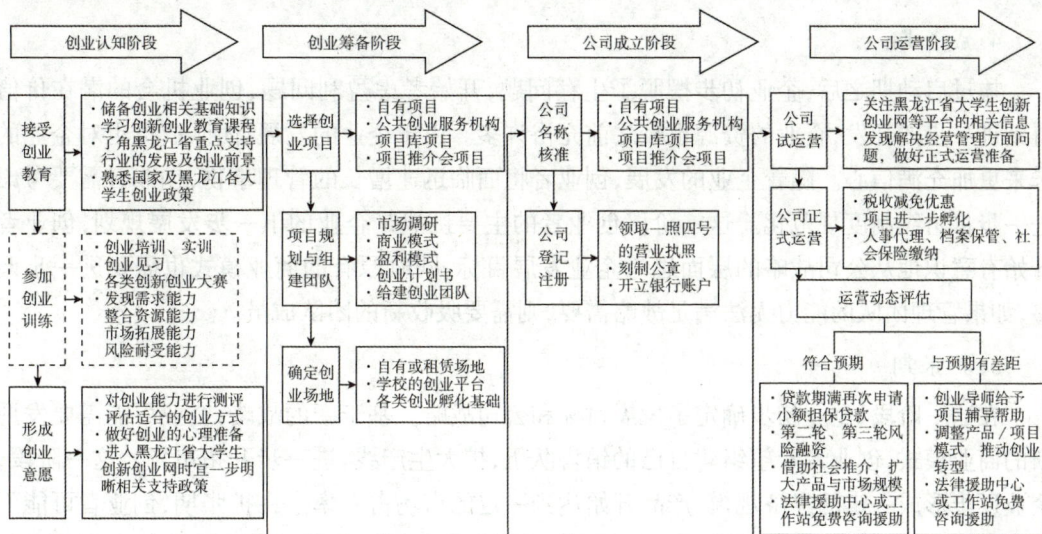

图 5－3

二、创业的阶段分期

1. 创意期

创意期的企业离实体企业尚有较大的差距,不论是创业机会还是商业模式或者团队构成都还停留在创业萌芽状态,都还是创业者大脑中一些模糊的概念。创业者可能埋头于纷杂的市场信息和个人的网络资源中搜索有意的创意。未来企业什么时候能够创立起来,这时候刚刚起步的创业者还不能回答。创业者跨越过创意阶段的标志是创业方向和目标市场的大致确定。

2. 种子期

这一时期创业者已经初步选定适合的创业机会。为了使创业机会能够成为现实,创业者需要开始寻找合适的合作伙伴,吸收必要的有形及无形资源,构建可能的商业模式。此时,企业尚未创建,更不涉及组织结构等问题,只是几个志同道合的创业伙伴走到一起组成的创业团队,进行相关技术的研究开发和前期准备活动。

3. 启动期

启动期属于企业的正式成立阶段。企业的创业机会基本明确,企业已经有了一个处于初级阶段的产品,可以初步投入市场,企业团队也组建成功,拥有一个分工较明确的管理队伍,组织结构初步形成。在企业搭建之后,创业者就要规划必要的竞争策略来应对市场压力,同时创业者之前所设想的商业模式也将初步接受市场的检验。这一阶段企业的资源仍然相对匮乏,由于缺乏良好的运营记录以及充裕的资金支持,大量的新创小企业在这一阶段都不能赢得足够的顾客,无法获得企业生存必要的现金流。当企业的资金枯竭时,创业者只能选择出售企业,或者直接破产。

4. 成长期

挨过启动期之后,企业初步摆脱了生存问题,开始考虑盈利问题,创业机会的潜在价值得到进一步的开发,企业的资源也较之前充裕许多。由于企业的发展,团队成员也对企业的未来更加充满信心。随着企业的发展,创业者将面临迅速增长的管理事物,创业者需要考虑进一步将组织制度规范化。这一阶段创业者的主要挑战是企业的下一步发展规划,创业者开始有意识地从公司战略的层面思考企业发展目标,同时原有的商业模式也需要进一步调整,如果管理团队的能力无法满足战略需要,则需要吸收新的团队成员。

5. 扩张期

在这一阶段,企业初步确定了发展目标和公司战略。基于新的战略,企业可能需要发展新的商业模式,创业者希望组建自己的销售队伍,扩大生产线,进一步开拓市场。这一阶段,企业逐步形成一定的经济规模,产品开始达到一定的市场占有率。在扩张期,创业者可能不满足于立足于原有的创业机会,也试图开发相关产品和相关项目。这一阶段的企业拥有较为丰富的资源,运营风险程度比之前的发展阶段大大降低,企业的管理制度基本完善,并且可能成为风险投资热衷的投资对象。

6. 成熟期

随着企业逐步发展壮大,企业开始步入成熟期,企业的核心产品已在市场上占有较大份额,盈利额剧增。成熟期的企业组织结构非常完善,甚至可能出现组织创新的惰性和障碍。原来的创业机会也步入了成熟阶段,为了保持企业的竞争力和创业的活力,创业者需要积极寻找并拓展新的发展渠道。尽管企业正如日中天蓬勃发展,但是经营中存在的潜在风险和管理者可能的失当举措可能会出现企业呈现衰退的端倪。对于企业来讲,在这一阶段筹集资金的最佳方法之一是通过发行股票上市。成功上市得到的资金一方面可为企业发展增添后劲,使企业拓宽运作范围和规模,另一方面也可为风险投资的退出创造条件。

● 案 例 ●

看三只松鼠如何把握创业过程

安徽三只松鼠电子商务有限公司成立于2012年,是中国第一家定位于纯互联网食品品牌的企业,是当前中国销售规模最大的食品电商企业,也是食品行业人和产业投资者关注的焦点企业。该公司创业四年来,成功逆袭传统销售企业和同业电商,成为坚果行业的一匹黑马。

"三只松鼠"品牌一经推出,立刻受到了风险投资机构的青睐。2012年3月,获得IDG资本150万美元A轮投资;2013年5月,获得今日资本600万美元B轮投资;2014年,再次获得今日资本、IDG 资本两家境外基金第三轮 1627 万美元(折合 1.2 亿人民币)天使投资；2015 年 9 月 16 日,获得峰瑞资本(FREES FUNDD)第四轮 3 亿元投资。一家成立仅四年多的公司,其坚果系列已位居全网销量第一,2015 年收入达 25 亿。"三只松鼠"在线上用不到三年的时间完成了线下至少需要十年才能完成的事情。

"三只松鼠"为何频频受到风险投资机构的青睐？又是凭什么能取得如此骄人的业绩是什么支撑"三只松鼠"快速跨越生存阶段、公司化阶段而步入集团化阶段？

如果做模型推演,"三只松鼠"的成功主要源于以下两点。

抓住"蓝海"商机

坚果类市场是个红海市场,但是碧根果("三只松鼠"的主打产品)是个蓝海市场。所以,章燎原选择碧根果作为主打,是有深刻动机的。但如果你觉得这就是蓝海,那就想简单了。中国商人足够多,任何蓝海都是红海。只不过有的是浅红,有的是深红。以碧根果为代表的新一代坚果市场是浅红,市场竞争仍很残酷,不是随便挂个"三只松鼠"牌子就可以卖到爆的。

网店对应的受众主要为办公室一族和宅人。他们购买坚果的本质需求是给这个无聊或者忙碌的下午添一点滋味,次级需求是满足口腹之欲和补脑强身。从这个需求点出发,他们最重视的不是价格便宜,而是不要给自己带来不愉快。买着太累,不愉快；坏的太多,不愉快；包装太蹩脚,不愉快；外壳太硬,不愉快；吃完了手太脏,不愉快；壳没处扔,不愉快……他们希望一点不愉快都不要有。他们希望淘宝上有这么一家坚果店,看见它的招牌,就尽管去买,而不用担心这个担心那个。

强大的团队与另类的管理

"三只松鼠"拥有强大的电商团队。2012 年 2 月 1 日,"松鼠老爹"章燎原发布第一条微博求贤令,开始为三只松鼠招纳有志之士。章燎原挖了很多人才,囊括了电商的各个方面。这是他崛起的第一前提:再好的设想、战略,没有靠谱的人去实施,那就等于空气。

当外界还在质疑三只松鼠时,章燎原便在微博上炫耀自己的团队:"我的团队是一群具备独特能力的粉丝组成,我相信假以时日,他们会成为中国最好的"。其团队的特色:这个"疯人院"里不设部门而设岗位；不设立过多领导岗位,而多设立专业性岗位；多培养大师级人物,少培养管理类人物；组织架构足够扁平,岗位发展多给空间,自然形成内部竞争与协作的氛围。

"三只松鼠"的管理也别具特色。在"三只松鼠",大方向和小细节都抓得很好。大方向是,抓评论、抓客户回馈；细节则体现在平面设计和客户体验全流程。

毋庸置疑,"三只松鼠"的未来,一定是慢食快活的休闲食品品牌。"三只松鼠"之所以能够成功获得大量投资,与其选择的商业机会和组建的创业团队是分不开的。当然,"三只松鼠"品牌初长成,在强大的互联网面前,还是很脆弱的。品牌只是外功,产品才是本质。不同的创业阶段会有不同的重点,须把握好三要素的动态搭配。

1.创业是一场艰苦的持久战,成功率不足三分之一,机会成本很高。

2.创业者的时间表上没有生活时间,要给所有人交代。

3.创业者需要一些特质,不是所有人都适合创业。

第三节 创业者的素质

创业是由个人或若干人联合创办企业并掌握所有权。从广义上来说,创业是创立基业、创办事业,通过开拓性思维、实行创造性劳动来建功立业。创业能否成功,与创业者的素质有很大的关系。

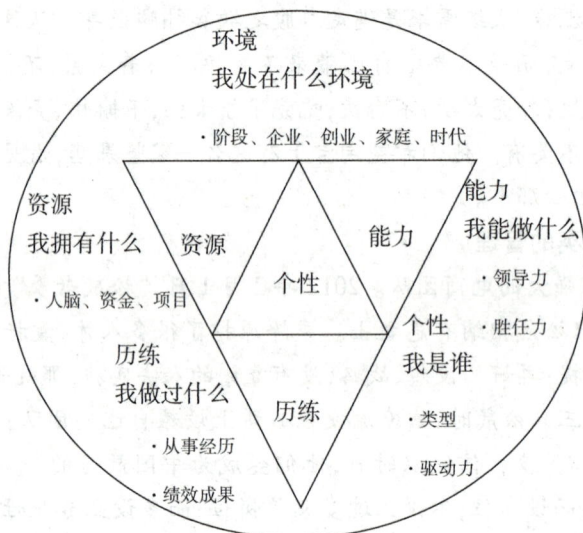

图 5－4

一、创业者必须具备的素质分类

1.创业者应具备的心理素质

创业是人类运用知识和能力通过思维创新开创事业的过程。创业是对人素质的全面检验,尤其是对人心理素质的考验。创业心理素质,是在环境和教育的影响下形成和发展起来的,在创业社会实践活动中全面地、稳固地表现出来的,并发挥作用的身心组织要素、结构及其质量水平;是对人的心理和行为起调节和控制作用的个性意识特征。它既可以指人的素质中有待开发的创业心理素质潜能,也可以指人的已经内化形成的创业心理素质;既可以指个体创业心理素质,也可以指群体创业心理素质。良好的创业心理品质如同创业大厦的基石,是可以奠定事业的基础,支撑创业人生的。

(1)心理素质对创业者的重要性。

①良好的心理素质是创业者迎接困难的强心剂。

创业是一个复杂的社会过程,在这个过程中,创业者可能会面临许多问题,例如:资金的困难,知识水平的困难,还有许多意想不到的困难,面对这些困难,创业者要有强大的心理素质以及积极的心理暗示。许多人由于心理素质不好,在遇到困境的时候就消极颓废,让自己一蹶不振,这是绝对无法取得创业成功的。而有的创业者就具备了良好的心理素质,遇到困境可以保持冷静与理智,这样才能取得一个好的结果。

②良好的心理素质是创业者取得成功的催化剂。

创业者在走向成功的道路上,需要具备独立思考、判断、选择、行动的心理品质,才能够开拓创新,不因循守旧,步他人后尘。在当今的经济形势条件下,危机与机遇并存,只有具备了良好的心理素质,创业者才能把握住机遇,做出正确的决策,降低风险,从而取得创业的成功。

③良好的心理素质是创业者面对成功的镇静剂。

在取得创业的成功后,由于缺乏良好的心理素质,许多创业者往往会自我膨胀,认为自己非常了不起,过高的夸大自己的功劳,这不利于企业日后的长久发展以及创业团队的保持。要知道,一阵子的成功不代表一辈子的成功,越是面对成功的时候,越要求创业者保持一种平和的心态,只有永远不断超越自己,才能够立于不败之地。

(2)创业者创业心理素质的现状分析。

①信念中缺乏坚定和理性认识。

如今,我国创业者与就业者人数相比,可以说是九牛一毛,许多有创业潜质的人之所以未进入创业天地,主要是缺乏对创业的理性认识。他们当中,有的人有畏难心理,认为创业高不可攀,因为害怕失败而不敢迈出创业的第一步;有的人有无助心理,想创业但缺乏足够的创业能力,不知道如何去创业;有的创业者盲目乐观,好像人人都适合创业和有能力创业,对创业的期望值很高;还有的创业者因找不到工作,才被迫选择创业,把创业当作规避就业的手段之一。

②激情中缺乏耐心和顽强意志。

一方面,当前很多创业者缺乏一颗持之以恒的进取心。他们虽然聪明灵活,但依赖性强;虽然有理想抱负,但抗挫折能力不强,所以一旦在创业过程中遭遇困难和挫折,往往情绪低落,无法自拔,一蹶不振。另一方面,缺乏自律的坚定意志。市场经济是道德经济,市场垂青遵守规则的人,违规获利者也许能暂时成功,然而最后的成功应属于以德获誉、以诚取信的人,最后的成功,不仅是创业的成功,也应是做人的成功。

③创新中缺乏经验和魄力。

优胜劣汰的社会竞争现实,迫使创业者在创业实践全过程中必须求新、求异。创业者的创新能力在创业实践活动中不断提升,增加了创业实践活动的社会效益。但也存在着大学生创新受挫的情形,原因是有的创业者虽有创新精神但缺少经验,其中主要表现为对行业运作的规律、要求、技术、管理都不太熟悉。创业者除了要开拓创新、拥有核心技术外还必须要有魄力,敢于抓住商机。有的创业者自卑胆怯、患得患失,不愿为也不敢为,缺少果断尝试的胆识,严重阻滞了创业向成功方向的发展。

(3)创业者应具备的心理素质。

①善于沟通交流合作的心理素质。

在创业道路上,创业者必须摒弃"同行是冤家"的狭隘观念,学会合作与交往。通过语言、文字等多种形式与周围的人们进行有效的交流与沟通,从而提高办事效率,增加成功的概率。在创业过程中,需要与各种各样的人打交道:与客户和顾客打交道,与公众媒体打交道,与外界销售商打交道,与企业内部员工打交道,总之类似的这些沟通和交往是必不可少的。但是出色的沟通方式可以排除不必要的障碍和化解不必要的矛盾冲突,降低工作难度,增加对方对自身的信任度,有助于创业者创业的生存与发展。

②敢于行动、敢冒风险、敢于拼搏、勇于承担行为后果的心理素质。

在市场经济的大潮中,机会与风险并存;只要从事创业活动,就必然会有某种风险伴随,且随着事业规模和范围的扩大,取得的成就越大,伴随的风险也就越大,需要承受风险的心理负担也就越大。所以创业者立志创业的前提就是必须敢闯敢干,有胆有识,只有这样才能变理想为现实。只要瞄准目标,判断有据,方法得当,就应敢于实践,敢冒风险。成功的创业者总是事先对成功的可能性和失败的风险性进行分析比较,选择那些成功的可能性大而失败的可能性小的目标。创业者还要具备评估风险程度的能力和解决风险的能力。

③克服盲目冲动和私利欲望的心理素质。

在创业的过程中,创业者要善于克服冲动心理,克制是一种积极的有益的心理素质,它可使人积极有效地控制和调节自己的情绪,使创业者的活动始终在正确的轨道上进行,不会因一时的冲动而引起缺乏理智的行为。创业者在创业过程中要自觉遵守法律的约束,合法创业、合法经营、依法办事;自觉接受职业道德和社会公德的约束,文明经商、诚实经营、互助互利。当个人利益与法律和社会公德相冲突时,要有克制个人欲望,约束自己行为的能力。

④坚持不懈、不屈不挠、顽强努力的心理素质。

创业者需要有百折不挠、坚持不懈的意志和毅力。能够根据市场的需求、针对市场的变化,制定正确而且令人奋进的目标,并带领自己的创业团队战胜逆境、实现目标。创业者必须有一颗持之以恒的进取心。恒心、毅力和坚忍不拔的意志也是十分可贵的品质。遇事沉着冷静,思虑周全,一旦做出行动决定,便咬住目标,坚持不懈。创业过程是一个需要长期坚持努力奋斗的过程,立竿见影、迅速见效的事是极少的。方向目标一旦确定后,创业者就要朝着既定的目标一步步走下去,纵有千难万险,迂回挫折,也不能轻易改变初衷,半途而废。创业是艰难的,在创业的过程中难免会遇到这样或那样的苦恼、挫折、压力甚至失败,这就要求创业者必须具备良好的抗挫能力以及积极迎接挑战的心理素质,而这些素质的养成就是要靠增强自己的创业信心。只有具有百折不挠的精神,才能到达胜利的彼岸。

⑤适应性强以及善于自我调节的心理素质。

面对竞争激烈、变化多端的市场,创业者能否因客观变化而"动",灵活地适应变化,是能否成为创业成功的关键所在。因此,创业者必须具备极强的信息意识和对市场走向敏锐的洞察力,瞅准行情,抓住机遇,不失时机地、灵活地调整自己的计划。在外部环境和创业条件变化时,能以变应变。善于进行自我调节还包括合理地处理各种压力,例如:用积极的态度看待来自工作和生活的压力,冷静分析,找出压力源,找到原因后,缓解压力,甚至消除压力。能够保持良好的心态,勇敢地面对压力,力争化不利为有利,化被动为主动,化压力为动力。具有较强的适应性,还应做到"胜不骄,败不馁"。要时刻具备创新精神,要学会以变治变。创新要有"求异"思维,求异就是要追求理念的"个性化",这是创业者最需要具备的素质特征。没有创新求异精神,企业就不会有个性;没有个性的企业往往会停滞不前,容易在激烈的竞争中被淘汰,所以,创业者要有卓越远见、超前意识,从而适应变化莫测的市场。

(4)培养良好创业心理素质的策略。

①增强自信。

要想培养良好的创业心理素质,创业者首先要增强自信感,因为自信与成功是相辅相成的,越自信越可能成功,越成功就越自信。创业者平时可通过积极锻炼身体;说话时要中气充沛;经常参加一些对抗性的娱乐活动,如辩论赛、体育比赛等;进行精神自我激励的方法来增强自信感。

②心理压力释放。

在创业过程中,创业者常常面临各种压力,虽然低程度的压力对创业者是有益的,它可以使人的精神处于激活状态,发挥人的潜能,提高工作效率。但如果面临的压力过大,会造成心理冲突,严重影响人的健康。过大的压力也会耗费创业者大量的时间和精力,使创业者的工作效率降低,有时甚至影响创业者的判断,使其不能判断所处的环境,做出正确的决策。因此,创业者应学会适当的心理压力释放,在面对心理压力时,首先要找到压力源,理性分析压力,尽量消除一些不确定性;其次,创业者要对自己的人生观和世界观进行改造,对人生要乐观、通达,并进行一些简单的自我心理训练。最后,采取措施,如:情绪转移,寻求帮助等来释放心理压力。

③建立和谐的人际关系。

人是社会化的人,我们处在一个复杂的人际关系环境中,对于创业者来说,和谐的人际关系尤为重要,良好的人际关系,有利于创业者保持心情的愉快,提高工作效率。因此创业者在协调人际关系时要学会沟通,取得家人和团队的理解和精神支持。

④克服惰性。

惰性是指因主观上的原因而无法按照既定目标行动的一种心理状态,它是人懒惰的本性,是不易改变的落后习性。这对创业者来说是致命的,当创业者有惰性心理时,做事就会迟迟不行动,一拖再拖,结果导致事情越积越多,或者很多事情不了了之,影响整个创业计划的执行。创业者应养成良好的习惯,制定中短期计划,并严格按照计划行事。还可以给自己制造一定的外在压力,用外力来督促自己,克服惰性,从而才能取得创业的成功。

2.思想素质

要建立社会主义市场经济,创业者应该牢固树立与市场经济相联系的几种现代意识。

（1）市场经济意识。

在长期计划经济体制下形成的产品经济意识,是产量、产值导向的管理理念,"增产"成为。企业追求的主要目标,而用户对该产品是否满意以及销售额和利润多少则被放在次要位置,这是与市场经济的要求背道而驰的。

（2）市场竞争意识。

许多企业的创业者,身子已经处于市场竞争之中,但头脑中缺乏竞争的意识和谋略。人们往往习惯与纵向比较,而不进行横向比较,经常满足于一得之功及一孔之见,满足于"进步不大,年年有",满足于企业员工"收入不多,有饭吃"。这与市场竞争的新体制格格不入。

（3）效率、效益意识。

有些创业者效率、效益不离口,但却对身边的低效率、高浪费现象熟视无睹。办公室喝茶、聊天是习以为常的;资金上的跑、冒、滴、漏也不去抓;办事拖拉,不紧不慢,全然不当回事……这种创业者的效率、效益意识其实并未真正建立起来,而且巨大的损失在等待着他。

（4）开拓创新意识。

创新来源于开拓精神,敢于走前人没走过的路,敢冒失败的风险,才能开拓出新局面,在创新中走向辉煌。增强中国企业的技术创新能力,要从"中国制造"尽快地过渡到"中国创造",要在这方面上有眼光、有魄力,就会发现自己的路越走越宽。

（5）风险意识。

市场竞争是残酷的,机遇与风险共存,不敢冒风险,也就抓不住机遇。在市场竞争的惊涛骇浪面前,敢不敢冒风险,敢不敢闯出一条新路,往往决定了创业者的命运。有这样一句话:"企业家一次的成功,平均需经历九次的失败,做错事是做对事所不可缺少的一部分。"

（6）服务意识。

如今科学技术的扩散速度之快,制造技术和设备的无差别,企业间的竞争也会日益转移到服务领域。服务制胜时代来临,如可赢取服务质量上的竞争,是靠全体员工树立牢固的顾客至上和优质服务意识,以及具有专业化的服务技能,更应该要求创业者树立牢固的服务意识。

（7）诚信意识。

现代化的企业越来越实行开放式经营,甚至于实行跨国界的全球经营,其间,企业与外界建立了众多的关系,包括许多合同关系。能不能严格履约,守不守信用,自然成为企业的重要道德标准。守信是调节企业公共关系的道德规范。守信的价值观基础是视企业信誉为生命,其实践的要点是以诚待人。

（8）法制意识。

市场经济的秩序靠法律来维持,守法经营是领导者必须守住的一条防线,一旦这个阵地失守,什么假酒、假药、假商标,以致走私、偷税、诈骗等违法行为就会缠住你不放,最后只有走向深渊。由于初创期缺乏信誉积累,创业者的法制意识更为重要。在守法问题上,可以说是"一着不慎,满盘皆输"。

图 5 - 5

3. 创业者应具备的知识素质

（1）基础知识。

所谓基础知识指高中毕业生的知识水准,这是创业者最起码的知识基础,包括语文、外语、数学、物理、化学、生理、历史、地理等。

（2）人文社会知识。

任何组织都是社会的细胞,在社会的大环境中生存和发展,与社会有着千丝万缕的联系。创业者应丰富自己的人文社会知识。特别是关于哲学、政治、文化、道德、法律和历史方面的知识,以确保做出正确的决策,并有效地加以实施。特别重要的是,一些大型项目的创业者,必须能够从政治上看问题,从哲学上进行思考,因此对于他们人文社会知识的修养理所当然的要有更高的要求。

（3）科学技术知识。

科学技术是第一生产力,科学技术日新月异,谁掌握了明日的技术,谁就在竞争中稳操胜券。创业者应力求在自己从事的业务领域中成为专家,又要有比专家更广博的知识面。

（4）管理知识。

管理是科学,也是艺术。现代管理理论是一切领导者的必学科目,也是成功者的护身法宝。在实践中创造性地应用管理知识,就会形成独具特色的领导艺术。

4. 创业者应具备的能力素质

（1）专业技术能力。

专业技术能力是创业者掌握和运用专业知识进行专业生产的能力。专业技术能力的形成有多条途径:一是在学校里从书本上学到的理论知识;二是请创业成功者做专题报告;三是利用项目教学法进行专业技术培训;四是利用现代信息技术搜集有关创业专业技术的知识。平时注意积累分类,做好记录,如:创业计划书的撰写、融资知识、如何选定行业、如何确定产品等等。

（2）社会交往能力。

交往能力是指能够妥善地处理与公众之间的关系，以及能够协调下属各部门成员之间关系的能力。每个人的交往能力是不同的，但只要在职业实践中刻苦努力，交往能力不但可以取得发展和提高，还有可能挖掘出潜能。交往能力是通过参加各项活动、游戏、联欢会、演讲比赛等形式逐步培养起来的。与同事和谐相处，互帮互助，善于团结一切可以团结的人，会使自己的交往能力逐步提高。

（3）决策能力。

决策能力是创业者根据主客观条件，正确地确定创业的发展方向、目标、战略以及具体选择实施方案的能力。决策是一个人综合能力的表现，一个创业者首先要成为一个决策者。创业者要考察众多的行业及产品，对创业的行业及产品进行分析、判断，去粗取精，去伪存真，由此及彼，由表及里，能从错综复杂的现象中发现事物的本质，找出存在的问题，分析原因，从而正确解决问题。这就要求创业者具有良好的分析能力，同时还要有判断能力。判断是分析的目的，良好的决策能力是良好的分析能力和果断的判断能力的综合。通过分析判断，提出目前最有发展前景和将来大有发展潜力的行业，决定创业的行业和产品。

（4）经营管理能力。

经营管理能力涉及人员的选择、使用、组合和优化，也涉及资金聚集、核算、分配、使用、流动。经营管理能力是一种较高层次的综合能力，是运筹性能力。经营管理能力的形成要从学会经营、学会管理、学会用人、学会理财几个方面去努力。

（5）创新能力。

创新能力是人们应用发明成果开展变革活动的能力，这个变革活动是指包括从产生新思想到产生新事物再到将新事物推向社会使社会受益的一系列变革活动。创新是一个民族进步的灵魂，是一个国家兴旺发达的不竭动力，也是一个政党永葆生机的源泉。创新是一种企业行为，也是一种个人行为。对创业者来讲，创新能力的培养和提高，首先要突破习惯，即自己要拿出勇气，突破原有的思维习惯、行为习惯和消极的文化氛围的束缚，坚持以新的思维、积极的行为来对待生活。其次要进行社会实践锻炼，要具体剖析企业内部的组织、技术、产品和经济等因素的构成及效能，在努力实施解决问题的方案与措施的过程中提高创新能力。

图 5-6

扩展阅读

俞敏洪眼中的创业

新东方创始人俞敏洪认为,创业的三大前提是理想、思想和创想。首先,通过实现阶段性的理想一点点拔高我们人生的高度;其次,通过读书、学习和聆听拓展我们思想的宽度;最后,创想则是不安于现状的一点突破。

创业的三大要素:第一要认清自己,突破局限;第二要积累经验,迎接失败;第三要成为领袖,走向成功。

创业的三个相信:相信这个特别伟大的时代;相信趋势的力量大于一切;相信自己能够成功。

创业的三个不依赖:不依赖政府,但希望有好的创业环境;不依赖银行,不妨找找投资人;不依赖关系,紧盯终极客户。

课后问答

1. 创业过程包含哪三个阶段?
2. 创业者必须具备哪些方面的素质?

第六章
创业模式

创业模式是指创业者为保障自身的创业理想与权益,而对各种创业要素的合理搭配。即创业的组织形式、创业的方式确定、创业的行业选择组成了创业模式。

第一节　创业模式的理论概述

一、创业模式内涵的界定

目前,已有的研究创业模式的文献包括:创业者的动机,创业者对机会的识别和挖掘,基于创新层次和公司创业的各种形式等。迄今为止,对于创业模式的内涵未有统一且严格的界定。不少专家学者只给出了描述性的定义,如张玉利将创业管理模式界定为经营管理模式——新的创业模式往往意味着新的经营管理模式以及整体竞争力的不断提升。刘源远等提出了"优秀的创业模式",并将其定位在"创业者为保护自身的创业理想与权益和对各种创业要素的合理搭配"。卢俊卿、张永谦认为"组织创业模式"是"政府、企业和其他相关组织帮助个体创业,以降低企业成本,创业风险,提高创业效率和创业成功率的一种创业模式"。

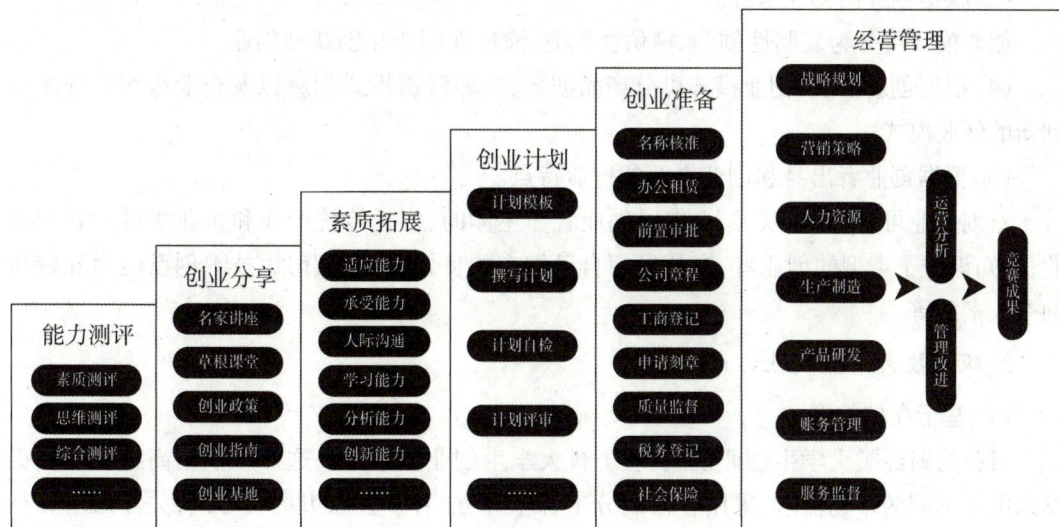

图 6-1

二、创业模式分类概述

1. 从国际上环境下创业模式的划分

（1）民间驱动模式。

民间驱动指的是创业企业的主要创业资金来源于民间风险投资,而且,风向投资决定了企业在成长过程中所遵循的市场规律与成长路径。

（2）政府推动模式。

具体表现如:政府直接参与创立投资基金;除政府外,风险投资主要来自大型银行、证券机构;在企业成长过程中,政府给予大量的政策上的优惠与扶持,以力保企业生存率。

(3)技术创业模式。

以技术创新与发展为主要动力,以此推动以技术型企业创业。根据技术来源,可分为引入技术创业和研发技术创业两类。

(4)普通创业模式。

普通创业模式,强调以创业主体,特别是在中小型企业中所进行的广泛创业。

2.从研究成果主要集中的方面看

(1)根据创业的盈利性。

创业包括盈利性质创业和非盈利性质创业。但目前,创业研究比较关注经济性质创业。

(2)基于组织类型。

新创企业和组织内创业,又或者说个体创业和公司创业。个体创业又分为自我雇佣、小企业和本地股票市场的新上市公司。公司创业分为公司投资(在已存在组织中产生新的业务)、战略变革(通过更新或重塑公司的主要方向)和创新。

(3)根据创业的创业来源。

创业模式可分为复制性创业、模仿性创业、演进性创业和创新型创业。

(4)根据创新层次:创业模式可分产品创新、市场营销模式创新以及企业组织管理体系创新的创业模式。

(5)根据创业者出身和创业企业的行业特点。

新创企业可分为:①以工人、农民创业者为主体的、依托传统产业和企业集群的新创企业;②知识分子类型的创业者,充分发挥自己拥有的良好的技术背景、技术创新能力和较高的个人素质等。

3.从高校大学生创业方面的划分

(1)基于高校类型。

可分为财经类大学生创业模式;理工科大学生创业模式等。这样可根据高校的不同类型来关注不同的市场需求,采用合伙制分工合作等方式,学会以市场为导向,关注需求和行业发展,从而获得更多经验,提高创业成功率。

(2)基于大学生个人本身。

①立足校园创业——学校本身就是个大市场,学生的消费能力随着经济水平的提高也在日益提高,基于自身对学生的消费习惯和需求偏好的清晰了解,立足校园创业是不错的路。

②互联网创业——不但要有好的意见,还需要实实在在的盈利模式和经营管理能力。

③发挥专长创业——专长是大学生所拥有不多的资源之一。所以在资金、经验相对匮乏的时刻,如何将专长发挥到极致对创业甚为重要。

④抓住商机——关注消费者的兴趣所在,抢在他人之前占领市场,赢得商机。

⑤借助兴趣创业——大学生创业者将兴趣融入创业路途,能激发自己最大的激情与潜

力,爆发出不可估量的能量。

⑥创新模式创业——一种新的经营模式能带来一个行业的飞跃。联邦快递之所以成功与转运中心式创新经营模式、"隔夜送到"的新颖承诺是密不可分的,由此也带来了物流业的革命。通过创新经营模式,打开了一个全新的行业大门。

(3)MIT创业模式。

由MIT创业中心成功的推动MIT的创业教育和创业活动,离不开"教育与研究、联盟、社区和激励系统"这四个动力系统相互强化的整合作用,以及作为这四个系统支撑基础的MIT浓厚的创业文化所起的强大动力作用。

4.从不同区域方面划分

迄今,根据我国地域性的不同,已经足够形成许多带有地方文化性的创业模式。例如:"晋江模式"——从文化发生学角度,透视文化与经济发展模式间的关系。"宁波模式"——主要体现在港口结构、贸易结构、城乡结构的转型升级,而这需要大量高素质人才的介入,政府构建服务大学生创业的服务体系。"杭州创业模式"——与温州、苏南不同是反映在企业家上,温州大部分企业家是出身农民,是"资"本家,苏南企业家以知识起家,是"知"本家,杭州90年代以前和温州相似,但90年代以后,很多知识分子成为"知"本家加"资"本家的新型企业家。"丽商创业模式"——华侨闯世界式的创业模式;超市大军式的创业模式;非保护式的创业模式;国民生计式的创业模式;绿色生态式的创业模式。

5.其他没有划分具体大类的创业模式

(1)Timmons创业模式。

创业是一个不断调整、整合并平衡机会、资源和团队三个重要因素的过程。最终建立一个创业系统,为创业者提供一个可以借鉴的创业体系。

(2)不同创业推动以下女性创业模式。

机会驱动型创业和生存驱动型创业两种动机。

(3)成功率最高的创业模式——特许经营,它是当今世界上最为流行的企业扩张和个人创业途径之一。它适应了现代化生产和消费变化的客观要求,通过低成本扩张实现规模化经营,标准化服务实现科学化管理,是一种高效的经营方式。

● 案 例 ●

创业达人——王兴

一提到王兴,很多人脑海里面第一想到的一个词就是连环创业者,因为他是校内网、饭否网、美团网这三个中国大名鼎鼎的网站的联合创始人。除此之外,他还有另外一层身份,大学生创业者,在毕业之后,没有丰富的职业履历就开始创业的人。

他是一名人们口中的天才少年。高中没有参加高考就被保送到中国名牌学府清华大学,毕业后拿到全额奖学金去了美国特拉华大学师从第一位获得MIT计算机科学博士学位的大陆学者高光荣,随后归国创业。

在前一两次不算成功的创业项目之后,王兴创立了校内网,并很快风靡于大学校园圈之中。校内网于 2006 年 10 月被千橡以 200 万美元收购。2007 年 5 月 12 日,王兴创办饭否。这也是中国第一个网络社交项目,但就在饭否发展势头一片良好之际被关闭,让王兴事业受到挫折。之后,连环创业客王兴于 2010 年 3 月上线新项目美团网,并在千团大战之中脱颖而出,并先后获得红杉和阿里的两轮数千万美金的融资,这个连环创业客的事业正逐渐走上正轨。

2015 年,美团网和大众点评完成战略合作,美团点评 2015 年全年交易额超 1700 亿元,移动端交易额占比 95% 左右,年度活跃买家 2 亿,合作商家达 300 万户,覆盖中国 1200 多个城市,其在 O2O 领域领军者地位牢不可破。美团点评旗下猫眼电影接入影院数量超过 5000 家,日活跃用户总数超过 1000 万,覆盖购票用户超过 1 亿,全年在线售票交易额为 156 亿元,全国每卖出三张电影票有一张来自猫眼电影。同时,美团外卖的市场份额稳居行业第一。

第二节　大学生创业模式的探讨与实践

一、大学生创业模式研究的背景与意义

1. 大学生创业的兴起

近年来大学生创业已成为一种时尚,我国大学生创业兴起主要有三大方面的原因:第一,就业压力的增加。随着精英教育向大众化教育的发展,国家已迎来了高校扩招后大学生的就业高峰期,就业形势非常严峻,大学生就业困难,迫使大学生自谋出路,没有创业就没有就业。第二,社会观念的转变。社会已转变了大学生包分配进党政机关、国有企业的观念,使其能以正常的心态接受大学生多元化的就业方式。第三,国家的提倡和时代的呼吁。1998 年召开的世界高等教育大会指明了当代大学生要成为岗位创造者,不但解决了自己的就业问题,同时还为其他人提供就业机会。各级政府和众多高校纷纷出台优惠政策,鼓励大学生创业。此外,社会风险投资机构也进一步加强了对大学生创业项目的关注和支持。第四,大学生个性发展和自身的需要。大学生不能满足于看上级的脸色,拿低额的工资,大学生的好胜和才华促使自我更好的发展。第五,大学生创业成功的示范。不少 20 世纪后期国外大学生创业成功的典范激发了中国大学生的创业激情,许多大学生都纷纷提出要做"比尔·盖茨"第二。

2. 大学生创业模式研究的缺乏

以上优良的创业环境与优越的创业政策促使越来越多的大学生尝试加入创业队伍,并

对大学生创业这个课题产生浓厚的兴趣,大学生创业成为当今研究的热门话题。但是目前对于大学生创业的研究,很大一部分集中在大学生的创业教育与大学生创业的实务操作,因此,所涉及的大学生创业模式研究也就少之又少。虽然有对创业模式的研究也具有理论化,但是这对于大学生创业的实践指导意义不是非常深远。

3.大学生创业模式选择的重要性

在创业之初选择合适的模式进行创业显得尤为重要。不同的创业模式,要求的相关素质也有所不同。因此选择合适自身素质要求的创业模式显得很重要,特别是在校大学生创业涉及学习、就业以及高校素质教育、管理等诸多障碍。解决好这个问题更有利于高校创业教育发展,也会为大学生在进行创业实践时提供必要的理论指导,提高大学生应对市场挑战的能力。

二、现行大学生创业模式分析

创业模式指的是创业者为保障自身的创业理想与权益,而对各种创业要素的合理搭配。即创业的组织形式、创业的方式确定、创业的行业选择所组成的创业模式。在创业之初,第一个重要选择就是寻找一个适合自己的创业模式,对一个创业者来说,一个真正好的模式,应该是适合自己的,即其有能力操作而且能把现有的资源有效整合进入的。一个适合的创业模式,未必需要投资一大笔资金,未必需要具有很大的规模,甚至未必需要一间办公场所或店面。有志于创业的人没有必要被一些所谓的理论束缚自己的手脚。只要有勇于创新开拓的想法,就能有所突破,形成质的飞跃。

图 6-2

1.单一业主制和合伙制代理加盟创业

该模式是指大学生个人或者两三人的"办公室型小企业"从事创业活动的创业组织模式。同时代理加盟创业,凭借加盟企业的品牌和质量开展业务。根据在校调查显示,选择这种模式的比例很高,约占90%以上,选择行业主要是科技含量比较低的服务行业。选择此模式的大学生主要有以下几种情况:第一,立足于校园以及周边市场,为广大的学生消费群体服务。源于学生服务于学生的理念,基于自身对学生消费需求的了解,便能挖掘学生这一特殊的消费市场。第二,迫于生计,勤工俭学。第三,学生本身条件所决定,包括资金、时间、学业压力、心理压力等。这模式需要学生具备一定的市场敏感性,能深入了解市场,同时要有较强的沟通能力,了解大学生市场的需求。

特点:第一,从事的行业很多,比较自由灵活。创业者可以在各个领域选择创业,以抓住学生这一消费群体的特点来确定行业。第二,启动资金少,这对大学生创业提供了便捷。只要一个小型店面就能解决,以此大大降低学生创业的风险。第三,代理加盟创业品牌形象较好,代理加盟创业客户信任度较高。第四,精力投入多,大多数创业者需要花大量的时间来经营店面,而这必然影响学业。

2. 依托一些公司的客户关系网创业

依托一些公司凭借庞大的公司客户关系网进行创业,借助公司客源当作自己创业企业的客户壮大自己业务量。建立协作关系,拓展自身市场。一些成功的民营企业在总结自己的创业经验时,会将其相关管理模式等方面的知识传授给大学生创业者以帮扶其进行创业。随着经济的发展这种创业模式以成为社会校园等创业者最具潜力的创业模式,也是新经济时代主流的创业模式。这种模式是合作竞争、快者生存的新经济时代的必然产物。它要求创业者具备良好的合作、协调能力和集体意识,以及虚心向别人学习的态度。

特点:第一,创业效率以及创业成功率高;第二,企业成长周期短;第三,创业者具有良好的知识、技术和素质;第四,企业本身制度文化方面建设完善;第五,个人风险小;第六,销售网络好,资金回笼快。

3. 进驻创业园,以技术创业

一些高新技术专业的大学生进驻创业园,以技术创业。自从1998年清华大学的首届大学生创业大赛,我国大学生创业计划大赛不断涌现,各地也纷纷创建创业园区。同时大学生创业也得到政府和社会各界的关注、认可和支持。众多的大学生创业者他们发挥自己的专业特长,凭借自己的兴趣爱好创业。撰写详细的商业计划书,吸引风险投资商。此模式需要具有领导管理能力与统筹计划能力,其次要让投资商相信你,同时还要有好的产品和创业理念,经得住市场的竞争。

特点:第一,得到政府政策的支持和创业园区的各项帮助;第二,风险小,要考虑周密;第三,凭借专业创业,使理论联系实际,加速知识向生产力转换;第四,受地方政府保护;第五,信息来源好,流通快。

4. 法人股份制的小型公司

法人股份制的小型公司是指大学生以股份形式合资从事创业活动的。这种创业模式也是我国高校就业中的途径之一,主要分布在高年级或者刚刚毕业的创业团队中。更多的学生会选择合作创办企业解决自己的工作问题,多数由家长、亲戚作为后盾,出资支撑。他们往往会选择较高科技含量的行业,此模式要求具备扎实的知识功底,且有一定的专业基础。

示例:温州超越公司是以互联网络技术服务为核心的高新技术创业企业,依靠网络制作的技术,开发了一系列学科教育网站。他们当初成立资本依靠家里和同学之间的合资创办的。

特点:第一,创业企业组织等模式相对稳定;第二,风险较高,直接面对市场的机遇和挑战;第三,资金投入较多,需要家长、亲戚作为后盾,出资支撑;第四,学生本身在管理、人事、

财务等方面缺少经验,在各项政策法规等了解不深;第五,企业文化建设不完善等;第六,技术人员少,思维能力局限性,故而产品技术含量较低,逃不出低层次竞争圈;第七,信息流通较慢,辨别能力较差,对于市场上的情况较难迅速反应;第八,研发资金投资周期长,不利于初创型企业发展。

三、大学生创业模式选择的制约因素与政策建议

我国大学生创业实践起步比较晚,创业的环境不成熟,在创业模式的选择上受到了很大的制约,这主要体现在两个方面:第一,模式较少。在实际中虽然出现了六种基本模式,但相对于国外的 大学生创业者来说选择的空间很小。如在国外出现的直接收购创业和二次创业等形式在我国大学生中鲜有出现,缺乏模式创新。第二,选择趋同。现有的六种基本模式各有特色,无优劣好坏之分,但在实践中,大学生创业主要集中在积累演进、连锁复制和模拟孵化模式上,而分化拓展、技术风险、概念创新模式所占比例很小。

1.制约我国大学生创业模式

(1)思维制约。

现在大学生会自觉或不自觉地将创业等同于开公司、当老板,要进入高科技行业,特别是网络行业是个热门,于是出现了千军万马"触网"的现象,不进入网络行业就不叫创业;在想法还不成熟的情况下就把眼光投向巨额的风险资金,梦想一夜之间成为中国的"比尔·盖茨"。而实践中公司对大学生的风险投资不得不采取谨慎的态度,提高门槛,只对那些经过严格审查、详细评估、周密的市场调查的技术项目进行风险投资。

(2)背景制约。

大学生的创业模式选择很大程度上受到学校背景的影响。一些国家重点高校,实力雄厚,学生眼界比较开阔,学校本身的品牌效应和创业园区为大学生技术风险、模拟孵化、概念创新模式的创业提供了优厚的条件。而那些一般院校,特别是职业院校由于 缺乏坚实的背景支撑,一般只局限于积累演进、连锁复制等创业模式。

(3)能力制约。

大学生创业需要具备较强的经营管理、风险识别、市场营销、组织领导、团队合作、交际谈判等方面的能力。由于自身能力的限制,对于一些很好的创意和技术创造,一些学生不敢冒险将其付诸实践,而只倾向于比较稳妥的、风险较小的创业模式。

(4)融资制约。

几乎所有大学生创业面临的最大问题就是资金问题。对于大学生而言,筹集资金主要有三种途径:自己积蓄、小额贷款和风险资金。但大学生刚毕业,基本上没有积蓄,而贷款要受到数额的限制,难以满足较大的创业项目的需求。创业者转而将目光投向风险资金,但获得风险基金的要求和标准 很高,这就限制了一部分学生通过技术风险模式将自己的技术、发明转化为企业的做法。

(5)产权制约。

大学生创业过程中受 到了产权纠纷的困扰。在注册公司时,由于急需资金投入运营,

团队成员各自倾其所有注入资金。在企业发展过程中成员也以各种方式慷慨投资，但在整个过程中都没有对产权作出明晰的分配，导致日后纠纷不断。一些大学生为了避免这种问题的发生，宁愿去选择一个人去承担起资金积累的演进模式，而放弃模拟孵化、技术风险、概念创新等需要多方投资的模式。

（6）地域制约。

地区之间的发展不平衡、环境的差异对大学生创业模式的选择有很大影响。我国地区发展呈现多层次性，东部地区、中部地区、西部地区在教育发展、商业氛围、融资渠道、资讯流通、开放程度、政策支持等方面差异明显。东部地区优于中西部地区，使大学生在创业模式上有更大的选择余地，而中西部地区选择的空间很小，一般限于低端行业的积累、复制型的创业，技术风险、模拟孵化较少出现。我国大学生创业模式的选择受到了方方面面因素的制约，上述因素则为其中的主要因素。

2. 政策建议

（1）形成正确的大学生创业舆论导向。在我国大学生创业刚兴起的时期，社会对大学生创业一致赞扬，并寄予很高的希望；在经历大多数大学生创业以失败告终后，社会对大学生创业开始怀疑，甚至颇有微词，给大学生进行开拓性的创业造成压力。正确的舆论导向是大学生创业健康发展的重要环境。对于大学生创业，社会既不应在其成功时极力吹捧，也不应在其失败时嗤之以鼻，而是要以平和的心态给予适当的鼓励和引导，为大学生探索新的创业模式提供空间。

（2）加强大学生创业能力教育。创业能力的不足会限制大学生创业活动的多样化，进行大学生创业教育是我国高校的重要任务。大学生创业教育的内容主要包括四个方面：创业意识，包括需要、动机、兴趣、信仰等心理因素；创业知识，包括创业的基本理论、企业管理理论、经济法理论等；创新能力，包括观察能力、分析能力、决断能力等；创业技能包括市场机会识别能力、市场调查能力、商业策划能力、创业融资能力、创业经营管理能力等。

（3）促进高等教育的公平发展。我国高等教育在地区与地区之间、院校与院校之间是很不平等的，一些重点城市的重点高校垄断了大部分高等教育的优质资源，而偏远地区的高校和一般院校所拥有的资源有限，结果是这些高校的学生在创业的战略眼光、知识能力方面相对要差一些，创业活动也比较单一。因此，促进高等教育的公平发展也是不可忽视的。

（4）把握大学生创业政策的优惠程度。当前各级政府纷纷出台政策，给予大学生创业各种各样的优惠待遇。这对鼓励大学生创业、减缓就业压力是十分必要的。同时，我们也要准确把握大学生创业政策的优惠程度，因为从发展趋势来看，大学生创业越来越常态化，大学生创业与其他创业也应该在一个公平的环境中进行，才有利于大学生创业的长期 健康发展。否则优惠过度、扶持过度，大学生创业将会出现"政策依赖症"，使其将眼光只局限于政策优惠范围内。

（5）建立多元化的创业融资渠道。融资困难是我国创业的活动的瓶颈，更是大学生创业活动的最大障碍。要从全国金融体系战略的高度来建立完善的内部融资、债权融资和股权融资机制。积极探索个人和企业创业的保证贷款、抵押贷款、质押贷款、民间借贷、典当融资、金融 租赁等融资方式；特别是要发展适合高 科技创业的创业投资公司，引导政府、大企业和富有个人设立创业资本。借助公司客源当作自己创业企业的客户壮大自己业务量。

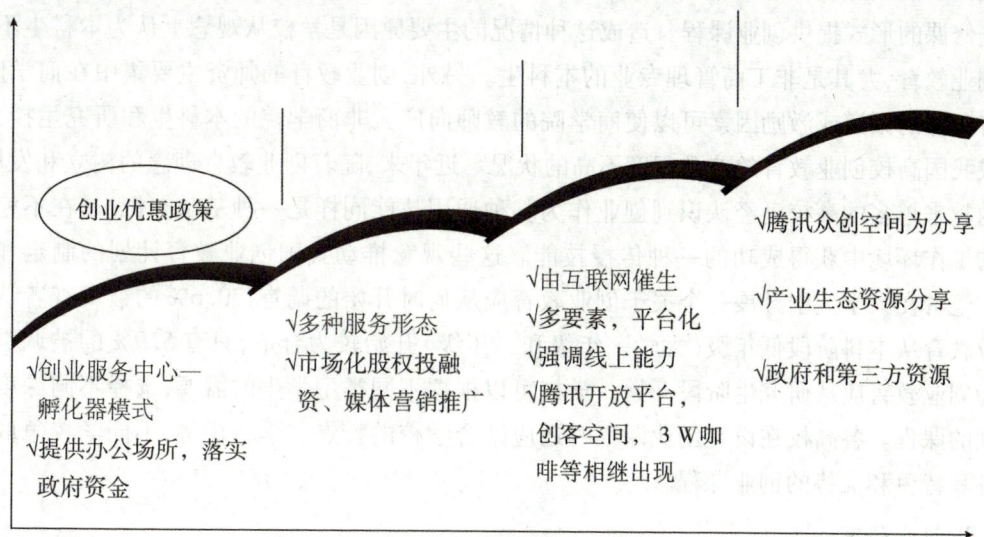

图 6 – 3

第三节　构建我国大学生创业教育模式

调查显示，大学生对创业教育的需求，只有11.1%的调查对象是为了自己以后创办企业培养技能，而77.8%的调查对象认为是为了提高综合素质。因此，在高校中开展创业教育活动，并不仅仅是为少数即将选择自主创业的学生提供教育服务。高校开展创业教育也并不等于鼓励大学生一毕业就去创业，甚至休学创业，而是培养他们的创新创业精神和能力，为学生的长远发展提供一种素质。如果从这个角度理性地认识和对待创业教育，就不难理解创业教育应当成为大学教育的重要组成内容。

一、建设合理的创业教育课程和非课程体系

如前所述，国外开展创业教育较早的多数大学已经形成了完善的课程计划，这些课程覆盖了本科生和研究生阶段，创业教育课程也已经细分为数十门课程。但是，国外的经验也表明，创业教育不能仅仅是开设几门创业课程，学生也不能只依靠于课堂学习来掌握创业技能。创业教育应该是一个系统工程，不仅包括课程体系，还包括非课程体系。创业教育体系不仅要学校参与，还需要社会介入；不仅要具有理论性，还要具有实践性。

1. 创业课程

这个模块的教育任务主要是由学校来完成的，它在内容上偏重理论性，也兼顾实践性。

创业课程的设置对象分为 MBA、本科生和研究生三类,从课程性质上分为必修课和选修课。从我国当前创业教育的实际开展情况看,创业教育的主要对象是 MBA 学生,并且很多高校以选修课的形式提供创业课程。造成这种情况的主要原因是学校从观念上认为本科生不需要创业教育,尤其是非工商管理专业的本科生。另外,创业教育的师资主要集中在商学院,没有很好的渠道或激励因素可以使商学院的教师向广大非商学院的本科生和研究生授课,造成我国高校创业教育的普及程度不高的状况。近年来,随着创业教育理念的树立和发展,国内越来越多的高校已经认识到创业作为一种通用技能同样是一种基础知识,是在不稳定性的工作环境中获得成功的一种传授技能。这些观念推动我国创业教育计划的制定和实施。笔者在大学生中开展一个关于创业教育应从何时开始的调查,70.6% 的被调查者认为创业教育从本科阶段低年级(大学一年级和二年级)开始较为合适,只有 5.9% 的被调查者认为创业教育应从研究生阶段开始。学校可以根据不同类型学生的需要,选择不同深度和广度的课程。各高校在设置创业课程时还应结合学校的特点和学科优势,不同学校争取形成各具特色和优势的创业课程。

2. 创业研究

要切实提高我国的创业教育水平,必须大力加强创业研究。因为像任何一门学科一样,研究是教学的基础,研究可以促进教学,教学又可以拉动研究。创业研究工作主要靠学校的相关机构和人员,通过探索创业活动规律,获得有价值的理论成果。最早从学术意义上研究创业活动的是美国的一些教育机构和学者。根据 Cooper、Hornaday 和 Vesper(1999)的回顾,美国第一次创业学术会议是 1970 年在普度大学召开的,共有 42 位学者在会上发表了关于创业研究的观点。此后,这样的研究会议每 5 年召开一次。随着更多的学者从各自的领域关注创业现象,创业研究成为管理研究的一个新视角,吸引了很多学者的关注和讨论。近年来,我国创业研究呈现出蓬勃发展的势头,在举办创业研究会议、出版研究成果、开展课题研究等方面进展迅速。目前国内学者已经翻译了不少有关创业学的教材、专著,介绍西方学者的研究成果和分析框架,并在此基础上有了一些自己的研究成果。国内已有不少高校依托商学院成立了创业研究和教育中心,这些机构开展的研究活动有力地推动了我国的创业教育和研究工作。如清华大学、南开大学等大学的创业管理研究中心,围绕创业与创新、创业与企业成长等一系列问题展开研究,取得了较丰富的研究成果。但是,我国学术界对创业问题的研究还刚刚起步,我国的创业研究目前整体尚处在引述或评述西方研究成果的阶段。专业的期刊和杂志是创业研究者发表学术观点和互相交流的重要渠道之一,但至今我国学术界还没有一本专业的创业研究学术期刊或杂志。因此,尽管我国创业学术研究的发展已经取得了一定的成果,但无论是在创业学术会议或学术期刊的建设方面,还是在从事创业研究的学者培养方面,我国创业学术研究的总体水平和国际水平相比还有一定的差距。

3. 创业论坛

这个教育模块依靠的是社会的力量,偏重于对学生创业知识和创业技能的传授。因为创业活动具有很强的实践性和复杂性,学校创业教育需要以论坛的形式邀请社会上有经验

的创业家、企业家、风险投资家以及相关领域的政府官员到学校开设讲座,开展对话,给学生传授创业技能和分享创业经验。这种社会参与的创业论坛学校创业课堂的局限和补学生社会经验的不足具有重要的意义,深受学生的欢迎。在国外的创业教育中,社会尤其是企业界的参与十分广泛。在我国大学校园里,作为丰富校园文化的一个内容,常常也邀请一些商界精英到学校开展企业家论坛对话活动。但是,很多学校组织的这种论坛具有临时性和分散性的特点,还没有形成一种机制可以使这种论坛长期化和制度化。因此,创业教育体系中的这块内容需要加强。各学校应该利用各种社会资源和校友网络,凝聚一批具有丰富创业和经营管理经验的社会人士,并且通过聘任讲座教授或兼职讲师等形式,形成一种稳定的、在校园里常设创业论坛的机制,使这种论坛活动成为学校创业教育的有机组成部分。

4. 创业计划竞赛

创业计划竞赛是大学生创业模拟练习的一项有效措施,可以涵盖理论知识和实践知识两部分内容,也需要学校和社会共同参与。该项活动深受大学生喜爱,对于培养大学生创业意识,提高创业素质,积累创业知识具有十分重要的意义。全球有越来越多的高校引入并开展创业计划竞赛,并已形成了一个全球商业计划竞赛网络,成为一项风靡全球的校园活动。清华大学最早把创业计划竞赛引入我国。1998 年 5 月,清华大学学生科技创业者协会在学校有关部门的支持下,率先在中国举办了首届创业计划竞赛,拉开了中国大学生创业竞赛活动的帷幕。1999 年,共青团中央、中国科协、全国学联共同将竞赛推向全国,冠名为"挑战杯",并决定由清华大学承办第一届"挑战杯"中国大学生创业计划竞赛。"挑战杯"中国大学生创业计划竞赛至今已经举办了五届,竞赛的规模一届一届的扩大,成为全国大学生创新创业活动的一大盛事。除了国家级的"挑战杯"中国大学生创业计划竞赛外,目前国内的创业计划竞赛还有各省市级创业计划竞赛、各高校校园创业计划竞赛、地方政府或科技园区组织的创业计划竞赛等。总之,创业计划竞赛是近几年来风靡全国高校的重要赛事,是当今最热门的赛事之一,得到大学生的积极参与量与社会的广泛关注量。创业计划竞赛过程中,学生要经过组队、选项目、培训、市场调查、完成创业计划书以及答辩等锻炼。参与这个过程,学生通过宝贵的模拟创业经历得到了宝贵的经验,学习积累了创业知识,培养了创业能力,加强团队精神,锻炼沟通交流和组织管理能力,提高分析和研究能力。因此,高校在探索创业教育模式的过程中,可以利用创业计划竞赛这个载体,构建培养模式和训练体系,激发学生的创业精神和事业心,培养学生的创业意识,提高学生的创业技能。

5. 创业者联盟

如果说创业计划竞赛是一种创业模拟练习,那么创业者联盟就是一种实实在在的创业实践活动。创业者联盟类似于创业者俱乐部,是准备创业和已经创业的学生之间交流、沟通和学习的一个平台。通过这个平台,准创业者和创业者可以获得诸如培训、风险投资、项目、技术、孵化等方面的支持,帮助学生创办企业或者帮助新创企业的经营管理。创业者联盟也是一个重要的创业教育模块,因为学生可以在这个组织里学习、积累和检验创业知识,就像企业集群的成长机制一样,创业者可以在联盟里获得群体效应。当然,联盟的组建和有效运作并不是一件简单的事情,需要社会各界的支持和联动。因为它不是一个简单的学生社团,其活动也不是组织几场讲座、开展一些联谊活动那么简单,而是要通过一个互动的平台把风险投资机构、企业、科技园、孵化器以及政府有关经济管理部门联系在一起,争取获得它们的支持和参与,使大学生创业活动具有一个很好的生态环境。在这个创业生态系统中,既可以加强高校与社会、企业之间的联系,又可以密切学生与风险投资界、企业界等的联系,从而丰富学生的创业学习和实践,放大高校的创业教育功能。

总之,上述五个模块是我国创业教育体系建设中要认真考虑的内容。不难看出,这个体系是课程项目和非课程项目的结合,在内容上兼顾了理论性和实践性,需要学校和社会的共同参与。

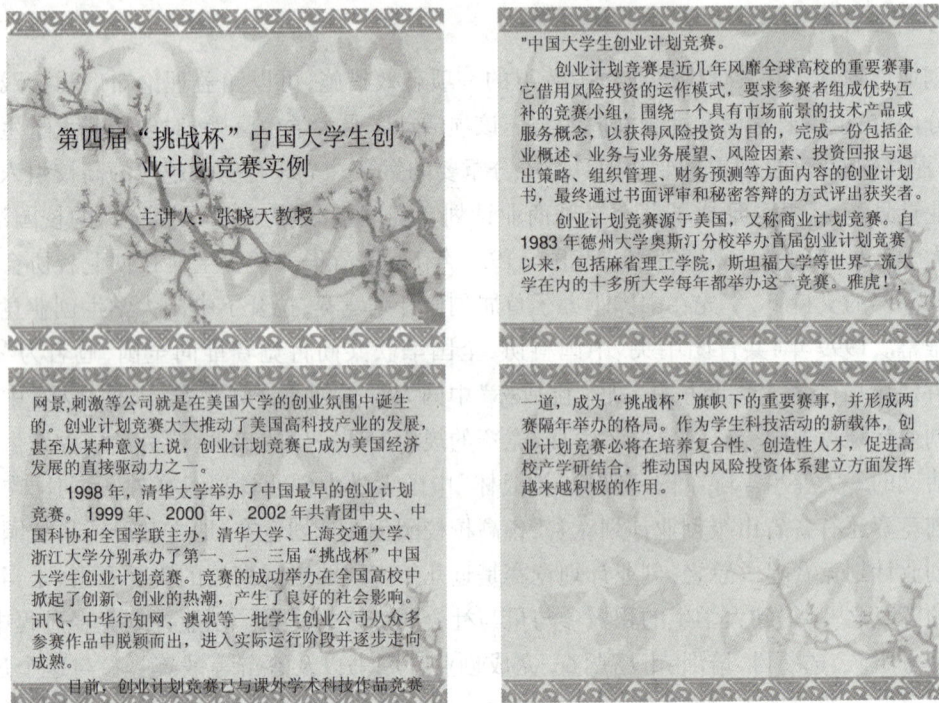

第四届"挑战杯"中国大学生创业计划竞赛实例

主讲人:张晓天教授

"中国大学生创业计划竞赛。

创业计划竞赛是近几年风靡全球高校的重要赛事。它借用风险投资的运作模式,要求参赛者组成优势互补的竞赛小组,围绕一个具有市场前景的技术产品或服务概念,以获得风险投资为目的,完成一份包括企业概述、业务与业务展望、风险因素、投资回报与退出策略、组织管理、财务预测等方面内容的创业计划书,最终通过书面评审和秘密答辩的方式评出获奖者。

创业计划竞赛源于美国,又称商业计划竞赛。自1983年德州大学奥斯汀分校举办首届创业计划竞赛以来,包括麻省理工学院,斯坦福大学等世界一流大学在内的十多所大学每年都举办这一竞赛。雅虎!,

网景,刺激等公司就是在美国大学的创业氛围中诞生的。创业计划竞赛大大推动了美国高科技产业的发展,甚至从某种意义上说,创业计划竞赛已成为美国经济发展的直接驱动力之一。

1998年,清华大学举办了中国最早的创业计划竞赛。1999年、2000年、2002年共青团中央、中国科协和全国学联主办,清华大学、上海交通大学、浙江大学分别承办了第一、二、三届"挑战杯"中国大学生创业计划竞赛。竞赛的成功举办在全国高校中掀起了创新、创业的热潮,产生了良好的社会影响。讯飞、中华行知网、澳视等一批学生创业公司从众多参赛作品中脱颖而出,进入实际运行阶段并逐步走向成熟。

目前,创业计划竞赛已与课外学术科技作品竞赛

一道,成为"挑战杯"旗帜下的重要赛事,并形成两赛隔年举办的格局。作为学生科技活动的新载体,创业计划竞赛必将在培养复合性、创造性人才,促进高校产学研结合,推动国内风险投资体系建立方面发挥越来越积极的作用。

图 6-4

二、组织培养优秀的创业教育师资

我国创业教育发展中还有一个关键方面在于组织培养优秀的创业教育师资。由于创业学是管理教育中学科跨越最多、最具综合性的学科,也同样是一门实践性最强的学科,课程以行动为导向,经验引导的体验多于概念规则的讲授,因此,对创业教育的师资要求较高。不仅要求教师具备扎实、全面、深厚的管理基础知识,还要求教师具有一定的实践经验,对教师的教学方法也提出了新的要求。在美国,由于大学创业教育发展迅速,也存在着相关师资不足的问题。我国创业教育起步较晚,目前大多数创业教育师资和研究人员是从战略、管理、投资、小企业发展等方面的研究转型而来。因此,各高校普遍缺乏那些既具有较高理论水平,又有一定的企业管理经验(尤其是创业经验)的师资。这就导致了目前国内大学开展

创业教育和研究的能力不足。

因此,国内高校需进一步加强创业教育师资的引进和培养。在师资的培养工作中,一个重要的途径是通过培训、国际合作、引进短期海外教师等形式尽快提高国内大学创业教育的水平。同时,我们应当借鉴美国许多名校的做法,从企业及政府中聘请一些既有实际管理工作经验又有一定管理理论修养的企业家、咨询师、创业投资家、政府官员等担任兼职讲师,与高校教师合作讲授一些创业课程。另外,学校还应当创造适当的条件去鼓励教师参与企业咨询、创办经营企业以及各种研究活动,增加其管理实践经验。很多美国大学商学院的教授曾经有过创业的经历,并担任过或现在仍在担任一些企业的外部董事,这使得他们对创业领域的实践、发展趋势及创业教育社会需求的变化有良好的洞察力。

三、医学生创业服务体系的构建

目前,医学院校大学生创业服务体系还处于探索阶段。

1.医学院校创业服务体系的必要性

创业服务体系是伴随着创业过程中所出现的种种问题而逐渐引起公众注意的新概念,是大学生创业成功的优质环境和物质保障。由于我国的创业教育起步较晚,创业体系的构建与深入研究尚未成熟,导致服务体系的功能与实效没有真正地发挥,甚至存在一些问题:

(1)政策无针对性——医学院校创业之路的孤单。

医学教育旨在培养学生的专业知识与临床技能,对创业这一领域的涉猎甚少。当"创新创业"突然出现在大学校园的时候,政府也显得措手不及,政策制定针对性不强、执行力受制、衔接脱节等现象时有发生。医学生作为专业性极强的群体,与一般的创业群体又不相同,他们既是学生,又是创业者。对于大学生,既意味着他们拥有特定的专业知识和技能,同时又缺乏足够的社会经历与管理经验,整体上还是需要政策照顾的"弱势"群体。作为创业者,需要具备丰富的企业管理经验、承担风险的能力,并且能够擅长于处理人际关系,而这些都是医学生所欠缺的。因此,政府在制定创业政策时,要把重心倾向于没有创业经验而又富有创业激情的大学生群体。不能只涉及减免手续费与工本费等边缘性的优惠政策,而应该加大培训指导、资金支持、创业平台搭建等方面的扶持力度。

(2)创业服务机构僵化——职能单一,程序繁杂。

各创业服务机构缺乏有效的沟通和联系,导致在部分功能上重叠与缺失,有些服务部门空设职衔,对创业的指导和后续支持等功能未发挥半点作用,有些部门人满为患,权责不清,加之一些冗繁的程序,导致创业服务效率低下。哈佛大学、耶鲁大学和世界银行对 84 个国家的创业环境进行了系统调查,得出结论是:一个公司从注册到开业,加拿大所需的审批时间最短,只有两天,中国却需要 7 个步骤,110 天;所需的注册费用,在英、美、加拿大等国为人均年薪的 1% ,而在中国为人均年薪的 11%。另外,我国的创业机构服务人员大多是常务性的工作人员,缺少对创业技能、风险评估、技术支持、企业管理等方面精通的专业指导人员,导致创业服务在有效性和实质性方面的欠缺,直接影响大学生的创业成功率。

(3)高校力不从心——医学院校管理体系不够灵活,创业政策无实效。

首先,创业教育在很多医学还没有作为一门独立的课程开设,甚至在很多医学院校没有创新创业的理念。其次医学院校制定的创业政策有限,不能解决实质问题。在某种程度上,高等教育机构由于其不是政府职能部门,其出台的一些规定与措施往往缺乏法律意义上的权威效力,不能称之为严格意义上的公共政策。但对于大学生来说,他们在校期间仍然形成了这些措施或者"政策"的目标群体。而当前由高校制订的创业支持政策在许多情况下只能起到有效的宣传作用,实际意义不大。"存在于大学内部的学生创业支持系统构成了大学生创业政策体系的起点,教学机构所做出的一些变革性措施既可能激励与帮助大学生更有效地实现他们的创业计划,也有可能因为学校的政策制定者不了解创业流程的真实情况,不了解创业活动的复杂性,最终导致只是以文件的形式存档的情况发生。"总之,医学院校教学任务繁重,往往把创业教育当成一种终极性任务去做,往往只关心结果而忽略了创新创造的过程。

(4)创业资金不足——成为大学生抵御风险的瓶颈。

调查显示,有73.47%的大学生所能承受的自主创业资金不足10万元;61.63%的大学生认为"缺乏启动资金"是创业的最大障碍。对于大学生而言,创业的启动资金基本完全来源来家庭的支持,由于家长对创业的认识程度不同、家庭条件不同,有的学生甚至得不到家长的任何支持,所以启动资金在创业初期至关重要;别外,创业过程中必然要面对各种未知风险,对于风险的规避一般以充足的资金作为基础,所以除了前期的启动资金外,学生手中的流动资金量基本代表着抵御风险的能力,如果流动资金过少,当遇到额外风险时,会直接导致企业资金链断裂,企业最终走向衰落。

(5)舆论推崇成功——失败者无处疗伤。

目前,无论是政府对大学生创业的政策支持,还是高校对创业的强力宣传,都不得不正视我国高校大学生创业成功率低极低这一事实。然而,为了突显创业的重要性,一部分媒体过分地强调创业对社会的贡献作用,刻意地夸大创业的实质价值,而对于个别成功创业者的过分报道,用典型的成功事例去代替众创模式的做法确值得商榷。人们往往中关注成功者,而那些绝大部分在创业过程中走向失败的学生却无人问津,他们因此为创业失败而造成的心理挫折和物质损失更无处索赔。所以如何帮助创业失败者重新立业、如何恢复并点燃创业失败者的激情、如何建立有效的创业失败补救体系更应该是值得大家关注的课题。

扩展阅读

拿破仑·希尔的 17 条黄金定律

1883 年,拿破仑·希尔(Napoleon Hill)出生在一个贫寒之家,他的父母从小就教育他去做好每一件事情,并激励他去获得成功的方法。他在 18 岁上大学时,为一家杂志社工作,有幸采访了人际关系学家戴尔·卡耐基(Dale Carnegie)。从此,他应卡耐基之邀,配合这位可敬的导师从事对美国成功人士的研究工作,他访问了福特、罗斯福、洛克菲勒、爱迪生在内的

504 位成功者,并对他们进行了深入研究。20 年间,他获得了博士学位,并完成了具有划时代意义的八卷本的《成功规律》一书。该书归纳出了很有价值的 17 条黄金定律,该定律涵盖了人类取得成功的所有主观因素,使成功学这门看似神秘的学问变成了具体的、可操作的法则。轮船大亨罗伯特·达拉认为,他如果 50 年前学到这 17 条黄金定律,可能只需要一半的时间就能取得当时的成就。拿破仑·希尔的 17 条黄金定律如下:

图 6-5

第 1 条　保持积极的心态

第 2 条　要有明确的目标

第 3 条　多走些路

第 4 条　正确的思考方法

第 5 条　高度的自制力

第 6 条　培养领导才能

第 7 条　建立自信心

第 8 条　迷人的个性

第 9 条　创新制胜

第 10 条　充满热忱

第 11 条　专心致志

第 12 条　富有合作精神

第 13 条　正确对待失败

第 14 条　永葆进取心

第 15 条　合理安排时间和金钱

第 16 条　身心健康

第 17 条　养成良好的习惯

2. 构建医学院校大学生创业服务体系的方法

(1)成立专门的创业指导机构。

政府要考虑到大学生作为创业的特殊群体,与其他创业者有着本质的区别,存在着先天的优势和劣势,所以是否可以以公益性为基础,以帮扶大学生创业为出发点,成立单独的部门,配备专业人员,拨出专门经费,集中力量抓高校大学生自主创业工作。

(2)创业政策要有实效性、针对性、连贯性。

政府的政策导向直接影响着大学生创业的方向,也影响着大学生受益和实际程度,因此在制定政策对于大学生这一特殊群体时可以灵活运用:降低注册资本额度,缩短企业开办时间;放宽创业经营场所,在符合法律法规规定的条件、程序和合同约定的情况下,允许高校毕业生将家庭住所、租借房、临时商业用房等地点作为创业经营场所;提高贷款额度,延长还款期限。在考虑实效性和针对性的前提下,加大对大学生创业的指导与监管力度,保持各项政策的连贯性、一致性。

（3）建立专业化、职业化、奉献化的咨询培训团队。

咨询团队是大学生获得技术支的核心，是解决大学生创业困惑的有效人员。各省、市区要根据自身情况，成为专门向大学生提供技术支持、咨询培训、指导服务的专家团队。专家团队成员要求有丰富的企业管理经验、要求有认识问题、解决问题的实践能力，能够真正地为创业学生排忧解难，减少企业运营风险，提升大学生的创业成功水平。

图 6－6

第七章
医学生创新创业教育概述

创业教育是推动国家科技经济的重要手段,在大学教育中占据越来越重要的地位。医学生创业教育立足就业问题之上,能够推动作为研究型大学的医学院校实现"产学研用"一体化的进程,符合知识经济时代背景下的人才需求,具有国家层面的重要战略意义。

第一节　创新创业教育的提出

2015 年 5 月 4 日,国务院办公厅以国办发〔2015〕36 号印发《关于深化高等学校创新创业教育改革的实施意见》。该《意见》分总体要求、主要任务和措施、加强组织领导 3 部分。

主要任务和措施是:完善人才培养质量标准;创新人才培养机制;健全创新创业教育课程体系;改革教学方法和考核方式;强化创新创业实践;改革教学和学籍管理制度;加强教师创新创业教育教学能力建设;改进学生创业指导服务;完善创新创业资金支持和政策保障体系。

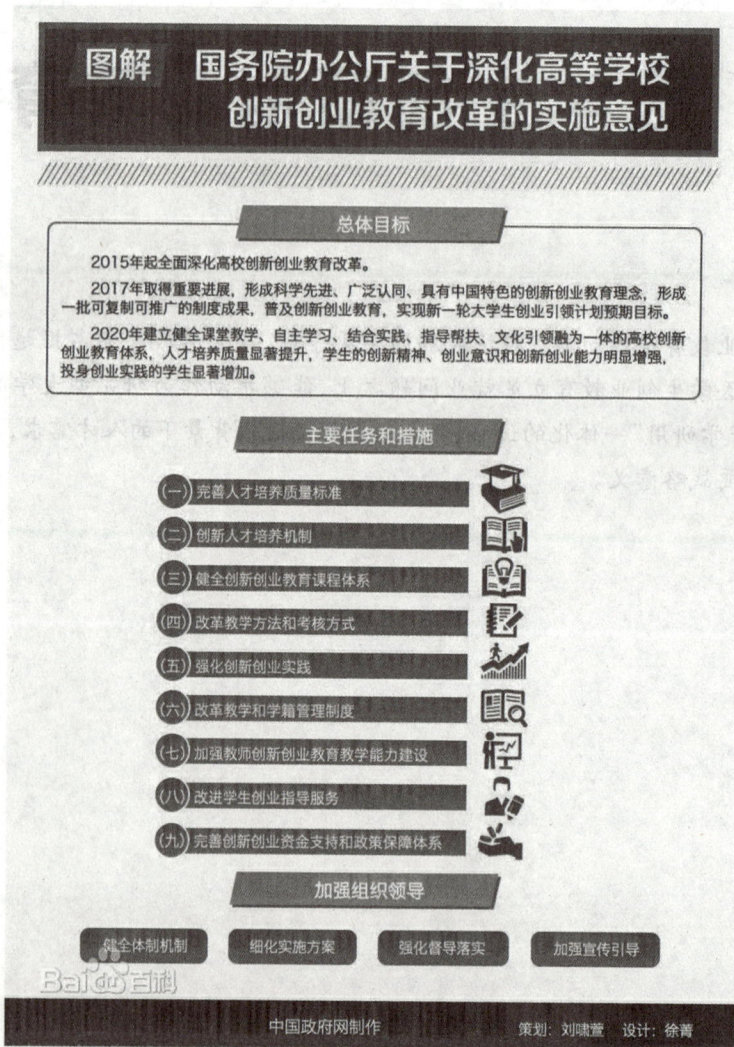

图解　国务院办公厅关于深化高等学校创新创业教育改革的实施意见

总体目标

2015年起全面深化高校创新创业教育改革。

2017年取得重要进展,形成科学先进、广泛认同、具有中国特色的创新创业教育理念,形成一批可复制可推广的制度成果,普及创新创业教育,实现新一轮大学生创业引领计划预期目标。

2020年建立健全课堂教学、自主学习、结合实践、指导帮扶、文化引领融为一体的高校创新创业教育体系,人才培养质量显著提升,学生的创新精神、创业意识和创新创业能力明显增强,投身创业实践的学生显著增加。

主要任务和措施

(一)完善人才培养质量标准
(二)创新人才培养机制
(三)健全创新创业教育课程体系
(四)改革教学方法和考核方式
(五)强化创新创业实践
(六)改革教学和学籍管理制度
(七)加强教师创新创业教育教学能力建设
(八)改进学生创业指导服务
(九)完善创新创业资金支持和政策保障体系

加强组织领导

健全体制机制　　细化实施方案　　强化督导落实　　加强宣传引导

中国政府网制作　　　　策划:刘啸萱　　设计:徐菁

图 7-1

创新创业教育是适应经济社会和国家发展战略需要而产生的一种教学理念与模式。大学生是最具创新、创业潜力的群体之一。

一、创业和创新的关系

1. 创新与创业的契合

虽然创业与创新是两个不同的概念，但是两者之间却在着本质上有所契合，内涵上的相互包容和实践过程中的互动发展。

第一次提出了创新概念的奥地利著名经济学家熊波特认为，创新是生产要素和生产条件的一种从未有过的新组合，这种新组合能够使原来的成本曲线不断更新，由此会产生超额利润或潜在的超额利润。创新活动的这些本质内涵，体现着它与创业活动性质上的一致性和关联性。

创新是创业的基础，创业推动着创新。从总体上说，科学技术、思想观念的创新，在促进人们物质生产和生活方式的变革，引发新的生产、生活方式，进而为整个社会不断地提供新的消费需求，这是创业活动之所以源源不断的根本动因。

2. 创业与创新的相互作用

（1）创新是创业的本质与源泉。

经济学家熊波特曾提出，"创业包括创新和未曾尝试过的技术"。创业者只有在创业的过程中具有持续不断的创新思维和创新意识，才可能产生新的富有创意的想法和方案，才可能不断寻求新的思路，新的模式，最终获得创业的成功。

（2）创新的价值在于创业。

从一定程度上讲，创新的价值就在于将潜在的知识、技术和市场机会转变为现实生产力，实现社会财富的增长，造福于人类社会。而实现这种转化的根本途径就是创业。创业者可能不是创新者或是发明家，但必须具有能发现潜在的商机并富有敢于冒险的精神的探索者；创新者也并不一定是创业者或是企业家，但是创新的成果则是经由创业者推向市场，使潜在的价值市场化，创新成果也才能转化为现实生产力。这侧面体现了创新与创业的相互关联。

（3）创业推动并深化创新。

创业可以推动新发明、新产品甚至是新服务的不断涌现，创造出新的市场需求，从而进一步推动和深化各方面的创新，因而也就提高了企业或是整个国家的创新能力，推动经济的增长。

二、高校创新创业教育的理论概述

创新创业教育本质上是一种素质教育，是以培养具有创业基本素质和开创型个性的人才为目标，是以培育学生的创业意识、创业精神、创新创业能力为主的教育，目标是培养具有创新思维和创业能力的高素质创新型人才。随着我国高等教育改革的不断深入，创新创业教育的地位也愈来愈突出。在高等学校大力推进创新创业教育,建设创新创业队伍,构建创新创业的课程体系,加强创业基地建设,进一步落实和完善大学生自主创业扶持政策,强化创业指导和服务,探索适合高校实施创新创业教育的有效途径成为高校人才培养的重要内容。

1. 创业教育的由来

"创业教育"是联合国教科文组织于 1989 年在"面向 21 世纪的教育国际研讨会"上最早提出的,指出青年除了接受传统意义上的学术教育和职业教育外,还应当拥有第三本教育护照——创业教育。美国考夫曼基金会为创业教育做出了如下定义:创业教育是向个人传授一种理念和技能的过程,它帮助被教育者识别那些被别人忽视的机会,使其具有足够的洞察力,并能够将他人犹豫的事付诸行动。内容应包括识别风险与机会,整合资源以开创新企业,并对企业进行管理等。

2. 创新创业教育在大学教育中的地位

创新创业教育在大学教育中的地位主要是其与专业教育之间的关系,其实施涉及课程体系、教学方法、师资、实践活动(创业大赛、讲座、论坛等)、创新创业基地的建设(科技园区、孵化基地等)。国内各高校开展的创新创业教育有的着重教学、有的着重实践,最佳的是二者的结合。创新创业教育不仅仅是开设几门课程,也不仅仅是几个学生参加大赛或创办几个企业,而应是所有的学生都具有创新创业精神,让创新创业教育渗透到整个学生群体,不能与专业教育相分离。

实践中,在第一课堂方面,应开设创新创业教育系列课程;改革教育教学方法,倡导参与式教学;以鼓励学生具有创新思维为导向,改革考试方法等。在第二课堂方面,应鼓励学生创造性地投身于各种社会实践活动、创新创业大赛和公益活动中。创新创业教育完全有必要融入现有的教学体系中,而不是教学体系之外的"附加物"。当然这又涉及创新创业精神是否可教?如何教?是否能内化于学生的个性之中?

1989 年联合国教科文组织在北京召开"面向 21 世纪教育发展趋势国际研讨会",正式提出"Entrepreneurship Education"(事业心和开拓技能教育,后被称之为创业教育),并把它提高到与学术性和职业性教育具有同等地位的高度。2015 年 5 月,教育部颁布《关于大力推进高等学校创新创业教育和大学生自主创业工作的意见》,其中明确提出:高等学校创新创业教育要面向全体学生,融入人才培养全过程。要在专业教育基础上,以转变教育思想、更新教育观念为先导,以提升学生的社会责任感、创新精神、创业意识和创业能力为核心,以改革人才培养模式和课程体系为重点,大力推进高等学校创新创业教育工作,不断提高人才培养质量。

创新创业教育是一种在整个教育过程中促进学生全面协调发展,并培养学生具有创新精神、发展创业个性品质的教育。创新创业教育不仅是解决大学生就业难的长期的有效的办法和机制,而且通过培养具有创新能力和创业精神的青年人才,能够为社会创造新的就业岗位,有效促进国家经济的持续发展,增强经济活力。创新创业教育的良好发展必将会使其成为专业教育。比如在创新创业教育体系比较完善的美国，很多商学院就开设了创新创业学专业，并设有独立的创业系，培养高层次的创业人员。而我国的创新创业教育尚不完善，创业环境、创业文化不够成熟，这些因素决定了我国目前还不可能独立设置创新创业专业，把创新创业教育纳入专业教育的轨道。

3. 创新创业教育的内涵

创新创业教育内涵主要包括两点，即个性品质的养成及商业知识技能的学习：以培养创业者为主要目标，强调养成开创性的个性品格；通过包括机会发觉、创业认知、创业技能发展等在内的一系列课程或训练活动，切实掌握相应的商业知识、商业技能。

1991 年，联合国教科文组织在东京会议上提出：创业教育，广义上来说是指培养具有开创性的个人，它对于拿薪水的人也同样重要，因为用人机构或个人除了要求受雇者在事业上有所成就外，正在越来越重视受雇者是否具有首创精神、冒险精神，是否具有掌握创业与独立工作的技术、社交、管理技能的能力。高等教育要给学生发第二本护照"创业能力护照"，因为"学位不等于工作"；要培养学生"创业技能与主动精神；毕业生将不再仅仅是求职者，而首先将成为工作岗位的创造者"。创业教育学家贝沙尔（Bechard）和图卢兹（Toulouse）对创新创业教育的定义是：这是一种教学模式，教育与创造每一个对于商业创造或者中小企业发展有兴趣的人。集合各种信息，通过一些项目和计划提高创业意识、商业创造性或小商业的发展。他们指出，创新创业教育对商业活动的各组合因素进行一种全新的整合。美国学者柯林（Cofin）认为创新创业教育是提供个人具备认知商业机会能力的过程，并使其具备创业行动所需的洞察力、知识与技能。

4. 创新创业精神的内涵

创新创业精神简单地说就是享受冒险、体会创造的快乐，当然同时要勇于承担风险和接受失败。美国的社会创新创业精神一直处于很高昂的状态，从微软、思科、戴尔、SUN 公司，一直到今天的 facebook，这一方面和美国精神有着密不可分的联系，另一方面也和美国态度鲜明的专利保护法律制度以及鼓励性的科技政策有很大关系。在创新创业教育开展最早和最为完善的美国大学中，百森商学院、哈佛大学和斯坦福大学等都有成熟的课程与教学方法，代表了美国高等院校创新创业教育的典型模式。2004 年 6 月，在考夫曼基金会的大力支持下，美国的创新创业教育联盟成功发布《创业教育内容的国家标准》，其目的在于为发展创新创业教育提供具体的指导，对不同层次的课程开发提供一种框架，以此来提高创业活动的知识和技巧，为获得核心学术技能和应用做好准备，共分为关键技能、必要技能、商业技能三个方面 15 项标准，值得我们学习和借鉴，从这个层面上说创新创业精神是必教的。

三、创新创业教育理念

创业是一种高风险的活动，涉及创新、变革、新产品与服务开发、新企业经营管理，以及促使企业可持续成长等。一个国家或一个地区的创业活跃程度取决于个体的创业意愿的高低，识别与开发机会能力和企业经营管理能力取决于创业者对创业管理知识素养的掌握情况。培育大学生创新精神,提升大学生创业意愿与创业能力,需要高校、政府、大学生个人、社会及家庭等多方努力,而高校是主体。高校要深入贯彻党的十八大和党的十八届三中、五中全会精神,明晰创业教育目标,完善大学生创业教育课程体系建设,创新教学方法,加强师资队伍建设,加快推进产学研一体化步伐。

明晰创业教育目标。创业教育的首要目标是培养大学生的创业精神,激发大学生的创业意识,转变就业观念。大学生要通过系统学习,掌握创业管理的基础知识和基本技能,提高创业品质素养、创业知识素养和创业技能素养。创业品质素养,即创业者应具备的使命感和责任心、创新意识、冒险精神、正直诚信、坚韧执着等品质。其中,使命感和责任心是驱动创业者勇往直前的力量之源,创新意识和冒险精神是进行创业的内在要求,正直诚信的体现成功创业者的人格魅力,坚韧执着是对创业者意志力的挑战;创业知识素养是开展创业的基本要素。创业者不仅要具备必要的专业知识,更要掌握经济学、管理学、社会学、心理学、法学、哲学、文学、艺术、伦理学等综合性知识和管理科学知识;创业技能素养包括战略规划能力、团队组建能力、决策能力、沟通协调能力和执行力等多种能力。

完善大学生创业教育课程体系建设。高校要更新教育观念,加强大学生创业教育课程体系建设,全面提升大学生的创业能力,普及大学生创业的意愿。在大学中开设创业学专业和相关的研究方向,并应当授予相应的学士学位、硕士学位、博士学位。学校要围绕创业精神、创业理论与知识、创业实践这三大模块,针对不同年级、专业,分类别设计各具特色的创业教育课程体系。针对大学一二年级学生,开设通识类创业教育课程;针对大学三年级学生,开设差别化的创业专业课;针对大学四年级学生,开设个性化的创业教育课及实践课程,帮助其实现创业梦想。同时,允许学生跨学科、跨层次、跨阶段选修创业课程。

总之,高校要以面向全体学生、注重引导、分类施教为原则,在全校范围内开设创业知识教育课程和专业教育课程,并将创业教育有机融入专业教育中。通过创业教育教学,使学生掌握创业的基本理论和基础知识,熟悉创业的基本流程和基本方法,以提升大学生的创业意愿,提高创业成功率。构建专兼职教师队伍,以课堂教学为主渠道,以专题讲座、创业论坛、创意设计、企业创建模拟以及社会实践为补充,将创业理论与实践有机结合。加大政府政策支持力度,引入风险投资基金,对大学生创业项目进行预孵化,精心扶持大学生创业。最终将大学生培养成为具有创新能力、创业精神和拥有良好的创业品质的人才,服务于创新型国家建设和人力资源的强国建设。

四、创新创业教育的基本原则

习近平总书记指出:"全社会都要重视和支持青年创新创业,提供更有利的条件,搭建更广阔的舞台,让广大青年在创新创业中焕发出更加夺目的青春光彩。"国务院办公厅《关于深化高等学校创新创业教育改革的实施意见》也指出,深化高等学校创新创业教育改革,是国家实施创新驱动发展战略、促进经济体制增效升级的迫切需要,是推进高等教育综合改革、促进高校毕业生具有更高质量创业就业的重要举措。由此可见,大学生是创新创业的有效力量,高校是培养创新创业人才的高地。明确大学生创新创业教育的基本原则,有利于高校更好地确定目标和探索路径。

1. 方向性原则

创新创业教育是从我国高等教育的现实状况和中长期教育发展目标出发,将创新教育与创业教育相结合而提出的,是高等教育的重要组成部分,必须坚持社会主义大学的办学方向,以立德树人为根本任务,培养一大批富于创新精神和实践能力的创新创业型人才。

创新创业教育必须适应建设创新型国家的重大战略和推进其具有"大众创业、万众创新"的时代特点。1995 年,联合国教科文组织曾指出,在"学位 = 工作"这个公式不再成立的时代,人们希望高等教育的毕业生不仅只是求职者,而且是成功的企业家和工作岗位的创造者。之后,这一提法被进一步具体化:21 世纪的青年除了接受传统意义上的学术教育和职业教育外,还应拥有"第三张教育通行证"——创新创业教育。这就要求高校必须根据"提高自主创新能力,建设创新型国家"和"促进以创业带动就业"的社会发展需要以及高等教育提高人才培养质量的要求,重新审视创新创业教育的本质和价值,合理定位,将创新创业教育融入人才培养体系,使之与国家富强、民族振兴、人民幸福的时代发展目标产生最大程度的耦合。

在教育实践中,要以教授创业知识为基础、以锻炼创业能力为关键、以培养创业精神为核心,注重鼓励和引导大学生走上自我发展之路,教会他们如何学习内化和运用知识进行创造性思考、批判性思维;帮助和引导他们认识自我、发展自我,在学习和实践中磨砺意志、锻炼精神,同时应注重引导学生认识社会、忠职敬业,帮助其在实践中更好地融入社会,承担应有的责任,使身心发展得以健全。

2. 广谱式原则

创新创业教育的理论研究和实践探索最早兴起于美国,相比之下,我国的创新创业教育起步较晚。正因如此,我国在推进创新创业教育发展的过程中,尤其强调对全新教育理念和模式的探索,以求创新创业教育实践与经济发展新常态的深度契合。近年来,国务院和教育部印发了一系列关于创新创业教育的纲领性文件,这些文件一致强调了"创新创业教育要面向全体学生,融入人才培养全过程",从而更好地为大学生开展创新创业教育而确立"广谱式"的政策导向。

这一导向主张将创新创业教育纳入教学主渠道,贯穿人才培养全过程,着眼于创新创业教育的广泛性、普及性,矢志惠及每一个学生,着力增强和提高全体学生的创新意识、创业精神和创业能力,不可不视为一场具有革命意义的教育改革。首先,它更加强调"实效",充分借鉴素质教育的理念和专业教育的方法,冲破了把创新创业教育"狭化"为职业教育或"泛化"为素质教育的"极端",强调为学生提供知识与技能、过程与方法、情感态度与价值观的三个维度的教育。其次,它更加注重"衔接",推动大学生创新创业教育、大学生职业发展与就业指导的有机结合,进而实现以"创新引领创业、创业带动就业"为主题的目标。再次,它更加追求"贯通",与全面实施素质教育一脉相承,深度契合了素质教育主体性、全体性、全面性和长效性等的特征,延伸和拓展了素质教育为实现人的全面发展的核心议题,是素质教育的具体化表现。

3. 协同性原则

创新创业教育是以培养大学生创新创业素质为总目标,通过开设相关课程和开展相关实践、模拟、体验教学环节,在与基础教育、专业教育和职业教育等有机融合的基础上形成的提高大学生综合素质、促进大学生全面发展的一种新型教育理念和模式。其不仅涉及学校内部的课程教学改革、实践活动开展、校园文化建设等诸多内容,而且还涉及国家政策、社会环境、企事业单位等多个主体的配合,必须建立科学协调机制,充分考虑多主体、多因素的协同运作,合力推动这项工作的正常运行达到和谐共赢的效果。

推动校地协同。加强高校与地方企业行业的交流合作,拓展双方在智力资源开发、实践平台建设、人才师资流动等方面的具有合作空间,互取所需、互补所缺,协作共赢。推动双方协同工作。大力拓展不同地域、不同类型、不同层次高校之间的交流合作或对口支援,共享创新创业教育资源,推动校际之间的教师互聘、课程互修,鼓励大学生跨校建立创新创业团队。推动科教协同。实施高校创新能力提升计划、科教协同育人行动计划,动员和引导各层次学生参与科研,及时将科研成果转化为创新创业教育的内容,不断构建科研反哺创新创业教育的长效机制。

4. 特色化原则

立足办学定位,凝练学校特色。自 20 世纪中后期以来,全球工业化进程加快,知识经济时代到来,产业界对知识创新、技术转移的需求日益增加,大学应时而动,积极谋求变革与发展。如今,几乎每一所大学都有了自己的办学方向、办学定位和办学特色。创新创业教育应以此为基础,并在发展中不断熔铸 "创业型" 特色,使学校在延续专注教学和完成研究传统的知识使命的同时,深化和拓展大学功能,对经济社会发展作出贡献。

调查分析:经数据显示,目前发达国家大学毕业生的创业比例是 20% ~ 30%,而我国尚不到 1%。然而在不到 1% 的大学毕业生中,真正称得上 "有特色" 的创新创业者更是寥寥。可见,凝练创新创业教育的学生特色任重而道远。不仅需要通过更新教育观念、设置科学课程、强化实践操作,使学生能够普遍掌握创新创业的 "学" 与 "术",还应着力培养开拓力强、敢于冒险、坚韧不拔的有 "开创性" 特色的人。

立足因材施教,凝练层次特色。大学毕业生能否做到创意创新,达到真正的创业,是自身禀赋和自主选择的结果,前提是针对他们的创新创业教育是否真正做到了 "分层次" 和 "差异化"。从这个意义上说,创新创业教育既需要从整体上进行顶层设计,也需要分层次、分阶段、分群体的具体推进。同样是创新创业教育,对于文科和理科两类专业的特点迥异、思维方式具有一定差异的大学生来说,教育和引导的方式必然不同。同时,创新创业教育还需准确掌握同一专业学生在不同学历层次的阶段性发展特点,以动态视角开展与之相匹配的创新创业教育。

第二节　医学生创新创业教育的重要意义

　　创业教育是知识经济时代的产物,是适应市场需求的一种人才培养模式。创业教育是1989年联合国教科文组织在北京召开的"面向21世纪教育国际研讨会"上提出来的。创业教育的实质在于让受教育者树立创业意识、开拓创新思维、开发创业个性和能力。我国高等医学院校开展创业教育不仅顺应社会的发展和时代的召唤,更是医学自身发展的内在必然性体现。各医学院校也在积极探索对医学生实施创业教育的有效途径。

一、对医学生开展创业教育的背景

1. 医学服务领域的拓展

　　随着我国经济的迅速发展以及医学模式的转变,现代"生物—心理—社会"医学模式对医务人员的要求不仅仅是帮助患者解除病痛,而是发展到如何促进人们身体和心理的健康、提高生活质量等方面,把医学服务的领域逐渐扩大。健康概念已经不再仅仅是生理学的概念,它还包括"躯体健康、心理健康、社会适应良好、道德健康"等诸多方面。医学不仅要介入人们的行为,还要介入环境的培育与改造。这一转变,对医学教育者提出了新的要求,必须要开展创业教育,通过创业教育来培养大量视野开阔、知识渊博、具有创新精神的人才,使他们既能适应开放性、自主性、竞争性、创造性市场经济时代,又能遵循医学发展和医疗改革的趋势。

2. 医学院校招生规模扩大

　　近几年,随着各医学院校招生规模的扩大,医学类毕业生数量也在逐年增加。随着医疗体制改革的推进,各大医疗机构和用人单位对医学生的学历层次和技能有了更高的要求,各大医疗机构对本科生的需求已经接近饱和。然而,从前几年医学类专业毕业生就业情况看,医学生创业者在毕业生的总数里所占比例很小,绝大多数的学生还是把毕业后能到某一所医院工作,有一个固定的职位作为第一选择。甚至有一些毕业生在毕业当年没考进卫生事业单位,选择了待业,等待下一年卫生系统的招考。因此,目前各层次医学毕业生正由供不应求变为"研究生供不应求,本科生供求基本平衡,专科生供过于求"的形势,就业压力日趋增加。

　　党中央提出以创业带动就业,这是目前解决大学生就业难的重要举措。随着国务院办公厅下发的《关于加强普通高等学校毕业生就业工作的通知》,提出一系列具体措施,鼓励和支持高校毕业生自主创业,强化高校毕业生就业服务和就业指导,提升高校毕业生的就业能力。

3. 医疗技术的推陈出新

　　当今社会,医疗技术快速发展,医疗领域的创造发明更是推陈出新,各种医疗器械的更新换代非常快速。作为一名医生应该做到活到老学到老,不断地接受新事物、研究新问题的基本原则,才能适应时代的发展。如果只停留在掌握书本知识上,势必会造成死读书的后果。因此,这就要求医学生与时俱进,树立创业意识,走出传统的就业领域,利用所学的医学知识,面向整个社会生活去开创自己的事业。

二、在医学生中开展创业教育的价值

● 案 例 ●

裴洪岗:办自己想要的诊所

今年3月初,深圳市儿童医院小儿外科"70后"医生裴洪岗辞职,打算开办儿科诊所。从3年前开始,他通过微博、公众号等网络平台撰写育儿科普文章,深受新手爸妈们的喜爱。现在他的微博已经有56万"粉丝"。去年一年,微博的总阅读量过了2亿。他的公众号"dr-pei"订阅人数也超过21万。

"好几年前,我就计划出来自己做,希望按照自己的想法来做一家诊所,实践自己的医疗理念。写科普文章也是为此做积累。"裴洪岗说,通过科普,他积聚了不少认可循证医学理念的医生和患者。今年年初,他感觉创业的时机到了。辞职后,裴洪岗跑了一些地方,见了很多人,做了很多人生第一次做的事,也经历了很多次的头脑风暴。

"招聘有丰富临床经验而又认可循证医学理念的儿科医生,向大家提供线上和线下的儿童健康服务。将认可循证医学理念的患者和医生对接起来,从而提高医疗的可信度,这是我想做的事,但以我们目前的能力还远做不到,我想先迈出第一步,就是先搭建一个线上咨询平台。"创业4个月后,他开始找到做事的方向。

在腾讯腾爱医生的帮助下,上个月裴洪岗在怡禾健康的公众号上做了一个面向20个用户线上付费健康咨询服务内测。"我们的目标是做可靠的儿童家庭健康管理服务,所以会从线上做到线下,最终提供包括线上线下的整体健康服务。"裴洪岗告诉记者。

1. 医学生的就业现状

近年来,随着高校的扩招,医学生的就业状况日益严峻,各层次医学毕业生的就业状况为"硕博就业基本持平,本科毕业生供过于求,专科毕业生边疆基层有所需"。

(1)毕业生的增多。

2018年,全国高校毕业生人数达820万,医学类毕业生人数在2012年也已突破50万。由于医生的社会地位等原因,在一些医学类专业相对较强的综合性大学,通过转专业的方式转入医学专业的人也不在少数,以南通大学医学院为例,2015年级总人数为580人,其中转专业进医学院的人数就达145人,占新生总人数的25%,由此看来医学毕业生的就业形势更加严峻。

(2)毕业生就业期望值过高。

多半医学毕业生的就业观点往往偏离自身现实,他们片面地追求规模大、工资高、地理条件优越的单位,将目标定位于三级医院或经济发达地区的二级医院。认为只有这样才能体现他们的人生价值,从而导致这些地区的竞争日益激烈。在一个对全国医学生的调查中,城市出来的毕业生基本上都希望留在城市,无人或很少有人愿意到乡镇农村工作;生源地为乡镇和农村的学生也只有3.2%愿意回去就业,这就是目前大部分医学毕业生的就业心理。

(3)医院入职门槛提高。

目前除乡镇及社区医院外,大部分正规医院人员已经超编,现有人员数量饱和的现象,应届本科毕业生要进入较困难,从而使一些医疗单位的要求越来越高。除了特殊岗位和特别优秀的人才,大医院基本上都要求具有硕士或博士以上学历,导致一些县级医院也出现了不切实际的盲目招聘硕士、博士等高层次人才的现象,造成了人才浪费。

(4)毕业生的就业心理有待调整。

医学生对就业形势存在认知偏差,一些医学生没有职业生涯规划和就业目标,部分学生通过考研来缓解就业压力。还有一部分学生认为家庭背景才是决定就业的关键,因此自身不努力。另外,缺少正确的自我评价,不了解自己在就业中的优、劣势,不清楚自己擅长的领域,不知道自己适合怎样的工作,进而盲目就业。

2. 医学类院校实施创业教育的原因分析

党的十八大报告明确指出要引导劳动者转变就业观念,鼓励多渠道多形式就业的目标。我国的创业教育是随着创业比赛的开展、创业孵化基地的不断建设而逐步推开的。随着医疗体制改革的逐步深入,人们对医疗服务的需求也呈现多元化的趋势,更多地开始关注身心健康的发展和生活质量的提高,这无疑为医学毕业生的创业提供了机遇。但医学院校的创业教育有其特殊性,由于专业特征和就业方面的限制,实施创业教育显得困难重重。

(1)医学生创业意识不足,对就业政策不了解。

由于医学事业的传统地位,多数医学生对该职业非常向往。多数医学生从入学开始就认定将来要做医务工作者,从而把主要精力都用于专业学习,而随着对学习的不断深入,课业负担加重,便更没有时间参与创业教育。据笔者之前所做的一份调查研究显示:在被调查对象中,只有小部分医学生(3%)支持创业,多数医学毕业生在日趋严峻的就业形势下,仍以谋得一份稳定的职业作为自己的追求,很少有人想走创业之路。另外,只有3%的医学生经常参加学校组织的创业教育活动,有82%的医学生不了解创业优惠政策。

(2)学校创业师资力量薄弱,课程体系建设落后,缺乏实践指导。

高校普遍都设有就业指导中心,但偏重就业指导,以致创业指导力度较弱。大多数医学院校未开设创业课程,只是在《大学生职业辅导》课程中加入了创业的章节,有少数学校开设了如《创业学》的公选课,但仅限于对创业知识的简单介绍。医学院校普遍与附属医院在教学、科研方面合作密切,然而在开展创业教育过程中,与社会医疗生产企业和机构甚少联系,使创业教育仅局限于纸上谈兵,缺乏体验性和操作性的实践指导。

(3)社会传统因素的制约。

目前,我国还未形成良好的医学生创业氛围,提及创业医学生就自然想到开诊所、推销药品等。创业本身是一个非常艰难的过程,创业对医学者资历要求较高,如开办诊所需考取且有5年执业经历以上的执业医师。资金的投入也较多,需要购买多种设备。创业者无一例外会面临政策、人脉、资金等诸多方面的问题。另外,我国多数人相信"经验医疗"。在选择就医时,往往多数人会选择正规医院中有丰富经验的医生。因此,对于刚毕业的医学生而言,自己创业举步维艰。

(4)医学专业的学习性质对创业本身的限制。

根据调查显示,按照学校临床本科五年制来计,在校前四年要修满230个学分的必修课程、10个学分的公选课、8个学分的专业选修课,最后一年要在医院进行一年的临床实习。这与普通本科四年制的180分或更少的学分要求和更短的实习时间相比,医学生任务更重。本科阶段的医学教育仅为基础,而培养一个合格的医学生所需要的时间往往更长,并要通过医师规范化培训或再读研或读博,还需在毕业一年后考取医师资格证书,获得处方权,建立自己的人脉和口碑。这都需要时间、知识和人际交往的累积,不是一朝一夕可以成就的。

3. 如何增强对医学院校学生的创业教育

(1)解读政策,激发医学生的创业意识。

近年来,国家出台了一系列扶持大学生创业的方针政策,但医学生把主要的精力都放在专业知识的学习上,对其他事物甚少关注,据调查发现,82%的医学生不了解创业优惠政策。这说明学校对于创业政策的推广和宣传工作还做得不够。因此,医学院校应给予重视,开设创业指导课程,在平时的工作中多宣传国家的政策,并给予有创业意向的同学重点引导,也可以邀请一些创业成功的企业家到本校开设创业讲座,增加医学生创业的意向。

(2)培养创业师资队伍,构建完善的课程体系。

首先,加强师资建设,以老师的言传身教来培养学生良好的创业就业观念。聘用既了解医学行业又具备创业知识和技能的教师任教,打造一支专兼职相结合的创业教育教师队伍。其次,要完善创业教育课程体系,采用灵活多样的教学手段,并可分不同年级开展不同阶段的创业教育,提高学生各方面的素质。

(3)依托校园文化,组织各种实践活动。

相对于课堂教学,大学生更容易通过丰富多彩的校园文化活动来了解自己。医学院校可以举办相关的创业设计大赛、创业课题研究等活动,培养医学生的创业观念和创业精神;深入挖掘校友资源中的创业成功典范,邀请他们回母校做创业专业报告;并开展创业教育实践和创业孵化基地等活动,激发创业热情。

(4)建立平台,提供一定的创业支持。

可以设立专门机构,向学生提供与创业教育相关的配套服务;建立SYB创业培训基地示范点,指导学生创办自己的企业;设立创业基金,在一定程度上提供支持;依托政府,创建创业孵化基地,提供场地和技术支持;同时,学校创业部门还可以整合各专业创业资源,帮扶组建具有各项专长的创业团队,将创业的风险降到最低。

三、创业教育对大学生创业意愿的影响

高校扩招以来,每年大学毕业生的数量都在增加,就业形势十分严峻。自主创业就是一条新的路,那如何才能走好这条路呢?创业教育起着关键性的作用。创业教育与大学生创

业意愿之间存在怎样的关系？如何开展创业教育、如何才能提高大学生的创业意愿？本文通过研究感知期望、感知可行性的桥梁作用，探究了他们之间的关系。

1. 问题的提出

自1999年高校扩招以来，每年大学毕业生的数量都在增加，尤其是最近几年，就业人员达到一个高峰，就业形势十分严峻。但是大学生在面临重重地困难的同时，也会面临着许多机遇和挑战，越来越多的大学生选择自主创业。但很多大学生最终都以失败告终，比如1999年清华大学的鲁军，他创立了"易得方舟"，刚开始非常成功，但不过两年时间就失败了。后来鲁军总结说："大学生自己创业面临的最大问题是实战经验不足，缺乏管理的经验。一个创业计划从计划的成功到真正市场意义上的成功，还有很长的路要走。"而要实现这个过程，学校的创业教育会为学生的自主创业提供知识和技术方面的帮助，对学生创业意愿起着非常重要的作用。那创业教育与大学生创业意愿之间存在怎样的关系，如何开展创业教育、如何才能提高大学生的创业意愿，这些都是目前高校、政府研究的热点问题。

2. 创业意愿

创业意愿是潜在创业者对从事创业活动与否的一种主观态度，是指一个人具有类似于创业者特质的程度以及自身对创业的态度、能力的一般描述。一个经过深思熟虑后创立的企业成功的可能性更大，所以创业意愿在很大程度上可以预测我们企业的成功与否。原因是创业意愿理论结构模型属于目标设置理论。他是理性的分析过程，所以他有很多作用：第一，创业者内心有很强的创业欲望；第二，激励人坚持工作；第三，把你的主要精力集中到当前事业上。

3. 探究创业教育和创业意愿之间的关系

在查阅创业教育和创业意愿的相关文献资料之后，可以发现在大学中开展创业教育会促进大学生对这类知识的理解掌握并应用，从而提高创业者的相关技能使之对创业产生浓厚的兴趣，这样就产生了创业意愿。长沙湘南学院招生处长马力煌发现，随着创业教育在各个高校的不断推广普及，大学生的创业意识也在不断提高。由此也可以说明，在高校推广创业教育在一定程度上能推动创业意愿的产生。

（1）感知期望、感知可行性与创业意愿之间的关系。

查阅关于感知期望和感知可行性与创业意愿关系时，很多权威性科学家、学者得出相同的结论：感知可行性和感知期望对创业意愿都有着正向的作用。

（2）创业教育与感知期望、感知可行性的关系。

研究者发现高校创业教育对大学生的创业感知期望和可行性都有一定的推动作用。但这需要院校的教育的支持并提供足够的资源，这些条件具备后，大学生创业者才会有更强烈的创业意愿，并愿意为之付出努力。这就是为什么以前的学者大多停留在对他们感性的认知上，并没有得出一定的结论的原因。

（3）构建研究模型。

我们以具体的创业事件模型为理论基础进行调查研究，把创业教育引进来，构建我们的创业意愿模型,让创业教育作为先行变量、创业意愿为结果变量、感知期望和感知可行性看作桥梁变量,研究高校大学生创业者接受教育以及对后来的创业意愿形成的作用原理。在不断查阅资料和不断研究中,发现每个人的创业意愿都可以通过后来的学习以及在实践过程中产生并不断加强,而在学校中接受创业教育可以极大促进大学生创业者产生创业意愿。

(4)实地调查。

通过查阅相关文献的方法,收集和整理有用信息。主要对以下几方面进行调查:个人背景信息调查、创业教育调查、感知期望调查、感知可行性调查和创业意愿调查。具体内容如下:个人背景信息调查:对调查的对象个人信息有一定了解,主要是针对年龄、接受教育的程度、学习的专业、有无实习经历及有什么样的实习经历等内容。创业教育量调查:主要是通过有无氛围教育、心理素质教育和关于这方面的课程与活动来展开我们的调查。

通过调查及结合相关的研究分析可以发现,大学生的创业教育对他们自身的创业意愿有积极的推动作用。也就是从另一个角度说,学校的创业教育引入的越早,越快,机制越完善成熟,大学生的创业意愿就越能得到提升。我们发现,教育的氛围和人格魅力与课程讲授和亲身实践一样重要,说明氛围教育和人格教育对创业意愿的有相同的主导地位。因此,在构建创业教育体系以及采取什么样的教育模式的过程中,不仅要整体把握并实施这方面课程的讲解和实际的演练操作,还要对学生进行创业有关的人格教育和氛围教育等多种人文的内容的教育。同时,学校的执行力也很重要,支持学生组织和建立跨专业学习团队、为学生提供咨询和解决实际困难两方面的条件。如果只是要增强创业者的创业意愿,我们应该侧重创业教育,所以应该根据自己学校学生的特点,科学地构建属于自己学校的有特色教育体系、充实完善教育内容以及创造可以促使大学生对创业产生浓厚兴趣的创业文化氛围,通过不断完善自己学校的创业教育水平,真正实现大学生创业意愿本质上的提升。大学生的创业教育对他们的创业意愿有积极的推动作用,创业教育对创业可行性的感知上有积极的促进作用。通过分析我们发现,一个学校的创业教育的水平对大学生创业者创办企业成功起到非常重要的作用,同时,学校支持和鼓励大学生创业,具体的实践形式教育和人格教育的开展等方面对创办企业可行性感知的提升尤为重要。让学生参加到实战演练中去,亲身体验整个过程中每一个阶段和每一个阶段中的细节,在这个过程中,也会遇到很多困难,通过解决这些困难,不断提升自己创业能力和对创业的感知可行性。

在创业教育对大学生创业意愿的影响研究中,除了感知可行性和感知期望的桥梁作用外,我们的家庭和社会氛围也起到了一定的作用。因此,在实际操作中,家庭、学校和政策这三方要紧密地结合在一起,通过共同采取措施,来提高大学生的创业精神和创业技能,进而增强他们的创业意愿,不断进行创业实践教育,提升大学生对创业可行性的感知,通过不断探究我们发现创业教育可以提升大学生的创业意愿,同时创业意愿也会受到创业可行性和感知期望的影响,研究表明,当一个人对创业可行性感知比较高的时候,他的创业意愿也较强。所以,我们要提升大学生的创业意愿就要增强他们的感知可行性。通过不断实践锻炼他们的各种能力来实现。为此,可以从以下几点出发,在不断学习中进步:第一,加强对创业教育的重视程度,营造良好的创业文化氛围。在学校中,有专门开展这样的课,在我们的校园中也可以通过海报的形式让我们的大学生周围时刻充斥这样的氛围,同时政府也可以出台许多政策,鼓励大学之间组织各种形式的活动,政府和学校的重视及良好的创业教育文化氛围创建使得创业对大学生有了很强的吸引力。第二,强化创业实践教育,提升大学生对创业可行性的感知。通过具体的活动,让学生真正零距离接触我们的创业活动,在不断发现问题和解决问题的过程中,提升自己的能力,进而增强他们对创业可行性的感知,达到我们最初提升的目的。第三,注重培养大学生的创业人格。这是一个长期的过程,需要我们从小就开始培养,不断注入这种思想,使得他们在创业活动中发挥优势。

拓展阅读一

　　创业成功不仅需要负有创业激情的创业者和巨大价值的创业机会,更需要良好的创新创业环境。自2014年以来,"大众创业,万众创新",以下简称"双创",在中华的广袤大地深入人心,已经成为我国在经济新常态下推动经济发展的新引擎之一。它是经济活力之源,也是转型升级之道,更是当前推进供给侧结构性改革的重要抓手。中央和各地政府及相关部门为推动"双创"制定和出台了众多政策和措施;各类媒体为"双创"宣传助力,营造氛围;各类"双创"大赛层出不穷,不断地激发创业者的意识和激情。各类"双创"服务平台如雨后春笋般在大江南北破土而出,为创新创业者提供各种支持服务。我国的"双创"环境日益完善,对于希望并有志于创新创业的大学生来说,这是一个成就梦想的时代!

　　开放的中国机遇无限,发展的中国希望无限,开放发展的中国"双创"梦想无限。走在时代发展的前列,我们鼓励每一个有智慧、有理想、肯吃苦的大学生将人生的价值体现在波澜壮阔的创业史中,将人生的梦想融入实现中国梦的艰苦奋斗中。"双创"时代,你准备好了吗?

拓展阅读二

　　没有团队的创业不一定会失败,但要创建一个没有团队而具有高成长性的企业却是极其困难的。团队的主要价值在于团队成员间能够相互配合,贡献各自的力量,这种力量既包括智慧、能力和优势,也包括时间和精力,从而提高创业成功率以及新创企业的生存与发展能力。创业团队的凝聚力、合作精神、立足长远目标的敬业精神都会帮助新创企业渡过难关,加快成长步伐。既然团队如此重要,那么我们需要怎样去组建一个合适的创业团队呢?去哪里寻找合适的人呢? 如何提高团队的竞争力和凝聚力,打造一个高效的创业团队呢?跟随我们的步伐,让我们众志成城!

拓展阅读三

　　大学生创新创业训练计划是国家教育部为提升高校人才培养质量、转变教育思想观念、改革人才培养模式,增强学生的创新能力和在创新基础上的创业能力,而面向在校学生开展的创新创业能力训练项目。包括创新训练项目、创业训练项目、创业实践项目。

　　由此可见,从面向学生的群体分类上看:创新训练是面向全体学生的,即每一名学生的;创业训练则是面向有创业意愿的部分学生;创业实践则是面向极少部分已经创业或正准备创业的学生,可谓学生中的"创业精英"。

　　从项目的实施效果上看:创新训练中部分具有市场潜质的成果可转化为创业项目;创业训练则是结合创新训练的成果,通过组建团队、进行市场调研、制定销售计划、预测财务投入等进行项目前期的创业规划,即撰写创业计划书,具有承上启下的作用;创业项目则是按照创业计划进行真实的实施,即创业行动。

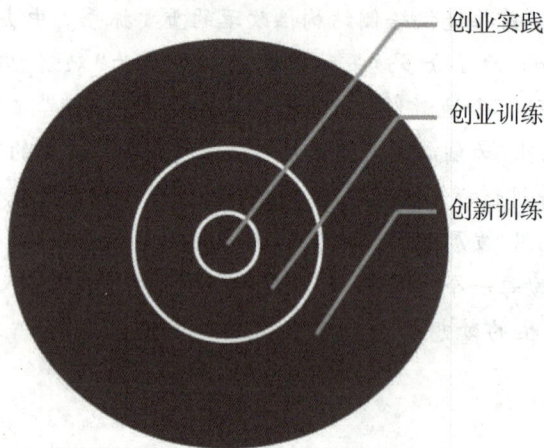

图7-2　创新训练、创业训练、创业实践之间的递进关系

第八章
医学生创新创业教育理念与实施

　　创新创业教育理念在现代教育领域中得到更多重视,高校自身在实施创业教育的过程中也在不断调整教育模式,来适应网络信息时代经济社会发展的需要。医学生创业教育在高校创业教育中具有普遍性、矛盾性和特殊性的特征,医学院校在创新教育和教学中应坚持育人为本,促进医学生德智体美全面发展,为提高我国高等医学教育质量、推动我国医疗卫生事业发展、促进人类健康提供精神动力和智力支持。

第一节 医学生创新创业教育理念

一、医学生创业教育是时代发展的必然

医学生创新创业教育是网络信息时代、经济社会发展的必然要求,创新是这一时代的本质特征。随着创业教育的理念和实践逐步深入,创业教育受到各个高校和教育工作者的广泛关注,创新创业教育理念受到很大重视。现代医学教育不断调整培养理念和教学模式以适应新的发展和需要。创业教育作为21世纪提出的一个全新的教育理念,结合教育学和创造学的基本原理,旨在培养和提高学生的创业精神和创造技能。通过激发学生的创新意识,培养创业能力,全面提高医学生的创业素质。

二、医学生创业教育是现代医学教育发展的必然

创业教育是医学院校素质教育和创新教育的深化和提升。传统医学教育的重点是培养具有医学理论知识和临床技能的医学生。它通常忽视了现代医学教育与社会发展的联系,尤其是对医学生创造力的培养。一批合格的医生得到了培养,但缺乏自主精神的创新型医学人才相对短缺。随着高校毕业生就业制度改革的不断深化,医学院校开始逐步完善传统医学教育的内容和方法,不仅对医学生的专业素质提出了要求,而且对医学生的自主创新能力也提出了更高的要求,这是现代医学教育发展的必然。

三、医学生创业教育是高校创业教育的特殊形式

医学生创业教育作为高校创新创业教育的组成部分,具有其他高校创业教育的普遍性,又有其特殊性。高校创业教育普遍注重培养学生的创业精神和创造能力,注重培养学生的独立思考、团队合作意识和开拓进取精神,这反映了创业教育矛盾的普遍性。而医学生创业教育作为高校创业教育的一种特殊形式,在教育目标、教育内容和教育方法上又不同于其他高校的创业教育。首先,就教育目标而言,医学生创业教育既要培养学生的创业精神,还要注重培养医学生的社会责任感和服务意识。毕业后,医学生可以自主创办私立医院、个人诊所、私人药房和独立的医疗实验室。这些创业行为要特别重视从业者职业道德和社会责任,而这些创业素质的培养离不开医学生在校时开设的创业教育。

其次,在教育内容上,医学院校还应根据医学生的专业特点对医学生进行针对性的创业教育。例如,在指导医学生创业的教育中,教师不仅要传授学生创业所必需资金、项目、团队和市场等基本理论,还要指导学生如何创业以及医学生创业的实际体验和具体操作。这些知识和技能的获得可以通过课堂教学和实践活动来让学生其中发现问题解决问题。这将为他们今后开展创新创业活动打下良好的基础。

最后,在教育方法上,医学生创业教育不仅要考虑医学生的个体差异,还要考虑医学生专业背景的差异。例如,在对临床医学专业学生进行创业教育时,可以通过以下创业活动培养他们的各种创业能力。如通过为准妈妈开设周末班,培养学生的交流沟通能力,通过向孕妇讲解备孕必要的妇产知识来巩固学生的临床知识。临床美容专业学生可设立私人美容咨询服务中心,为社会高端人士提供咨询来提高分析和解决问题的能力。心理学专业医学生可以开设高考心理辅导班来帮助高考生缓解心理压力提升锻炼自己。这些实践性创业活动作为高校创业教育的一种特殊形式,反映了医学生创业教育的特殊性。

四、医学生创业教育是以人为本促进医学生全面发展的教育

创新教育是提升我国高等医学院校教学质量、推动我国医疗卫生教育事业发展进步的动力源泉。教师在医学生创业教育过程中要充分掌握和挖掘医学生的自身特点,尊重医学生的主体性、创造性和能动性并为这些创新品质的发展创造有利条件,使医学生的创业潜能得到充分发挥,使医学生的社会价值得到充分体现,这才真正体现了医学生创业教育的人文关怀。

医学生创业教育要坚持以人为本,必须掌握和挖掘医学生的特点。现代医学教育模式已经发生转变,医学人才的培养模式已经打破了传统的单一性教育,转向对学生人文素养和科学精神的综合培养。传统的教育模式已经不再适应新的时代发展,社会更多需要具备良好的科学文化素养,掌握扎实的专业知识,具有较强的专业技能,通过劳动对医学发展、人类健康作出贡献的医学人才。教师在对医学生进行创业教育的过程中,要结合现代社会对医学人才综合素质的高标准严要求,全面提高医学生的职业素养。另外,针对医学生学习年限较长、课业任务繁重、学习压力增大等情况,教师要考虑到医学生面临的实际困难,要因材施教,因地制宜,因时而化,因事而进。

教师在医学生创业教育中还要尊重学生在教育教学中的主体地位,尊重学生的创业意愿和观念及创业实践成果,尊重学生的首创精神,包容鼓励学生。同时为学生营造一种轻松和谐的实践环境和创业平台,对学生的思想和行为加以正确引导,让学生的创业潜质得到充分发挥。

📖 问题

1. 作为医学生对大学生创新创业教育的认识和理解?
2. 简单回答高校医学生创新创业教育的特殊性?
3. 论述医学院校如何以人为本开展创新创业教育?

第二节　医学生创新创业教育的实施

　　随着高校更新普及教育观念,并探索和尝试新的就业途径,创业教育在各个高校得到更多重视。在传统的医学高校教育面临途径窄缩、形势趋紧和竞争激烈等困境下,医学院校比以往更加重视创新创业教育。各个医学院校根据自身的专业特点和培养模式,既要借鉴其他综合性高校的成功模式和有益经验,又不能照单全收、拿来主义,要以我为主,探索符合自身发展的创新创业教育模式和发展道路。

一、医学院校创业教育整体概况

　　医学院校开展创业教育是一个过程,都需要多年的探索和实践,医学院校在开设创业教育的过程中取得了一些成果和经验。但创业教育的环境氛围不够浓厚,创业实践的深度和广度还有待进一步提升。这也是医学院校和教育工作者需要面对和改进创业教育的地方。

1. 要从思想上给予重视程度

　　大多数医学院校已经接受并认可创新教育的先进理念,并要求教师将这种理念融入教育教学环节当中,但总体上创业教育在医学院校课程体系建设中还是处于补充和着色的地位,在实际工作中还未真正地将创业教育融入学校教育教学体系之中。存在创业课程的时间节点安排不够合理、课程时间段基本处于边缘的位置等问题,这样在教学过程中容易造成学生相对疲劳,课堂注意力难以集中等情况,很大程度上使创业教育课程的教学效果打了折扣,也影响了教师的授课状态和情绪。此外,创业教育具有其综合性的特点,这需要学校校长和主管领导的重视、引导和支持,需要各级部门和各位老师形成合力才能向前推进,有所成效。医学院校也存在设立创业教育科研部门和带头人较少、教育环境和教育氛围死沉等弊端,相应的课程体系和建设配置还需很多改进之处,创业实践活动大多是由学生工作部门负责且流于形式表面、草草了事等情况。这些问题不容忽视,急需改进解决。

2. 要从行动上给予跟进

　　在学校层面上,创业教育的现实意义和战略意义并未得到学校教育教学层面的真正重视,创业教育的发展理念在教育教学方面没有得到深化和实施。学校还仅仅局限于把创业教育作为对医学生就业指导教育的补充,以此来促进毕业生就业服务水平。此外,由于政策导向和考核评价的压力,创业教育教学往往体现在引导和培养优秀学生参与创业竞赛、以获奖为目的功利化行为。在学生层面上,大多数医学生都迫于学校创业教育需要或获得课程创新学分的要求,且目的性很强,而对真正参与创业教育的兴趣不足。他们在进入学校时就始终秉承着"厚德修身、精术济世"的校训和学习志愿。他们以专业课程和考试为自己的职责而缺乏对未来的职业生涯规划和创新探索,甚至把繁重的学业压力作为逃避创新创业的借口,更把创业大赛获奖作为自己创新创业的成果和动力。

3. 在教学体系上给予完善

医学院校创新创业教育大多以课堂理论传授已为主要呈现形式。由于受传统教育观念影响,创业课程理论大多以"借鉴"为原则,教学形式和方法还处于学习和探索阶段。创业教育自身的综合性和实践性特点和注重素质养成和实际能力训练的要求在教学过程中未得到真正体现。从课堂教学形式上看,大部分仍停留在完成理论教学任务上,课程设置的实践性较弱。另外,课堂教学的形式和方法缺少灵活性,主要以理论灌输为准,这必然导致教学内容死板,激发不起学生兴趣,实际的教学效果不明显。理论教学与实践体验紧密结合是创新创业教育的显著特点。然而,由于医学院校受实践场地所限,造成创业成果转化能力不足,教学理论与实践存在差距。大学生创业参与体验机会少,创业环境气氛不强,与其他高校创业教育教学借鉴交流缺乏,创业教育也不可避免地成为一种形式。

4. 创业师资队伍有待提升

创业教育实施需要具备专业理论知识和丰富实践经验的创业导师。在医学院校现有的创新创业体系中,专业的创业教师在创业教育教学团队中所占比例相对较小,而且大多是毕业后直接进入高校工作、缺少社会创业经验的年轻教师。另外,医学院校创业教育课程的指导教师更多是负责学生管理工作的辅导员。他们经过简单的培训和自身学习,就担当起了创新创业指导的重任。他们一方面要负责学生的日常教育管理工作,另一方面要应对创业教育课程的教学及其能力的要求,还要面对创业教师团队专业化要求与教师自身专业发展的冲突,这在很大程度上限制了辅导员的积极性和创造力,影响了创业教育课程的实效性。

二、医学院校创业教育环境的特点

医学院校要结合培养目标、学科体系、专业设置和校园文化等方面的特点,认清创业教育环境较之其他高校的特殊性和自身专业发展的特点,富有成效创造性地开展创业教育。

1. 学科较单一,专业归属感较强

医学院校以培养医学生的专业知识和临床技能为本的高校,学科设置具有专业性强和突出学科优势的特点。专业课和临床技能教学占据学科设置和课程体系的主导地位,辅助开设一些医学相关学科和人文社科学科。同时,由于医学学科和从业特点,造成大多数医学生的专业和职业认同感和归属感非常强烈。这与其他高等学校学生的专业和职业规划和发展有明显不同。

2. 课业压力较大,学习氛围浓厚

随着综合素质医学人才培养理念的深入和临床教学实践的推进,医学院校更加重视医学生课程类型和学科发展空间以适应人才培养的需要。医学生的学习动力和专业志趣普遍较高,学习氛围也相对浓厚,但医学生的学业时间较长、学习成本和课业繁重、专业学习、考研就业和职业发展压力很大,这是医学高校和医学生不得不面对的事实。

3.专业价值较为明显,人文教育有待加强。

医学专业的学科特点决定了医学生职业发展的价值取向。这也是新时代培养高素质综合能力的医学生的要求。医学院校普遍重视学生的专价值取向和职业规划发展,经过多年的学科专业发展和科研培训,学生的专业知识和实践能力有了很大提高,但也不能忽视对医学生在职业态度、职业行为、医学伦理和医风医德、社会责任感等人文素质的教育和培养,这也是未来职业医生的发展趋势。

4.文化发展不足,综合素质有待提高。

新时代医学教育和医学生职业发展,要求医学院校比其他高校比以往更加重视文化养成和发展,改变以往医学院校和学生强烈的唯专业和技能的目的性和单调性,长期规划对医学生学习质量的综合素质培养,增强教育教学中文化的多样性和丰富性,营造多学科多文化交流融会贯通的教育氛围。

三、医学生创业教育的现实困境与对策

高等教育管理体制改革和创新创业教育理念逐步深入人心,但高校和毕业生仍然面临严峻的就业形势,医学院校毕业生的就业困难尤为突出,这已成为高校和社会关注的焦点。为了促进高校毕业生高质量就业,党和国家的教育思想大变革大讨论以及创新创业的新理念新动能的提出,必将有效地推进创业带动就业、促进就业的发展战略,通过创业来解决毕业生就业问题成为一种可行而有效的途径。然而,医学院校由于专业学科的特殊性、人才培养的特殊性、就业途径的局限性等因素,开展创业教育还有许多现实困难。这种困境也凸显了高校创业教育矛盾的普遍性和特殊性。

1.医学生自身存在的主要问题

医学生创业意识薄弱,创业积极性不高。多数医学生课业负担沉重,再加上专业局限性、课程设置和传统思维方式的限制,这不利于医学生创新思维和创业意识的培养和发展。

医学生的价值取向是影响医学生就业的诸多因素中一个不容忽视的因素。医学生在职业选择上具有较强的职业思维倾向。随着互联网经济社会的发展和日趋凸显的多元化教育趋势的影响,当医学毕业生面临职业选择时,大多数学生更多希望从事与自身专业相关的职业,进入医院的职业意愿更为强烈。而对于其他就业选择,他们很少作为自己就业选择的范围。医学生投入了大量的时间金钱和精力完成整个大学阶段学习,对自己的就业和职业发展都有很高的期待,这些情况也使得医学生对自己的专业和未来的职业走向缺乏清晰的认识,产生了对一些非医疗职业的就业机会具有很强的思想抵抗力。因此,很多医学生也失去了很多就业的机会。即使有些医学生有些创业的想法和行动,由于医学生的自身特点和培养模式,在商业头脑、竞争意识和适应能力等方面明显处理劣势,这些学生的创新创业活动陷入窘境。

2.医学院校存在的主要问题

（1）观念滞后。

目前,大多数医学院校对创新和创业教育重视和认识程度仍显不足。面对毕业生就业能力和就业质量的压力,创业教育被简单地理解为如何引导学生主动创业来解决自身就业问题、缓解学校就业压力。这种想法在短期内似乎具有合理性,达到了一定效果,但功利性和短期效应明显,与高校开展创新创业教育的初心和使命也相去甚远。医学院校在创新创业教育中缺乏前瞻性思维和战略性认知高度是阻碍发展的根本原因。

（2）师资匮乏。

在创新创业教育中,医学院校创业教育队伍建设明显薄弱。从事创业教育的教师大多缺乏创业的实践经验,缺乏专业系统的创业理论知识和实战经历。创业导师指导学生开展创新创业活动显得力所不及,这必然导致创业教育大多流于形式的尴尬局面。创业教育的内容也只停留在对就业形势的分析、政策法规的宣传,辅之以互联网和参考书中创业的成功案例。这种创新创业指导教育形式单一,系统性缺乏,服务指导肤浅,学生获得的创业信息量很少,接受程度不高。

（3）课程体系不完善。

大多数医学院校都在实施创业教育,但创业教育仍然是一个辅助补充的教育,并没有真正被纳入到学校人才培养体系和教育模式中。存在课程体系不完善,教学大纲不完整,考核评价不规范等问题,甚至,有些医学院校创新教育的实施以几门简单的选修课程的教学或讲座的形式进行的,缺少完备的课程体系和跨学科、跨专业间教学内容的联系和补充。

（4）社会环境的制约因素。

我国医学生的创业教育并没有得到全社会的足够重视。医学生创业还存在着执业资格的限制、医疗卫生行业面临的生命健康职业要求的严格限制等。选择医学类创业的学生将面临更多的困难,面临更大的挑战。行业部门及相关管理部门对医学生创业的扶持力度还不够。医学生的创业教育需要良好的社会环境,努力营造良好的创业教育环境显得尤为重要,应引起全社会的足够关注。

3.医学生创业教育的改进措施

（1）培养医学生创新意识。

医学院校应积极引导和鼓励学生培养自己创业意识,激发创业潜能,增强创业能力。当然,对医学生进行创业意识教育不是鼓励在校学生放弃自己的学习而直接走上创业的道路,而是要以人为本,尊重每个学生的创造力和价值观念,使具有思维力、创造力和实践能力的学生主动够接受系统的创业指导和创业实践,促进全体学生都能够提高人文素质和科学素养,培养创新精神和意识,提高创业素质和能力。

（2）制定创业教育目标。

当前,医学院校创业教育课程体系建设应以明确的创业教育目标为指导,培育医学院校创业教育理念。当前,人们对医疗服务的需求已不再局限于疾病的预防和治疗,更重要的是如何促进人们的身心健康发展、改善生活质量等方面,这种观念已经融入社会生活的各个领域。因此,医学院校应适应时代发展,以市场为导向,充分认识当代医学教育的新情况新问题,通过创业教育培养大批具有创新精神、远见卓识、知识广博并勇于创业的医学人才来满足当前社会经济和社会发展需要。

(3)加强创业师资队伍建设。

针对目前专业创业教育师资力量不足的问题,学校一方面可以采取培训与引进相结合的方式,加强创业导师队伍建设。学校要鼓励现有指导教师定期学习、参加相关培训。同时要结合学校和学生的特点,制定有效的教学方法和内容,提高教学质量和实践效果。另一方面,学校可以聘请具有丰富实践经验的创业教育专家、研究学者和职业经理人作为创业教育指导员,指导和教学各种创业实践活动,并建立和完善创业指导员队伍建设有效评价和反馈机制。

(4)多方联动推进创业教育。

我国的创业教育是一项长期系统工程。高校创新创业教育是其中重要一环。要真正搞好创业教育,高校不应只当成一种要求和任务,更要积极寻求企业和政府的多方支持,并形成行之有效的联动机制,创业教育的实际效果才能达到预期目标。

四、医学生创业教育模式的探索

医学院校的教育理念和专业特点为创业教育创造了相对特殊的环境。另外,医学院校创业教育的历史比较短,经验还处于探索和实践的过程中,这就决定了医学院校创业教育模式必然经历一个不断丰富和发展的过程。

1. 教育理念和制度层面的建设

(1)更新医学教育思想,树立以专业创新为核心的教育理念。医学院校应树立战略性的宏观教育理念,把培养符合时代发展要求的复合型医学人才的教育理念提升到立德树人、育人为本,培养新时代合格社会主义建设者和接班人的国家战略。在构建创业教育体系的过程中,既要学习借鉴其他高校的有意经验,又不能拿来主义、现学现用。医学院校应该根据自己的实际情况和教育特色,建立适合自己的创业教育体系。医学院校应加强宣传沟通,学习借鉴,达成共识。我们要清楚地认识到,培养医学人才的目标已转变为向综合素质的复合型医学人才的培养,随着时代的发展,具有创新素质的医学人才比以往越来越需要,也越来越受到重视。创新是创业精神的核心要素。新型医学人才不仅需要夯实的医学知识,而且需要的坚忍不拔创新精神与创业人格,这也是新形势下医学院校的任务和责任。

(2)完善创业教育课程体系,创新教学体系和机制。高等医学院校不能仅以开设创业教育课程为要求。课程的实际效果必须与学校的专业特征和学生的职业发展相结合。只有理论联系实际,才能取得较好的教学效果。这就需要探索和建立一套以培养学生创业精神的专业知识和提高医学生的创业能力和创业精神为导向的精品课程体系。课堂教学的理论知识应具有广博性,可涵盖企业管理、市场营销、财务会计、商务礼仪、法律税收等方面的专业知识,同时不同专业要有区分和侧重。临床类医学专业的学生,强调培养专业的创新思维和创新技能,而医学类相关的学生则强调创业理论和创新精神。创新课程实施应注重创新方法,将专题教学、问题教学、创新思维培养和体验式教学、模拟实践教学融会贯通。学校应成立专职和兼职创业教师队伍,设立专业理论教师与校外创业导师的专门教研室和科研机构,不断加强教师培训和交流。改革创业教师的课程评价,建构以教师的工作量、教学效果和教师晋升评价制度为本的综合评价体系,激发教师的教学积极性和有效性,建立完善与创业教育相适应的灵活教育体系和机制。

2. 注重创业精神层面的建设

(1)强调创新意识,增强创业精神。医疗行业专业性强,技术要求高,需要长期的知识积累和技能培训实践。这就造成了医学行业创业具有成本高、风险大、效果慢、时间长的特点。此外,医学院学生在校期间有沉重的学业负担,学习过程中要投入大量的时间和精力。要改变医学生传统的学习方式和价值观念,使他们认识到医学院校创业教育的主要目的不是让学生自主创业,而是要传达创业教育本身所倡导的创新意识、创新精神和普遍的人文伦理,这是一个长期和系统的育人过程。当今社会更需要具备创新精神和创造能力的复合型人才,这是医学生必须要考虑的职业规划和发展前途。这种专业定位和发展状况能够帮助他们唤醒创新意识,激发创业热情,挖掘创新潜力,这对于他们踏上工作岗位后的就业和发展将起到重要作用。改变医学生的思维观念,培养医学生的果断、自信、勤奋、坚韧、勇气等创业素质,提高他们适应环境和面对挫折的能力,做好自我创业和自我创业的准备。

(2)注重创业精神,突出医学特色。我们鼓励医学生创业,但不是为了创业而创业。医学生创业教育的重点必须放在创业的基础理论、专业技能和职业素质上。医学生创业受到教学条件和创业环境的制约,医学院校创业教育的主要任务是培养创业意识和创新理念,激发学生勇于拼搏敢于创造的创业精神,要与伟大的医学奉献创造精神结合起来,而不必客观强调如何指导学生具体的创业实践。基本理论和创新实践可以有机结合,我们鼓励支持创业,但更需要专业的创业精神。医者仁心,医学博大精深,国家和社会更加需要有创造力和职业归属感的医疗专门人才,我们应该支持和鼓励他们学以致用,在自己的专业和职业发展上创新和创业。

3. 理论和实际的适度结合,探索全程性的教育模式

(1)学校内外的联系促进了创业与社会市场的联系。提高参与者自身的综合素质并在创业过程中不断完善自我,进而成功创业是创业教育过程的实质。创业是一种特殊的体验。因此,学校创业教育必须结合校外的实际情况,重要的是把创业理论夯实,同时创造条件把创业结果转化为市场结果。创业成果是检验医学生创业教育有效性的唯一标准。医学院校创业教育必须重视创业实践的产业化和市场化,高校在搞好创新创业大赛同时,还应给予学生进一步的培训和学习和实践。创新校企合作,利用好校内校外两种资源,并应强调大学生创业项目的市场对接和商业运作。医学校要加强校内实践基地建设,做好校内实践,同时把学生送到校外创业中心和孵化基地培养锻炼,还要建立创业基金,完善相关配套政策,积极推进创业项目对接,实现校内外成熟创业成果市场化。

（2）关注学生职业发展,发展和拓展创业教育。

创业教育的过程和意义不应停留在学生教育阶段,局限于医学生的创业教育,是一个持续教育的过程。医学院要完成好学生在校期间的理论教育和创业指导,还要做好走向社会后的就业指导和服务。要通过对学生现有创业情况掌握和毕业生就业意向的调查,建立相关学生的创业档案,做好跟踪调研,深化创业教育理念。总之,创业教育课程必须与专业特色、学科优势、校园文化、区域实际和社会需求结合起来,坚持以育人为中心,在实践中逐步规范完善创业教育,建设创新创业指导和服务的长效机制和全程式、整体化和系统性的教育培养模式。

💡 问题

1. 结合我院实际,谈谈医学院校开展创业教育的困难与对策?
2. 论述医学院校如何探索创新创业教育模式?

第九章
医学生创新创业教育师资培养与管理

　　创新型国家离不开创业教育和创新人才培养。培养大学生的创业精神是时代发展需要,也是必然要求。传统的医学生培养模式已经难以适应经济全球化的发展需要。因此,我们要探索适应新形势培养医学生的新模式,构建独特的医学生培养模式,创建过硬的操作技能、多元化的发展方向和较强的综合素质的人才培养体系,更好地满足社会对医学生多样化的需求。

第一节 医学生创新创业教育师资培养

办好高等教育,培养学生的创业精神和创业技能成为各个高校共同的目标和任务深入教育改革、全面推进素质教育强调高等教育要重视培养大学生的创新能力、实践能力和创业精神,普遍提高大学生的人文素养和科学精神。高校创业教师在教育教学改革和创业教育中发挥着不可替代的作用。

一、医学生创业教师的素质要求

在高校创业教育中,教师与学生是一种双主体的师生关系。创业教育的内在特征要求创业教育教师不仅要具备普通教师的基本专业素质,还要适应创业教育对高校教师素质和能力的新要求。创业教育需要教师具有以下几种素质能力。

1. 具有开拓性的创业精神

创业教育教师应具备创业精神和创造能力,良好的创业素养对医学生会示范引领作用。具体而言,创业教育教师不仅要具有创业精神,还要具有创新意识和创新思维,善于运用独特的教学技能进行创新教学,从而激发和启迪学生的创新欲望和潜能,培养学生的创新能力。

2. 具有信息应用能力

信息就是创造,就是财富,创新工作者在工作中要特别注意信息的收集处理和利用。作为一名优秀的创业教育教师,其基本素质之一是具有高度感知和捕捉信息的能力。创业教育课程与信息技术密切相关。如果教师具有较强的信息应用能力,教师可以在创业活动中帮助学生解决相关的信息技术问题。

3. 具有综合性的创业知识结构

创业教育的内容十分丰富,涵盖广泛,体现了多学科的交叉融合。因此,对于创业教育教师来说,仅仅熟悉创业知识是不够的,他们还应该对相关的专业知识和社会实践有一定的认识和研究。只有这样,我们才能成为一名合格的创业教育教师和引导者,有效指导学生创新学习和开展创业。

4. 具有使用教材的创新能力

教材和教具是创业教师开展创新创业教育的重要载体,在使用上体现着教师创新能力。一方面,创业教育教师应充分发挥自身的教育智慧和创造能力,灵活分析和处理教材,充分挖掘教学内容,扩充和补充教材。另一方面,创业教育教师应成为创业教育教材创办和实施的主体。创业教育校本教材的开发使用不仅要立足于地方和学校实际,还要有一定的高度和影响力。

二、医学生创业教育师资队伍存在的主要问题

1.创业教育师资力量匮乏,结构不合理

目前,我国大部分高校还没有专门设立的创业教育专业和创业教育学院。创新创业教育尚未纳入传统的教学管理之中。从事专业创业教育的专职教师寥寥无几,难以形成专业的教学队伍,创业教育师生比严重不足。目前,高校创业教育师资队伍主要由两个方面构成。一是由从事学生管理和就业指导工作的教师担任。他们其中大部分都是经过短期的培训而缺少创业专业知识、来自行政部门或思想政治教育队伍的兼职教师。一方面,这部分创业导师缺乏相关的经济和管理专业理论,另一方面,他们很少有企业工作经验和创业经历。他们对企业的管理和运作知之甚少。他们只能在纸上讲课,教学效果不明显。二是由经济企业管理和公共关系等专业的教师来担任。这部分创业导师通过开设一些选修和辅修课程来开展创业教育。这种创业教育尚未形成完整的体系,其针对性、涉及面和影响力有待提高。高校创业教育师资力量的缺乏已成为推进高校创业教育的"瓶颈"。

2.教育理念滞后,功利色彩浓厚

由于我国创新创业教育还处于探索和实践中,在创新创业教育中存在着思想认识不足、培养目标不明确、定位不准确等诸多问题,这是学生到教师甚至学校必须面对的事实。有的专业教师认为创业教育是促进就业的手段,应由就业指导中心、学校团委和学生管理部门负责;有的专业教师认为创业教育是通过课外活动、就业服务、创业指导和竞赛等途径进行实践教学的第二课堂,超出了教师课堂教学的范围。更有些教师功利的粗浅的认为,创业教育就是鼓励引导学生学生如何开店、经营企业、做生意来提高就业率。创业教育就是对少数创业者的教育,培养未来的创业家和企业家,应由经济管理相关专业的教师开展实施。这样教育理念导致高校创业教育主要局限于基础理论和实务教学,创业教育与基础和专业知识学习脱节。这种认识和实践事实上忽视了创新创业教育的深层意义,这种思想没有把创新创业教育作为高等教育的人才培养体系的一部分,对学生创业教育也是拔苗助长式的,也违背了创业教育的初衷。

3.创业实践经验不足,与市场严重脱轨

创新创业教育是一门专业性实践性较高的科学和技术。它对创新创业教师扎实的专业理论知识和有丰富的创业实践指导能力都有很高的要求,而具备创业专业经验和创业实践经历是对创业教育教师最重要的职业素质要求。然而,目前在开展创业教育的专职和兼职教师中,他们很少有企业实践和管理的经验,甚至更少有创业的经历。他们大多不熟悉企业的创办、经营、管理和拓展,例如创业过程中所碰到的实际困难、关系处理、企业发展规划和风险应对等。由于教师缺乏创业实战和经历,对创业的认识还停留在理论阶段,这必然造成对大学生创业能力的培养是脱离社会需要和市场的,不能适应复杂多变的创业环境,不能从根本上满足大学生创业的实际需要。

4.教学方法落后,实效性不强

目前,我国高校创业教育在课程设置、教学内容和教学方法上都还处于探索阶段,在某种程度上也取得了一定进步。就课程设计而言,兼职课程较多,专职课程较少;就教师力量而言,兼职教师较多,尤其具有创业经验的专业教师较少;就教学内容而言,理论讲授较多,实践体验较少;在教学方法上,教师由于缺乏创业实践经验,无法对学生进行有针对性的创业过程指导。创新性的教学方法应用不多,体现不明显,不能真正做到以学生为中心,育人为本。传统的注重知识传授的教学方法,不利于培养学生良好的主动性和创造性、独立思考、敢于创新等品质,不利于学生根据经济社会发展需要建立市场开发意识,不利于学生捕捉市场机会的职业敏感性,最终很难培养大学生创业精神与创业能力。

三、医学生创业教育师资队伍培养的创新模式

1.蓬勃发展的医学生创业教育需要高素质师资队伍支撑

创业教育是以培养学生的创新精神和创造能力为核心的教育。创业教育包括品德教育、人格教育、素质教育、心理教育和知识教育。同时,创业教育还包括组织领导、企业管理、社会交往、专业技术、创新创业、风险承受和防范等能力教育。最后,创业教育还要在学生创业教育的过程中,必须培养学生搜集和组织信息,抓住机遇,选择项目,组建团队,制定计划和营销策略,财务管理等专业知识方面的教育。可见,创业教育既不是单纯的学科知识教育,也不是单纯的职业技能教育,而是专业知识教育与职业技能教育相融合的教育,是一项以基础理论和职业教育为依托的复杂的教育系统工程。创业教育的基本目标是帮助学生树立创业意识,增强创业精神,培养克服困难、勇于探索的精神和意志品质。最终目的是帮助高校毕业生不仅可以通过自主创业来促进就业,而且有助于促进经济社会发展。

在理解创业教育的目标和系统要求基础上,创业教育教师必须具有相应的个人素质和团队素质。从个人角度看,从事创业教育的教师不仅应具有良好的道德品质、高尚的人格魅力和积极健康的心理状态,还应具有夯实的理论知识基础和实践操作技能。作为专业的创业教育教师,一方面要积极参与创业教育的相关培训,具备创业教育的相关知识和素质,另一方面要有创新创业的实际经验更是尤为重要。从团队角度看,在不同的专业和行业领域中,必须有一支数量充足、年龄专业和层次结构合理、团结协作的教师队伍。就医学类大学生创业教育而言,教师队伍也应该是多元化的、多层次的。不仅要有优秀的思想政治教育、法律法规、心理教育精神导师,还要有经济、管理、财务管理行业专家。在创业教育与研究领域要有高层次的领导者,形成多层次的教育师资结构体系。这样的师资队伍实施创业教育的过程中可以相互补充,发挥系统功能性的作用。

2.我国创业教育师资队伍培养的理论研究和实践探讨

与美国、德国等西方发达国家相比,我国的创业教育发展相对滞后。创业教育相对滞后的原因是多方面的。既有体制、环境、政策、传统文化和观念等因素外,也和相对薄弱的创业教育师资培养的理论研究和实践探索有关。高校创新创业教师和主管领导参与全国和各省

的创业教育培训班自主性和积极性明显不够,教师参加规范创业教育培训的合格率和实际成效普遍较低。高校创新创业教育中的教师数量和质量要求并没有明确的规定和要求,但创业教育的实践证明,教师总数尤其是专业教师数量质量无法达到创新创业教育的要求。教师整体水平低和结构不合理的现状使得创业教育不能有效开展。总体上,我国创业教育的教师类型有两种。一是从事思想政治课教学和公共事业管理等专业理论教学的教师,二是从事学生管理和就业指导的工作人员。在这两类教师中,第一类保持着学科型和专业型的特点,缺乏实践经验和操作能力,第二类则是从事日常学生工作的管理教师,既缺乏相应学科专业知识和实践技能,又缺乏对创业教育的具体实施。多年来,我国创业教育师资队伍建设的实践一直没有很好解决,专业化科学化水平较低,在全国以及各级高校还没有形成稳定高效的创新教育培养模式。

目前,我国创业教育的文化氛围不浓,还尚未形成尊重、支持、鼓励和帮扶创业的高校和社会文化。特别是对于大学生创业,高校创新创业教育在人们的思想观念、家庭社会环境和政府政策等方面存在着冷漠甚至排斥现象。关于大学生自主创业,社会调查数据和相关报告显示,学生、家长、教师甚至学校,也包括社会组织团体普遍对大学生开展创业教育和创业活动态度保守,表示担忧。尤其是在医学院校,大学生基本上从未考虑过创业或者根本不清楚创业教育。

在现行的就业体制下,国家把落实和推进高校毕业就业的社会和政府职能不断下放给高校,同时还阶段性的公布就业情况,就业质量问题影响到高校招生甚至生存发展。高校在推进高等教育自身建设发展,促进大学生高质量就业,更好服务社会方面压力明显增大。而创业教育短期内对学校的就业率和就业质量推动不大,在很大程度上限制到学校把人、财、物等教育资源放在创业教育的师资培养上。我国的传统就业价值取向是上大学找工作,学医就到医院当医生。如果你实现了自己专业价值和职业愿景,自己的职业的价值和社会地位就越高;如果你想自己找工作或自己开店,那就失去了读大学的意义。毕业生的社会价值评价不能起到鼓励和指导学生自主创业的作用。这种价值取向客观上削弱了学校和教师自身对创业教育基本素质的培养和提高。

现行教育体制中专业教育与创业教育存在严重的分离情况。一方面,不少教师认为创业教育只是学生管理部门和就业指导部门的职责,与自己教书育人关系不大。因此,在公共基础理论教学和职业指导中,教师很少真正执行创新创业教育的要求,履行相应职责。学生几乎不能从基础理论教学和职业指导中获得有效的创业教育。另一方面,我国还没有形成完整的创业教育体系,课程设置、教材建设、教学内容、教学手段、评价体系都在实践探索之中;创业教育需要投入过多的精力但成效甚微、风险还大,教师自我提高的积极性和主动性受到限制,导致任课教师在创新创业教育中出现走样变味的情况。

3. 构建创业教育师资队伍培养的创新模式思考

创业促进就业作为一种更高要求的就业形式,它必须以学生的创新思维、创新精神和创造能力为前提。创业教育对教师的专业技能和综合素质也有较高的要求。因此,加强创业教育师资队伍建设,促进创业教育健康发展,必须解决思想观念、就业评价标准、政策取向等软环境以及师资队伍建设的体制、机制和模式这两个重点问题。这两个方面的问题作为一种软环境发挥着重要作用。

学校要改变以往把创业教育简单理解为引导学生自创企业的狭隘创业观，培养学生自主创业促进自己就业、带动就业，在本职岗位开拓创新、建功立业，到艰苦边缘地区创立基业、开创职业、推动发展等大的创业观。要改变以被雇佣签订保障合同为本位的传统就业价值观，引导学生强化创新意识，树立创业精神，掌握创业知识和创业技能，积极参加创新创业实践。要改变创业容易守业难的传统事业观。积极构建政府政策扶持、学校教育培训、家庭支持鼓励、学生参与体验、大众创业万众创新的文化氛围。

调整大学生就业评价标准和政策导向，引导学校和教师积极投入创业教育。政府在坚持现有就业政策导向和评价机制的前提下，要适时调整政府的就业评价政策。一方面要充分发挥政府职能，加大创业教育师资培训力度和覆盖面，推进创业教育骨干教师培训的科学化和制度化。调整教师培训经费支出结构，完善相关法律法规，加大对创业教育师资队伍建设的人财物投入力度，引导高校以服务为宗旨，以就业为导向，实现创业教育全员育人、全过程育人、全方位育人。政府通过调整就业评价政策和学校人才培养策略，引导教师积极投身创业教育，不断提高创业教育质量，实现创业教育与创新人才培养的整合。政府通过深化教育体制改革，将创业教育课程逐步引入创业教育体系建设，积极推进职业教育与创业教育的有机结合，提高学生专业技能、创新思维和创造能力等综合素质。

要努力构建创业教育师资队伍建设的制度机制和创新培养模式。

第一，建立完善创业教育师资培训体系。鉴于我国创业教育师资总量不足、创业教育师资整体素质不高、发展不平衡的现状，学校有必要制定和执行创业教育工作条件、任职要求和建立创业教育教师执业准入制度，加大对创业教师的选拔和培养力度，不断提高创业教育教师的思想政治素质水平、专业素养和业务能力，打好创业教师培训基础。同时，要加强专业创业教师的创业实践和能力培养，培养一批能够适应发展需要的专职教师。还要注重创业教师队伍的学科结构、专业特长、职称和年龄结构、创业背景等团队建设，推动专兼结合的创业教育师资队伍的快速成长。

第二，学校探索和构建适应学校和社会发展需要的创业教育师资培养模式。创业教育教师应该是学科知识、专业知识、职业生涯规划和创业实践的统一体，这也是理想和有效的创业教育师资体系。学校要敢于探索和实践有机统一、和谐发展的创新创业教师培养模式，积极学习借鉴国外创新创业师资培训的先进模式并逐步完善为自己所用。

📖 问题

1. 你认为医学生的创业教师应具有哪些素质和要求？
2. 论述医学院校如何实施创业师资队伍培养模式？

第二节　辅导员在医学生创业教育的作用

创业教育是高校适应时代国家和社会发展要、培养社会主义建设者和接班人的重要举措。高校辅导员要与时俱进,必须明确自己的职责定位,加强专业知识学习,提高创新创业指导能力,发挥好自己在高校创新创业教育中的重要作用。

一、辅导员在创新创业人才培养中的角色定位

就业是民生之本,国之大计, 党和国家非常关心和重视大学生创业就业。"以创业带动就业"已成为促进就业的国家重要战略。创新与创业成为大学生就业指导与服务的代名词,创业应该成为大学生就业的新途径。医学生辅导员担负着学生思想政治教育、创新创业指导和服务、促进学生成长成才的重要任务,要正确定位自己在创业人才培养中的角色和职责,在培养创新创业型人才方面发挥重要作用。

1. 辅导员是大学生创业意识、创业梦想的启蒙者

培养创业意识是实施创业教育中的一个重要内容,在创业实践中对企业家的态度和行为起着至关重要的作用,也是创业实践的驱动力。大学生具有开展创新创业活动所需素质的先决优势,理应成为创新创业的后备力量和主力军。但事实上,在家庭、学校和社会等传统意识的影响下,大学生创业意识和创业的热情不高,更多地主动选择传统就业方式,甚至被动就业。辅导员应转变工作观念,改变工作思路,认识到培养学生创业意识的重要性,充分利用学生思想政治教育的便利条件,培养学生的创新思维和创业意识,根据学生的自身和专业特点,帮助他们突破传统就业观念的桎梏,开拓进取,发挥创造力,培养创业意识,发掘创业精神,激发学生的创业梦想。辅导员要积极配合学校的工作,广开思路,建言献策,以身示范,言传身教,潜移默化,创造校园创业的文化氛围和创业平台,增强大学生的创新精神和创造力。

2. 辅导员是大学生创业教育中思想政治的施教者

创新创业教育是当代大学生思想政治教育教的重要内容。辅导员思想政治工作对帮助学生树立正确的人生观、价值观和事业观起着非常重要的作用。创业需要精神支持、目标导向、价值引领和追求卓越。创业教育也是思想政治教育的手段和方式,创业教育也不以结果成功为最终目标。思想政治教育贯穿于创新创业教育的始终,两者相得益彰,互相促进。充分发挥大学生思想政治教育的优势,将创业教育与思想政治教育紧密结合,将创业理论教育与实践教育紧密结合,帮助学生树立正确的择业观、就业观、创业观和事业观,有效地指导学生开展创业活动。

3. 辅导员是大学生创业技能的培训师

创业教育能否使学生真正接受、真正受益,成为成功的创业者,离不开自己的专业、实践

和锻炼。辅导员是学生职业生涯规划的参与者、指导者。他们与学生接触最多,他们熟悉学生的个性特征、个人能力和成长环境。根据当前的经济社会和政策形势,可以根据学生的兴趣、个人优势和现有条件,帮助学生投入适当投资成本,选择有特定市场需求且创业风险较小的项目开展创业活动。此外,辅导员应努力创造条件,建立创业基地和创业社团,支持学生开展虚拟创作。鼓励学生参加各种形式的创业指导咨询、创业技能培训和创业竞赛活动,结合学校的专业课程和校园文化帮助学生选择专门培训课程并获得技能和职业认证。利用组织大学生参加社会实践活动,帮助学生亲身了解社会,调查研究,总结经验,在困境中获得新技能新经验。培养学生的创新意识、创业能力和实践能力,培养创业素质。

4.辅导员是大学生创业心理问题的疏导者

正所谓胜败乃兵家常事,创业亦是如此。创业者开始从事创业活动,就要面临更多的是困难、挫折,甚至是陷阱和欺骗。这种情况下离不开创业者坚定的创业意志、过硬的心理素质和百折不挠的精神。辅导员要善于引导学生客观地评价自己的性格、兴趣、特长、智能、情商、气质等非智力因素,创造条件让学生在参与、体验、模拟和实战中培养学生的创业情商、积累宝贵经验。辅导员面对学生创业方面产生的心里困惑,作为学生思想上的引路人和精神导师,要实施有效的心理疏导,鼓励其放下心理包袱,学会坦然面对,帮助其寻找失败原因,让其懂得"从哪里跌倒从哪里爬起"的哲理。创业不以成败论英雄,创业过程让学生逐步提高自身综合素质,为创业成功积攒力量。

5.辅导员是创业信息、政策的传播者

国家和地方政府为鼓励扶持大学生就业创业,推进高校创新创业教育,出台了一系列优惠政策和实施意见。如加强创新创业教育、促进创业实践培训、加强创业案例孵化等。实施知识产权保护,提供专项资金支持,增加融资扶持保护,享受创业就业补贴,提供社会保险补贴和税收减免优惠等。这些都为大学生实现创业梦铺平了道路,创造了条件。辅导员是党和国家政策的坚定执行者,这就要求辅导员及时掌握创业政策、市场取向、社会需求等信息的变化,通过课堂、网站、短信、微博等渠道向学生传达,宣传各种优惠政策。党和政府有关部门通过研讨会、讲座等形式开展创业活动,采取措施,使大学生充分发挥创业能力。此外,辅导员要保持与往届创业学生的沟通,进一步做好跟踪指导,为往届学生提供帮助,及时发现创业典型案例,为在校大学生树立榜样,鼓励更多有创业激情的学生投身真正的创业活动。党和政府对大学生成长、就业和创业的关注、关注和支持要惠及所有的大学生。大众创业万众创新的大潮中建功立业。

二、创业教育中对辅导员的素质要求

医学院校与其他高校一样,肩负着培养就社会主义事业建设者和接班人的重要任务。同时,也肩负着培养高素质高水平医学人才的神圣使命。医学院校要培养一批具有扎实的知识基础、较强的综合能力、良好的适应能力、创新意识和创新精神的高素质医学生。辅导员在大学生的思想政治教育和创新教育中有着重要地位发挥重要作用,其素质的高低直接

影响着学生培养质量和水平。作为医学院校的辅导员,应加强自身素质的培养,培养具有德才兼备、知识丰富、严谨细致、身心健康的高素质医学人才。

1. 优良的道德素质

教师人类灵魂的工程师,肩负着立德树人、教书育人的神圣使命。教师职业具有以人格培养人格、以灵魂塑造灵魂的特征。教师高尚的道德情操和健全的人格是培养高素质人才的宝贵精神财富和不竭的动力。这就要求医学院校辅导员要热爱祖国,热爱岗位,奉献自己,热爱学生,对学生全面负责,守法,行为文明,严于律己,做好教师,有明确的政治态度,有科学的作风,世界观,树立正确的人生观和价值观。在知识经济时代,特别是在信息技术和医学高新技术日益发展的社会,这一点尤为重要。

2. 高尚的人文素质

人文素质是指人的内在素质,由观念、知识、能力、情感、意志和美德等要素构成,它表现一个人的性格、气质和修养。医学生的人文素质教育主要解决学生对待事物的态度和思维方式,即怎样做人、做什么样的人、将来怎样做医生、做什么样的医生的问题。教师是学生学习的榜样,教师的世界观、人生观和价值观直接影响学生的成长。学生辅导员工作在学生教育和管理的第一线,他们的言行会潜移默化地影响学生,对学生有示范和引领作用。随着教育现代化的逐步实现,教师"学高为师,身正为范"的人格精神依然存在。因此,辅导员还应培养良好的内在修养,加强自身的人文素质,升华自身的人格魅力,通过真善美的崇高境界来感染和教育学生,用自己的实际行动为学生树立榜样。

3. 广博的文化素质

文化的丰富内涵一般指人类社会历史发展过程中创造的物质财富和精神财富的总和,尤其是文学、艺术、教育、科学、法律、法规、信仰、风俗等精神财富在国家和社会发展中越来越重要,也是对现代医学生的基本要求。医学院校需要培养复合型和创新型人才,医学生必须掌握医学学科的专业知识和技能,还要掌握人文社会科学和现代自然科学等多学科知识。他们应该有哲学的思维、社会的眼光、心理的敏锐、细腻洞察力和严谨的科学态度。这就要求医学院校教师特别是辅导员,具有科学的世界观、认识论和方法论,具备相应的医学专业知识、人文社会科学知识和广泛的兴趣爱好等文化素质。医学院校学生辅导员来自医学、心理学、管理学、教育学、社会科学等文科专业,甚至其他理工类专业。辅导员的学科和知识结构不合理和单一性不利于医学生的素质教育和培养。为适应医学教育发展的需要,辅导员必须具备广博宽泛的多学科知识。

(1)教育学科知识。

高校辅导员不仅要了解教什么,还要明白为什么教和怎么教。这就要求辅导员具备一定的教育学知识,如教育学原理、教育技术学和教育管理等,掌握教育理论,懂得教育规律,结合医学生的特点正确运用教育方法,培养高素质高水平医学人才。

(2)医学学科知识。

高校辅导员主要工作是思想政治教育和学生日常管理。医学院校学生辅导员不要求系统全面地掌握专业的医学学科知识,但应对当代医学教育模式、教育特点和主要内容、国家医疗卫生政策、专业职业发展等有深入的了解和认识。同时,医学院校辅导员肩负着立德树人的重要任务,尤其是医学生的医德医风教育,这就要求辅导员掌握医学专业、医学伦理和执业资格法规等医学知识。这样对医学生的教育和自身的职业发展都很有帮助。

（3）心理学科知识。

辅导员还承担对学生进行心理健康教育和心理疏导的重要任务。医学生课业压力大,精力投入大,职业发展困难,容易造成不同程度的心理健康问题,甚至人格障碍。这就要求医学院校辅导员具备一定的心理学知识,掌握心理疏导的方法,根据医学生的心理特点和情绪特征,通过观察、谈话、调查和研究掌握学生心理表现,运用心理手段进行心理干预和辅导。健康的心理和健全的人格是医学生发展的重要方面。

（4）相关学科知识。

临床医学不是一门独立的学科,而是与其他学科相互联系相互促进的,应注重医学生人文素质教育和人文精神的培养。这就要求辅导员应具备道德、哲学、法律、哲术和美学等人文学科的知识素养,并将这些知识素养所赋予的人文精神融入教育教学和管理的过程中去。辅导员自身的人文素质和人文关怀直接影响到学生的精神面貌,对学生的成长成才有重要意义。

4. 良好的心理素质

健康的心理素质是辅导员职业的重要要求,必然对大学生的成长产生重要的影响,而医学生心理问题与其他高校相比更为突出。这对医学院校辅导员在个体认知、情感、情绪和意志等方面有着特殊的要求。辅导员应具有敏锐的观察力、丰富的想象力、较强的表达能力、超强的记忆力、创造性思维能力等良好的认知品质。要有工作的激情、稳定的情绪和对学生的热情等丰富的情感。辅导员通过认知过程和心理过程表达使学生内心情感得到体验,对医学生身心健康进行潜移默化的影响。因此,辅导员要保持快乐的心情,善于利用和控制激情,锻炼坚韧的意志,这对学生教育和管理工作有重大意义。

5. 健康的身体素质

辅导员的工作性质和工作要求,要求辅导员一定有健康的身体素质。身体是革命的本钱,没有健康的身体素质,辅导员的工作质量和效果就会大打折扣。辅导员的工作繁杂琐碎,事无巨细。辅导员管理学生日常事务,组织指导学生开展社团活动和社会实践,检查指导学生毕业实习,都需要一个健康强健的体魄做支撑,才能顺利完成工作,快乐激情工作,胜任岗位职责。

三、医学生辅导员队伍建设的实践

学生政治辅导员是学生思想政治教育工作的管理者、组织者和实施者。建设一支高素质高水平的学生管理队伍是做好学生管理和服务的根本保证。作为医学院校,更应充分认识加强高校思想政治工作队伍建设的重要性和紧迫性,适应新时代辅导员工作的新任务新

要求,建立一系列切实可行的制度和措施,不断推进学生思想工作队伍建设。

1.建立和完善制度管理体系,保证各项工作的开展

为更好地履行政治辅导员的工作职责,首先,要明确辅导员的政治条件。高校对辅导员的政治素质、道德素质、理论水平、分析解决问题的能力、科研创新精神等有明确的要求。同时,对辅导员的工作职责也有明确规定,辅导员要抓好学生党组织建设,搞好学生思想政治教育,配合共青团组织管理学生社团。加强对学生骨干的培养和教育,开展学生思想政治工作和相关调查分析。做好毕业生就业和创新创业指导服务工作。在做好日常工作的同时,辅导员要经常深入学生宿舍开展细致的管理和服务,及时写好工作记录和总结报告。辅导员每学期对所管理的学生讲授党校和共青团基本知识、宣讲党和国家教育政策思想。组织学生参加相关的培训、研究和会议,指导学生学术研究和学术竞赛等。

2.建立和完善目标管理体系,确保学生思想政治工作落到实处

在辅导员队伍建设中,可以参照"全员覆盖、不留真空;科学设岗、负责到人;量化考核、竞争上岗;责任追究、严格奖惩"的工作思路,来加强学生思政工作队伍建设。实行岗位目标管理和定量考核责任制,解决任务清晰、目标不明确、责任不落地、执行不到位等问题。明确政治辅导员的岗位职责和工作要求,强化"数量与质量、选拔与管理、任用与培养、考核与激励"的目标管理体系,更好地创造性地开展各项工作。

3.建立和完善监督检查体系,确保工作制度的落实

党委学生工作部要建立实施监督检查制度,把各项制度贯彻好执行好,使各项工作更加科学化和规范化。在院党委领导下,学生工作部要履职监督作用,规范和加强对辅导员的任用、管理、培训、考核、评优和监督,采取有效措施和方法加强教育管理。学生政治辅导员是学生工作的直接管理者,是学生工作各项规章制度和措施的直接实施者,要充分发挥学生对政治辅导员工作的评价考核作用。建立健全学生督导制度,通过座谈会、问卷调查、建立信息反馈箱、定量评价表等措施,行使学生的权利,接受学生的监督。

4.加强思想政治教育,增强辅导员的时代感和责任感

学生思想政治工作要求辅导员具有过硬的思想政治素质,这是加强思想政治教育是基础和保证,要贯彻在学生教育管理和服务全过程,实现全员育人、全过程育人、全方位育人。因此,要坚持抓好常规的政治理论和专业学习,组织辅导员积极参与政治学习活动,系统学习和掌握马列主义的基本原理,学习和宣讲中国特色社会主义理论,学习和贯彻党的教育路线、方针和政策,全面提高辅导员的政治思想素质和理论水平。同时,组织辅导员参加集中培训、先进事迹报告和形式政策教育,从而增强他们的时代使命感和历史责任感。

5.加强调查研究的力度,鼓励支持开展学生工作调研和科研活动

学生思想政治辅导员既要保证完成学生思想政治工作,又要积极参与教育科研、教学管理、交流培训和评职晋级等活动。要注意加强学生思想行为和动态研究,通过举办座谈会、问卷调查、信息反馈和理论宣讲等方式,掌握学生的思想、学习和生活状况,更有针对性的开

展工作。经常组织辅导员积极参加社会实践活动,充分利用寒暑假开展社会调研和支农支医支教活动,拓宽辅导员的工作视野,改变工作思路,改进工作方法。鼓励辅导员科学研究、课题申报、学术交流,提高理论研究和学术水平。

6.抓好教育和培养,提高实际工作能力

采取有效措施,加强对学生政治辅导员的教育和培训,做好辅导员的选拔、使用、管理、培训与评职工作。把培养高素质、高水平的学生政治辅导员放在像培养管理干部和学术骨干同等重要的地位,大力培养。要制定培训计划,有计划、有步骤地组织辅导员参加各种形式的职前、上岗培训和进修学习,不断提高政治理论素养和管理服务水平。特别是要重点培养一批政治素质好、业务能力强、发展潜力大的青年辅导员,在逐步提高他们理论水平的同时,还要对思想政治教育中的热点和难点问题进行分析和讨论,研究和探索新的工作方法和途径,从而提高他们的实际工作能力。

📖 问题

1.你认为辅导员在医学生创业教育中应担任哪些角色?

2.简单回答辅导员在创新创业教育中应具备哪些素质?

3.论述医学院校创新创业教育中的辅导员队伍建设和培养?

第十章
医学生创新创业教育的课程设置与教学方法

第一节 医学生创新创业教育的课程设置

一、医学生创业教育课程内容体系的设置

医学生创业课程是在"大众创业，万众创新"和高等教育创新发展的背景和机遇下，对高校创新创业教育课程建设的进一步探索和实践。创业教育的课程化设计要通过创业教育课程实体内容加以落实。医学高校的创业教育实践本质上与普通院校是相似的，是根据创业教育的基本理念，运用各种课程提出的教学计划，通过教师与学生的双边活动实现创业教育目标的动态过程。从课程表现形式划分，创业教育课程内容体系分解为显性课程和隐性课程两大基本形态，显性课程由创业教育基础课程模块、创业教育专业课程模块、创业教育实践课程模块组成，隐性课程由创业教育潜在课程模块组成。这四种不同类型的课程模块不是简单的分割，它们相互联系，共同实现创业教育课程目标。

1. 医学生创业教育基础课程

医学生创业教育基础课程具有"厚基础、宽口径、高素质"的特点，特别是以培养具有创新、创造、创业能力的复合型高级医学人才为目标。医学生创业教育基础课程的内容包括两个部分：一是通过医疗创业案例的分析，培养学生的创业意识和心理品质、拓宽创业基本知识结构，强调在创业过程中除了需要智力支持外，更需要承担风险的心理准备，要帮助学生加深对创业世界和价值的认识，提高学生应对各种复杂环境的适应性。二是创业教育基础课程与其他专业课程、职业生涯课程的相互渗透，注重通识教育和专业教育、科学教育与人文教育、智力教育和非智力教育的整合，培养学生改革创新、开拓进取和务真求实的精神。

2. 医学生创业教育专业课程

所谓医学生创业教育专业课程，一般指医学院校根据自身办学条件、社会需求开设的和学生创业活动直接相关的专业技能训练类课程。专业课程以创业活动为出发点，课程内容具有一定的前瞻性，以便增强学生的创业技能并进一步发展潜力。在教学中要求学生全面、深入掌握相关专业技能。创业教育专业课程在日常教学中可以综合运用学科渗透、必修课、选修课等多种实现形式。

3. 创业教育实践课程

创业教育实践课程是将创业知识、创业技能运用于具体操作并作为主要内容的课程。从进展角度划分，创业实践课程具有创业模拟实践与创业实践两个不同的阶段。医学生创业实践课程可分成两个模块，一是校内实训课，是校园内搞模拟实验，以学校内的老师与学生作为服务对象，围绕为学生与老师的服务创业，成立一个小型公司。二是在校外开设商业实体店，这叫市场公司。凡是在校内实训取得业绩，服务质量与专业水平达到市场水准的，

可以考虑在校外开设店铺。以市场方式经营,获得市场的利润。

4.创业教育潜在课程

潜在课程(又称隐性课程)(Hidden Curriculum)的概念是由美国著名教育家、课程理论专家杰克逊(P. W. Jackson)在1968年出版的《班级生活》(《Life in Classroom》)一书中提出的。该书中,作者借用隐性课程的概念说明学校教育中还存在一类对学生产生影响又无法控制的教育因素。潜在课程蕴含在学校的各种情境中,如大学精神的传播、学校习俗与仪式、校园知名人物的活动和校园风物等。创业教育隐性课程通过创设良好的创业教育环境、营造创业氛围和搭建创业窗口实施创业教育。

学校利用校刊、宣传栏、广播、校园网等媒介,营造创业教育氛围,如在校园内布置以激励学生投身创业为专栏的黑板报等,专题展出成功创业者的风采尤其是本校历届毕业生的创业事迹,为学生营造崇尚创业的氛围。校园创业窗口的创建要充分利用校内外教育资源,组织高质量的"创业讲座""企业家论坛"等课外活动,用专家、教授、企业家丰富的知识和成功的创业历程,激励学生,增强创业信心和决心。

二、创业教育课程设置的结构和模式

1.课程结构

从我国已开设创业教育课程的院校来看,创业教育课程设置可分为两类:第一类是部分院校将创业教育课程作为专业选修课,只在管理类等少数专业开设;第二类是将创业教育课程作为公共选修课,各专业学生都可选修,但一般没有被列入必修课程。根据实践调研,医学生接受创业教育的需求分为:基本需求、中等需求和高等需求。基本需求指大学生希望过课程学习拓展自己的思维和视野,培养自己的创新思维,了解基本的创业环境和创业政策;中等需求是建立在基本需求基础之上的,指大学生除了基本需求希望得到满足之外,还希望自己能参与更多与专业相关的创新创业实践过课程学习,提升自己大学期间的动手能力和综合思维能力;高等需求是建立在基本需求和中等需求之上的,指大学生在上述需求满足之上,希望实实在在地从事创业活动,以创业代替就业。所以,创业教育课程本身具备的属性昭示着它不应该也不能被排挤于医学院校原有课程结构之外,而应该与传统课程相互融合,共同处于高职院校课程体系的核心,推动医学院校创业教育课程的发展。根据医学院校课程结构的现实特征,应将创业教育基础课程模块置于医学院校公共基础课程中实施,创业教育专业课程模块纳入原有专业课程,并在社会实践这一环节中根据需求安排一定比例的创业教育实践课程。当然,必须指出的是创业教育潜在课程的实施应始终贯穿整个医学院校教育教学的全过程。

2.课程模式

创业教育不能取代普通教育,而是在普通教育的基础上进行的。医学院校有自己的教学计划和任务,有自身的培养目标,那么创业教育课程的实施应通过何种模式才能有效在医学院校运行呢? 主要思路是根据医学生的不同层次的受教育需求来界定课程关键目标,然后再根据课程目标设置课程体系。对于仅仅有基本需求的学生,将课程关键目标确定为创业意愿、创新意识及创新创业素质的教育,可以考虑开设创业基础、创业素质教育、创新创业意识塑造、创业心理学、创业政策等课程,同时增设与创业直接相关的经济学、管理学、法学等显性课程,以弥补创业显性课程的不足,培养学生的创业意识,采取在全校学生中开设公共选修课的形式进行,而且采取大班教学,有条件的采用小班化教学,学时设置为 32 学时。对具有中等需求的学生,将课程关键目标确定为提升大学生的创业技能和帮扶大学生参与各种创业赛事,建议开设创业项目计划、相关法律法规、团队精神训练、行业动态、相关市场分析、模拟创业演示等课程,采取小班化教学,对各个专业中有中等需求的学生采取小班化教学,为了方便讨论和指导,每个教学班人数为 25 人左右,学时设置为 72 学时,其中包含了专家讲座、创业项目指导以及实践课学时。对于具有高等需求的学生,将课程关键目标确定为协助大学生完善创业的前期准备及开业工作,建议开设创办公司(企业)流程介绍、创业融资方式方法介绍与帮扶、一对一课程指导、创业项目的可行性评估与开展等课程,采取团队教学的方式,即每几个创业团队安排 1~2 名指导老师,有针对性地进行理论课程和创业过程的教学和指导,教学时间可以安排在大三和大四,课时可以灵活设置。如此设置可以有效提高不同需求层次的大学生的学习兴趣,使得创新创业教育更具有针对性、提升创新创业教育教学效果。

三、医学院校创业教育创新模式的构建

创新是大学的灵魂,创业是大学的责任。大学生创新创业能力的培养是新时期高校人才培养的战略目标。地方医学院校积极响应国家发展战略,在培养大学生创新创业精神,增强大学生创新创业能力,深化大学生创新创业教育改革发展方面尝试进行多方面改革。面对知识经济的挑战,医学院校必须适应时代的发展构建更具时代与创业特色的创业模式,尽量培养医学生学习以及实践的能力,让医学生可以更好地适应社会的需要,成为具有创新精神的专业人才。

1. 创业教育创新模式的含义

创业教育的含义是培养学生的创业观念、创新意识以及创业能力等有关创业的综合素质,最终要实现的目的是学生可以掌握创业的能力。创业和创新是不可分离的,创业的关键就是创新,创新可以给创业提供支持。创业教育创新模式属于全新的理念,不是创业教育和创新教育简单的结合,而是从内容以及思维上对以往观念的一种超越。创业教育创新模式的目标就是培养学生的创业能力以及创新思维,倡导高校要转变传统的理念,改变培养人才的方式,围绕医学办学特色,整合校内外优势教育资源,对教学手段以及内容进行改革,把科学研究、人才培养以及服务社会联系在一起,将侧重点从知识的学习转变为能力的培养,尝试探索一套适合地方医学院校发展的创新创业教育体系,培养出更多具有综合素质的专业人才。

2. 医学院校建立创业教育创新模式意义重大

(1)建立创业教育创新模式可以推动医学教育的进步。

传统的医学教育曾经培养出很多优秀的医学人才,不过随着社会的发展、形势的变化,这种教育方式出现各种弊端急需解决。所以在这样的背景之下,建立创新创业教育是国内医学教育的发展方向,医学院校应当顺应这种潮流。

(2)建立创业教育创新模式符合当代国家建设的要求。

目前,国家之间的竞争在本质上就是竞争综合国力,也就是人才的竞争和科技的竞争。想要实现创新型的国家,不断提高技术水平,就需要更多的专业人才参与其中。医学院校要适应当前的形势,及时转变观念,把培养学生的创业能力和创新能力作为基本的职责,提高自身的培养水平,促进创新教育向前发展,培养出更多具备高素质的专业人才,以此为实现创新型国家提供人力资源。

(3)建立创业教育创新模式有利于医学生提高素质。

最近几年,高校实行扩招,医学院校的毕业生数量每年都在增加,国内各种规模的医院以及事业单位已经很难提供更多的岗位给毕业生,社会就业率越来越低。而医学生面临的最大问题就是就业,如果就业问题不能得到很好的解决,医学生就要面对创业的问题。所以,建立创业教育创新模式,有利于医学生树立正确的价值观以及人生观,激发他们的创业积极性,主动地提高自身的素质,以适应未来的形势。

3. 医学院校构建创业教育创新模式的实践

(1)构建医学课程的完整体系。

医学教育是比较系统的体系,基础课程和基础课程、临床课程和基础课程之间是有紧密联系的。目前国内的医学院校在设置课程时会遵循"以学科为依据"的传统原则,临床学科与基础学科划分得很清楚,这很容易造成理论和实际脱离、基础和临床分离,导致有些学科内容出现重复,同时还会出现和前沿知识相脱节的现象。

(2)构建创新的教学方法体系。

可以在学校里对课题进行立项,促进课程项目组对教师以及学生的培训。课程项目组重组了教学大纲,重新撰写了教学内容并且设计案例,不但适用比较灵活的 PBL(Problem - Based Learning)教学方式,同时根据课程特征设置了不同的评价标准,用来评价教学的效果。

(3)建立创新创业实践的体系。

落实以项目为基础的学习,每一年可以设立专款奖励医学生的技术创新,提供一个适宜的环境,让学生可以利用课余的时间从事科研活动,同时创造机会让学生参与到教师的研究课题以及研究工作中来,可以让学生比较准确地掌握专业的发展方向,经过各种实践活动,提高自己的创新思维以及能力。

总之,从目前世界范围内医学教育的发展情况来看,只有将创业教育和专业教育紧密结合,在设置课程、教育思维、学习方法、教学方式以及学习手段等环节建立创业创新模式,培养出创新能力比较强的人才,才能从整体上提高国内的医疗人才的素质。

第二节　医学生创新创业教育的教学方法

　　21 世纪是"创业教育的时代",创业教育作为现代高等教育领域的一个重要教育思想,是知识经济时代的必然产物。医学生创业教育作为高等院校创业教育的特殊形式,增加医学生的创业意识,提高医学生的创业能力,解决医学生就业难的问题是目前医学院校学生人才培养发展的趋势。

一、医学教育研究中选题的重要性

　　我国医学教育的发展起步较晚,但发展速度及规模还是令人欣慰的,有政府的政策支持和法律保障,医学教研队伍的不懈努力,已形成比较合理、完善的医学教育体系。2010 年 7 月,中共中央、国务院关于《国家中长期教育改革和发展规划纲要(2010—2020 年)》(简称《教育规划纲要》)提出"到 2020 年,基本实现教育现代化,基本形成学习型社会,进入人力资源强国"的战略目标和一系列加快医学教育发展的战略任务,对我国医学教育提出了新的更高要求,也为我国医学教育理论研究提出了更高的要求。

　　医学教育是由院校教育、毕业后教育和继续教育构成的医学生成长三阶段教育连续统一体,也构建了医学教育的终身教育体系,每个阶段的医学教育都承担着特定的医学人才培养的重要任务。近年来,我国医学教育发展迅速,初步建立起适合我国国情的医学教育框架,同时也推动我国医学教育走上了规范、持续、健康的发展道路。

　　控制论、系统论、信息论的产生,是自然科学发展的产物,同时也是对马克思主义哲学方法的充实、发展和深化。控制论方法在医学教育研究和改革过程中应用很多。当前,及时而准确地获取反馈信息,找出偏差,改进工作,已逐渐成为惯用的工作方法。系统论作为一种科学理论,为现代复杂问题提供了有效的分析方法,反映了现代科学发展的趋势、社会化大生产的特点以及社会生活的复杂性,使人们的思维方式发生了深刻的变化。在医学教育领域中引入系统论的分析方法,有利于深入研究医学教育系统的特点、复杂性和发展趋势,调整医学教育系统各要素间的复杂关系,优化医学教育系统结构,促进医学教育发展的系统性、科学性和有效性。科技信息的快速增长大大丰富了人类的生活,同时也促进了医疗科技的发展。信息理论与技术不仅直接应用于通信、计算机和自动控制等领域,而且还广泛渗透到生物学、临床医学等多个领域,与这些交叉学科的发展,使信息论的应用范围更加广泛。现实生活中,人类社会互通情报的实践过程中产生的信息,已成为人们认识世界的向导与智慧的源泉,也是社会与社会生产力发展的动力与资源。选题工作的实质就是提出问题,而且这些问题应该是人们在认识活动中"已知"与"未知"之间的连接点。选题主要遵循以下的基本原则。

1. 先进性(创新性)

先进性的重要标志是它的创新程度。医学教育研究的根本任务是探索未知,如果缺乏先进性,其本身的生命力也就不存在了。衡量选题是否创新,主要看选题的内容是否能开拓新领域,提出新思想、新理论。

2. 科学性

是指选题要有先进的科学依据,科学依据的主要标志在以下三个方面:以现代科学的基本理论为指导,不违背科学规律;以前人的信息资料为依据,充分了解课题的现实位置;以自己的实践经验为出发点。医学教育研究选题的科学性是医学教育研究成果能否被推广应用的基础,它制约了以后的整个研究过程。因此,医学教育研究在选题时必须有事实根据或科学的理论根据,既不能毫无事实根据地乱选,也不能与以往已被实践检验为真理的科学理论相悖。

3. 可行性

课题的选定要建立在切实可行的基础之上。在医学教育研究选题时,应该正确估价完成所选题目的难易程度,还要对完成选题的客观条件有足够的估计,如:人员水平、研究条件、信息资料、经费来源等。正确估价完成所选题目所需的条件,正确估价完成所选题目所需的时间因素、领导、群众在道义上能否给予支持的因素,现有设备条件因素和各种协作条件因素等,只有正确地估价了研究人员能否具有完成所需选题的各种主客观条件,选题才具备了可行性。要使选题具备可行性,必须在选题时充分认识研究人员的优势和劣势,摆正自己在医学教育研究中的位置。只有这样,才能使医学教育研究本身不走或少走弯路,最终取得成功。

4. 必要性

开展医学教育研究是为了推动医学教育改革的深入开展,从而进行理论与方法上的探讨,其最终目的是为了在实践中应用。因此,选题要从社会实际需要出发,要考虑到社会效益、学术效益和经济效益。也就是说,预测科研成果的实际价值有多大,要以社会需要及学科自身发展的需要为依据。对医学教育研究课题而言,既要考虑经济效益,又要防止把经济效益看得过重,因为这不是医学教育研究的根本出发点与优势,医学教育研究主要是社会效益。在进行医学教育选题时应该注意:选题应根据医学教育的实际需要而进行,同时应根据医学教育这门科学发展的需要来进行。

5. 目的性

课题的最终结果要解决什么问题,在选题时必须考虑这个原则问题。一个课题没有明确目的,缺乏设想(假说)则很难完成。尤其是医学教育研究课题的选定,如果在医学教育教学改革的深化、教学质量提高、教学思想的更新等方面没有明确的目的,自己都不清楚课题会起什么作用,自然这种课题也就丧失了存在的意义。

二、国内外创业教育的发展趋势

1.国外创业教育的发展

在国外,对于创业和创业教育的认识经历了一个逐渐深入的过程,并形成了创业教育和创业支持的体系。著名经济学家、诺贝尔经济学奖获得者熊彼特和管理学大师德鲁克对创业的定义所强调的是一种过程,在这一过程中,展现的是创意和创新。

美国是最早进行创业教育的国家之一,创业教育课程的研究和开发始于1947哈佛大学创业企业管理课程的开设,随后相继形成了哈佛大学的"注重经验"模式、斯坦福大学的"系统思考"模式及百森商学院的"强化意识"模式,这些模式自成体系,但均注重创业教育和专业教育的融合,如"创业融资""创业营销"等。

各国围绕创业教育,纷纷采取了相应的政策措施。英国实行创业指导课程与实质指导并行的策略,通过学校的创业教育课程和一系列的优惠政策及设立全国大学生创业网络,联合起来提供包括英国创业计划、创业大事列表等资源来支持学生创业。法国把创业教育视为增强国家竞争实力的一项重要活动,专门成立了创业计划培训中心。瑞典的大学也进行了一系列针对实施创业教育的机构改革,更多地强调在创业教育中展开团队合作环境下的"做中学"活动,突破了传统创业教育满足个体需要的教育理念。韩国政府策动大学生积极创业,对于大学生创业问题的界定是从国民素养与企业活力的角度进行考虑的,所以在大学生创业项目选择上有非常严格的筛选程序,专注于知识型创业的扶持,在制度、组织、社会团体等方面有系统的设计,并设立专门的服务机构进行推动。日本的高校创业教育课程结构由必修课目、选修科目和自由科目组成,在课程设置上把创业教育放到了必修课的位置。

2.国外创业教育的特点和新趋势

国外创业教育非常注重创新和创意,建立良好的教育理念,实施战略性的培养模式,注重对学生综合实践能力的培养,积极组织创业竞赛和创业模拟计划,为学生提供与各类企业家、银行家等专家接触与交流的机会,让学生在实践中获得创业思维、进取心、灵活性、创造力等一些感性认知,再通过系统的课程体系、辅助课程计划和学术研究支持及专业的师资队伍等全力帮助学生发展"创业式的思维方式"。

3.国内创业教育的现状及发展趋势

我国的创业教育始自高校的教育实践活动,开展创业创新教育课程改革高校有很多,有特色且出成效的主要有以下几所:北京大学构建了"课堂思辨 + 网络互动 + 大赛训练 + 创业实践"的4G创新创业教育方法;清华大学构建了创意、创新、创业"三位一体、三创融合"的高层次创新创业教学体系。2010年,教育部在《关于大力推进高等学校创新创业教育和大学生自主创业工作的意见》中明确提出,要逐步探索建立中国特色的创新创业教育理论体系,形成符合实际、切实可行的创新创业教育发展思路。2011年在对全国近万名大学生的调查中,赞成学校开展创业教育的比例为75.97%,四分之三以上的学生希望进行创业教育;而大学生中有创业意愿的比例超过四分之三。可以看出,大学生对创业的选择是理性的而且具有强烈的欲望。创业教育应融入高等学院的教育改革,适应时代发展的需要,才能培养具有创新精神和创业、创造能力的高素质人才。我国的创业教育还处在起步阶段,学生的创业意识、创业心理和创业精神还需进一步提高。

(1)国内高校创业教育的现状和不足。

2011年,高校毕业生达到660万,比2010年增加了30万,国家人力资源和社会保障部部长尹蔚民预计"十二五"期间应届毕业生年均规模将达到700万人,就业压力有增无减。因此,国家制定了一系列帮助和促进大学生就业的政策,高校也开始在创业就业方面对大学生进行教育培训及引导。从总体上看,我国对创新创业教育课程体系建设的研究还处于起步阶段,主要表现在研究数量少,研究方向分散:对理论知识的某个方面进行深入而透彻的分析研究较少,缺乏研究的针对性和实证性。在教学实践上,开展创新创业教育的高校数量不少,但取得成效的不多。尤其是绝大多数高校的创新创业教育并没有形成完整的课程体系,学生学到的知识缺乏系统性。

(2)国内高校创业教育的发展趋势。

由于网络和现代信息技术的普及应用,创建网络平台适应了信息时代发展的需求。国内部分地区高校已经意识到充分利用各院校拥有的教师、场地、教学环境等资源,结合专业项目资源和网络资源,为大学生建立集学习、交流、实践为一身的网络教育平台,使学校师生、院校之间可以通过网络资源共享信息,充分利用网络资源为大学生创业服务。

在市场瞬息万变的今天,大学生在校学习期间的在校实践变得越来越重要,高校建立一个覆盖面广、稳定长期的市场化非功利性创业实践平台是必要的,也是可行的。并且区别于只提供仿真训练的创业教育虚拟网络平台,新型的网络创业平台立足高校,利用高校在人力资源、研究项目、研究成果等方面集中的优势,以及高校的项目团队组织能力、创新思维、专业互补性的创业开拓及扶持上的独特优势,构建新型高校创业教育培养模式和实践基地,解决形式单一、适应面窄、市场反应慢、市场衔接不足、缺乏系统的管理和支持等现有问题。

三、医学生创业基础课程教学方法

1. 建立创业基础教育课程体系,改革创业教育的教学机制

目前,我国大学生创业的成功率不是很高,失败的原因也很多,情况颇为复杂;综合考虑多方面原因,是缺乏系统的、全面的、有针对性的创业教育。由于医学生专业课程多、学习任务大、创业实践空间小,学生个性强、团队意识薄弱,需要加大力度改革创业教育教育体制,提高学生的创新性、创造性、培养创业意识,树立创业观念,提高自我实践能力。

2. 建设一支专业的创业指导师资队伍

医学院校仅通过开设创业基础教育课程是远远不够的,需要成立一支专门的创业师资队伍。这支队伍由专业理论教师和校内外创业成功人士组成,专业教师教授创业理论知识,校内外创业成功人士通过本身的实际案例,形成良好的创业教学素材,和学生一起分享创业经验和实践成果,提高创业应用和实用性,注重理论与实践的结合,从根本上培养学生的创业精神。

3.建立创业实践平台,组织多样的社会实践创业活动

通过学校和社会、企业、组织之间联合,为医学生提供创业的支持和帮助,如成立大学生创业资讯服务中心,银行为医学生提供创业资金支持,保险公司提供为医学生创业提供特有险种,新闻媒体加大宣传力度,宣扬大学生创业的知识,建立多种方式的创业实践平台,鼓励大学生加入到创业队伍中去;通过多方面的合作与支持,激发广大医学生的创业热情,发挥创业示范作用,提高创业的实践效果和成功率。同时,广泛开展多种形式的医学生社会实践创业活动,增加就业的岗位,如:组建专科疾病咨询团队、成立疾病咨询志愿者服务组织、组织创业知识竞赛和技能大赛、进行医专业创业计划大赛、建立校内、校外社会实践创业基地等活动,使医学生对就业问题有初步正确的认识,校内活动、校外联合搞创业,掌握理论基本技能的同时掌握专业知识技能,将学习学生成果付诸行动,整合各种有效资源,提升个人的生存能力和竞争力。

医学生毕业后自主创业,可以创办私人医院,开设私人诊所、心理咨询室、私人药店,有条件的学生还可以组建独立的医学实验室、社工团体、生物制药企业等,在社会实践创业活动中学校可以积极参与,为学生创业提供必要的知识讲座,进行专业的培训教育。诸如,开办一家私人诊所需要哪些手续、需要在哪些部门办理,在课堂教学过程中老师可以通过提问的方式,让学生在读书期间自己想办法弄清楚每个环节和步骤,为学生将来走上社会进行创业打下基础。

总之,医学生创业意识需要长期的培养和磨炼,需要来自国家、社会、企业、学校等各方面的支持,医学生创业基础课程教学方法依然在不断改善与进步,建设良好的社会实践创业平台,实现医学生的全面就业,更好的解决医学毕业生的就业问题是医学校教育改革的一项长期的任务。

因素	评估内容	选项
资源	1.我能够挖掘理想的合伙人或经理人、雇用理想的员工; 2.我有雄厚的资金和稳定的财务来源,至少可以保证第一年正常运营; 3.我可以通过合理途径以自己能接受的成本募集资金; 4.我可以获得充足的物质来源,如原材料等,能很好地控制成本。	A.非常符合 B.比较符合 C.无法确定 D.不太符合 E.很不符合
想法	1.我的想法通常比别人的更有价值,更具有创造性; 2.我具有丰富的想象力,并能把这些想法准确而生动地表达出来; 3.我的想法通常并不是天马行空,泛泛而谈,而是切实可行的。	A.非常符合 B.比较符合 C.无法确定 D.不太符合 E.很不符合
技能	1.对即将创业的领域,我有很好的专业背景和技术; 2.我曾经有过管理经验,并擅长组织活动。	A.非常符合 B.比较符合 C.无法确定 D.不太符合 E.很不符合

续表

因素	评估内容	选项
知识	1. 了解创业行业目前的市场运作、竞争水平和相关法律政策； 2. 我眼光长远，更看重创业项目的发展潜力而不是短期盈利。	A. 非常符合 B. 比较符合 C. 无法确定 D. 不太符合 E. 很不符合
才智	1. 每天早晨我都是怀着积极的态度醒来，感觉今天又是崭新的一天； 2. 我不是一个风险回避者； 3. 我知道如何控制自己的生活、性情和脾气，并做到自律； 4. 我更倾向于主动地去把握和解决问题，而不是处于被动局面； 5. 我善于观察周围事物，注重细节，把握契机，把不利局面转化为机会； 6. 当我失望时，能够处理问题而不逃避放弃，能以积极状态重新投入工作； 7. 当我选择创业时，家人能够理解我的不自由状态并支持和鼓励我。	A. 非常符合 B. 比较符合 C. 无法确定 D. 不太符合 E. 很不符合
关系网络	1. 我喜欢合作胜于凭一己之力完成工作； 2. 我具有影响他人的能力，并使人信服； 3. 别人认为我是一个值得信赖的人，并且充满活力、积极向上； 4. 我善于和陌生人打交道，而不只是局限于熟人圈内； 5. 我善于向媒体公众推销自己的想法，吸引别人的注意力； 6. 我能同行业内的竞争者更容易实现竞合而非竞争； 7. 我想我能够做到和上下游企业保持紧密合作，相互扶持，共同发展； 8. 我同利益相关团体，如政府机构、金融机构能保持良好关系。	A. 非常符合 B. 比较符合 C. 无法确定 D. 不太符合 E. 很不符合
目标	1. 与打工相比，我更渴望有一份属于自己的事业； 2. 我有一个很明确的创业目标，并可以为之奋斗，哪怕付出较大的代价； 3. 我有勇气和耐心去实现创业目标，即使需要承担较大风险； 4. 我有十分的信心，我最终能实现自己的创业目标。	A. 非常符合 B. 比较符合 C. 无法确定 D. 不太符合 E. 很不符合

其中，选项 A = 10 分，B = 8 分，C = 6 分，D = 4 分，E = 2 分。

得分 55 – 70 分为 A 型；40 – 55 分为 B 型；25 – 40 分为 C 型；10 – 25 分为 D 型；0 – 10 分为 E 型。

A 型：你适合创业和守业。如果你能全身心地投入激动人心的创业事业，收益会更多。机会无限，就看你如何把握了。

B 型：你适合创业且比较符合创业的要求，你所需要的是一种守业的能力，应该不断地去完善自己，来保证公司的长期发展和完善。

C 型：你具备一定的创业素质但由于缺乏信心使你没能认清楚自己的这种能力。外界的影响会左右你的选择。

D 型：你有创业意识但却不愿意创业，在风险和安稳之间你更倾向于后者。

E 型：你不适合创业或根本就没想过创业，更适合做上班族。你规避风险，倾向于安定生活，不善开拓。

本章小结

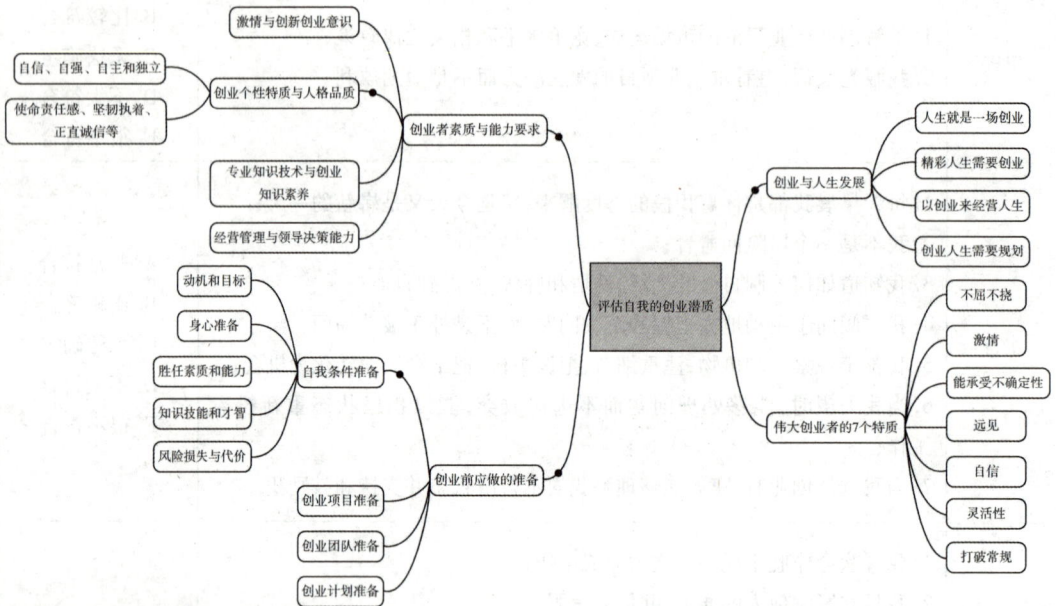

课后习题

1. 了解自己所学专业主要辐射的行业,列出可以从事的行业或工作。

2. 分析上述你最感兴趣和最了解的某行业进行创业的外部环境,主要从政策环境、资源需求、人才需求和市场前景四个方面分析。

政策环境:＿＿＿＿＿＿＿＿＿＿＿＿＿＿＿＿＿＿＿＿＿＿＿＿＿＿＿

资源需求:＿＿＿＿＿＿＿＿＿＿＿＿＿＿＿＿＿＿＿＿＿＿＿＿＿＿＿

人才需求:＿＿＿＿＿＿＿＿＿＿＿＿＿＿＿＿＿＿＿＿＿＿＿＿＿＿＿

市场前景:＿＿＿＿＿＿＿＿＿＿＿＿＿＿＿＿＿＿＿＿＿＿＿＿＿＿＿

第十一章
创新型人才与卓越医生的培养

卓越医生教育培养计划对高等医学院校培养创新型医学人才标准提出了明确要求,创新型医学人才不仅需掌握完备的医学知识架构,还需具备创新思维、发散思维以及积极乐观的品格。传统医学生的培养方式已经明显无法跟上现代医学发展和社会进步的脚步。医学院校在开展创新创业教育时面临诸多挑战,实现创新创业教育与培养卓越医学生两者的融合,既是对高等教育深化改革时代呼唤的有力回应,也可促进医学生的全面发展和自我价值的实现,更能还原医学教育的本质。

第一节　创新型医学人才的培养

创新型医学人才与专业知识的学习和社会实践是密不可分的。如微软的创始人比尔·盖茨之所以能够获得如此巨大的成就,依靠的不仅仅是扎实的专业知识,而是自身的创新思维和能力。因此,在培养创新医学人才的途径上我国可以借鉴国外日趋成熟的创新医学人才培养模式,结合我国的实际国情,创造性地发展适合我国国情的创新型医学人才发展模式。医教协同育人,临床医学专业实施全程教学,即 4 + 1 人才培养模式,前 4 年在校学习,后 1 年在协同单位培养,全过程由学校与协同单位共同参与,实现人才培养机制、资源共享机制、组织管理机制等方面的全面协同。建立校校、校企、校地、校所以及国际合作的协同育人新机制,积极吸引整合社会资源、优秀企业资源和国外优质教育资源投入创新创业人才培养。

改革学习评价方式,将学生开展创新实验、发表论文、获得专利和自主创业等成果转化为学分,予以认定,探索尝试弹性学分制,在校生休学创业的修业年限在原有学制基础上延长 2 ~ 5 年。

一、创新型医学人才的成长规律

根据对创新型医学人才的多方面的研究,以及对他们的特征和特质的考察,总结了以下创新型医学人才的成长规律。

1. 靠经验累积

从前辈累积的经验中学习是很多人的学习方法。学习到知识、技术等之后,再把这些转化为自己的东西,不断地积累,相当于变成自己的经验了。靠自己的不断学习,积累经验,来使得自己成长,这是很多创新型医学人才的成长之路。从某种角度来说,也是创新型医学人才不可缺少的成才方法。我们如今生活的世界是在不断发展的,但这不是靠一代人的努力,而是靠每一代人的努力才做到的。前一代传承给后一代经验和教训,新一代人踩在前一代人的脚印上,接着往前前进,这是一个客观的规律。创新型医学人才的成长也是如此。

2. 靠外界历练

创新型医学人才的成长不可能是一帆风顺的,必然都经历了很多历练。外界的历练对他们来说,也是必不可少的。外界的历练也是丰富多彩的。可以是一件小事,也可以是一件大事。可以是对身体的历练,也可能是对心理的历练。外界是多姿多彩的,不仅仅是学术界。创新型医学人才的成长,都是在这个大熔炉之中,只有经过这些历练,并努力学习,让自己更加强大起来,才能逐步成长为一个创新型的医学人才,进行创新,对社会和国家作出贡献。不管是什么人,生长在这个社会,就要不断地接受这个社会的磨炼,才可能成为一个成

功的人。创新型医学人才在某种角度上来说，已经是一个成功的人。

3.靠模仿学习

模仿和学习已经成才的创新型医学人才，这也是很多创新型医学人才在没有成才之前做过的事情。也可以算是他们的成长规律之一。已经成才的创新型医学人才，他们的学习方法、实践经验对还未成才的创新型医学人才来说，都是一笔宝贵的财富。毕竟，成才之路很漫长，会有很多障碍和困难，单靠一个人的力量很有限，这里就要学会选择性地吸收前辈成功者的经验，来帮助自己渡过难关。这可以节省许多精力和时间。可以把这些精力和时间花费在更有价值的地方。许多伟大的科学家都是走的这条道路，他们对前辈充满敬意。

4.靠教育和培养

创新型医学人才的成长同样必不可少的是正规的教育和培养。而且通过教育来培养创新型医学人才是一种非常重要的方式，也是一种高效率的方式。针对创新型医学人才的成长特征的分析，来进行分阶段的教育，使学生掌握相关的专业性知识和理论，并进行实践性的活动或课程。这样的教育模式可以避免学生走很多弯路，而且可以让学生更加系统地学习，掌握最有价值的知识。当今的中国，在教育培养这种方式上，需要走的路还很远，还有许多值得探索的地方。

5.靠自身修炼

除了外界的磨炼，创新型医学人才自身的修炼也很重要，而且也很关键。如果自己不努力，那么给你再好的环境和机会，都没有用。所以说，自身修炼也是创新型医学人才成长道路上不可少的。对照创新型医学人才的标准和要求，积极努力地去修炼自己，主动地去找出差距在哪里，自己的不足之处在哪里，这样才能够使自己不断地进步。创新型医学人才不一定就是具有高学历的，很多人都是靠自己后天的学习，靠自己后天的苦干，才被称为创新型医学人才的。自身的修炼是一个持续的过程，要每天都不断地学习，不断地修炼自己，才能保持先进性，才能进行创新。

二、创新型医学人才的培养途径

创新型医学人才的培养思路是，培养具有综合自然科学基础和工程基础与技能的综合医学人才，他们能够通过拓宽自身的学习面来学习相关专业的交叉学科知识，利用这些知识和技能，结合创新型思维开展创新活动，使自己成为高素质的创新型医学人才。

1.基础：专业性知识

上文已经指出专业性知识对创新型医学人才的重要性。这里具体阐述一下原因。专业性知识的内涵很丰富，不仅仅是指相关专业的知识，还指一些基础学科，例如高数、物理、化学等。专业性知识对培养创新型医学人才的作用就相当于一栋大楼的地基，只有扎实的基础才能使创新型医学人才的发展更加顺畅更加牢固。

2.拓宽学习面

创新需要融合各方面的知识，因此拓宽知识面是培养创新型医学人才的必要手段，在学习专业性知识的基础上,学习与这些专业性知识相交叉的内容和学科。多领域多层次的学习面可以为创新行为提供更为扎实的基础,为创新型医学人才的全面发展提供帮助。

3. 融合创新型思维和意识

创新思维和意识是创新行为中最为重要的特征,需要后天的培养。对待事物不可仅停留在表面,要透过现象看本质,运用创新思维去看待和考虑问题。对待任何事情和问题,都应该具有创新的意识,带着创新意识去生活和学习。

第二节　创新创业教育与卓越医学生的培养

《关于深化高等学校创新创业教育改革的实施意见》明确指出,各高校要落实立德树人根本任务,主动适应经济发展新常态,以推进素质教育为主题,加快培养富有创新精神、勇于投身实践的创新创业人才队伍。"卓越医生教育培养计划"是由教育部、卫计委于 2012 年提出的关于如何培养适应我国医药卫生事业发展的高水平医学人才的指导性文件,该计划已成为贯彻落实国家中长期教育规划纲要和医药卫生体制改革,加快推进临床医学教育综合改革,创新人才培养模式的重要措施。医学高等教育是大学教育的重要组成部分,高等医学院校在培养卓越医学生过程中融入创新创业教育,既者是对各自内涵的极大丰富,更是时代进步的必然。

一、创新创业教育与培养卓越医学生的融合

1. 两者融合的现实意义

(1)是对时代呼唤的有力回应。

推进"大众创业、万众创新",是党中央、国务院在经济新常态下做出的重要战略部署,也是国家实施创新驱动发展战略的必由之路。我们正处在一个呼唤改革创新的时代,创新创业者也就自然拥有了施展拳脚的广阔舞台。医学院校培养卓越医学生的过程也是传承科学技术、促进社会进步、深化医疗卫生改革的过程,在推动创新型国家建设方面医学院校具备天然的学科优势。医学人才属社会高级人才,以医学生为代表的青年人身上蕴藏着无穷的智慧与活力,他们是中国未来发展的动力源,更应紧跟时代潮流,抓住中华民族伟大复兴的宝贵机遇,勇做推进社会进步的弄潮儿,在实现个人梦想和中国梦相统一的历史进程中,实现自己的人生价值。

(2)是还原医学教育本原的需要。

教育以影响人的身心发展为最终目的,是人类特有的一种社会活动。与专业知识教育不同的是,创新创业教育要求被教育者在掌握基本技能的基础上,更侧重创新意识的发掘和责任感培育,强调开发人的能动性。一个成熟的社会对人才的评判标准已不仅仅局限在学历水平,而是更侧重对人才本身所具备的交际能力、组织能力、决断能力、创新能力等"可迁移能力"的

审视,这些能力仅通过课堂教学是无法实现的。在创新创业教育中,大学生的创新思维会得到肯定,学生的学习主动性会被有效激发,大学生追求新知识成为自发行为,能更好地实现"知行合一"。在医疗卫生领域,医疗技术的进步一方面意味着人类对生命领域的探索永无止境,另一方面也呼唤着医学创新人才青出于蓝而胜于蓝。推动医学进步离不开"人",离不开医学人才,更离不开创新型医学人才。医学教育的本质是让人"尊重科学,敬畏生命",散发着"人性"的光辉,在医学教育的过程中加入对创新思维的引导可以帮助医学生更好地树立"健康所系、性命相托"的人生信仰与职业追求,真正还原医学教育的本来面目。

(3)是实现医学生自我价值的内在驱动。

如果说医学院校一切的教育活动都是为了实现医学生的全面发展,那么卓越医学生的标准应被定义为:拥有高尚的品德、具备系统的医学知识架构、对生命科学的执着和为医学事业奋斗终生的决心。如果说马斯洛需求层次理论中所表达的"自我实现需求"是人类最高层次需求,那么对生命的高度负责和将"塑人类健康之完美"为己任正是承载医学生实现自我价值永恒不变的信念。尽管我国在经济领域取得了令世人瞩目的成就,但基层医疗资源依然短缺、医疗资源配置不均衡、基层卫生人才短缺是不争的事实。医学生通过参加大学生村官计划、"三支一扶"计划、西部计划等,到祖国和人民最需要的地方去,到基层去建功立业,这些胸怀梦想的具体实践都是医学生抒写爱国情怀、彰显医学使命、实现自我价值的生动体现。

2. 两者融合道路上的存在问题

(1)学校"知"与"行"的脱节。

《国家中长期教育改革和发展规划纲要(2010—2020年)》明确指出,高等教育改革的根本任务是建立和完善高等教育质量保障体系,推动高校科技创新、学术发展与人才培养紧密结合,为国家培养更多高质量、多样化的创新型人才。尽管国家层面已通过各种方式明确要求各高校要大力开展创新创业教育,但从实际执行情况看来,不少医学院校在落实培养创新创业人才效率上往往是"只闻雷声,未见下雨"。另外,许多医学院校管理者更愿意将精力和财力投入到"投入产出比"较高的申请科研课题上面,缺乏长远眼光,认为创新创业教育人力、精力、财力、物力投入大、内容虚,短期又收效不明显,索性不愿意将其纳入正常的人才培养规划,结果不但忽视了学生个性的发展和创造力的培养,也影响了正常的教学进度。

(2)医学生自身认知存在偏差。

和发达国家相比,我国创新创业教育起步晚、基础薄。尤为突出的是,社会整体对待创新创业的认知水平还相对滞后,功利色彩浓厚,更看重的是盈利与否的结果,却忽略了创新创业教育过程对人的潜力、认知能力、实践能力和品格修养的开发作用。在这样一个思想的驱使下,一些被动参加培训或者各类创新创业类比赛的学生将锻炼的机会当成了压力和包袱,参加活动被动不说,在遭遇挫折时往往比其他学生更难走出失败的阴影。还有一些医学生会认为即使创业也是毕业之后才该考虑的事情,当前努力学习不挂科,顺利毕业或深造,将来找个效益好、待遇高的工作单位才是他们更为现实的目标。事实上,医学生在创新创业方面具备一些其他专业学生无法具备的优势。医学生智力基础好,头脑灵活,爱好广泛,对新事物接受能力强,后天培养成才的概率更大。医学生归属感较强,临床医学是国内发展较为成熟的专业,医生职业在社会上一直处于优势地位,职业优越感强,课程理论性强,这就让医学生内心更加稳定。

（3）与专业课教育之间存在掣肘。

任何一个学科都有其自身的教育规律和特点可循。医学学科理论相对固化、科目多、课程长、重记忆,整体偏"静"。而创新创业教育更侧重于"动",强调学生掌握沟通交际、时间的管理、精力的分配、信息的整合等本领。如果处理不好这一静一动之间的矛盾,就很难做到创新创业教育和卓越医生教育的完美融合。由于我国医学院校在创新创业人才培养模式上还处在不断探索之中,导致创新创业理念在融入医学专业课过程中出现很多问题,加上自身缺少科学合理的课程体系,导致两者互为掣肘,矛盾凸显。

● 案　例 ●

一个简单发明的奇迹

1987年,美国弗吉尼亚州的两个邮递员汤姆·科尔曼和比尔·施洛特无意中看到一个小孩手里拿着一种发绿色亮光的荧光棒,他们思考:这个小东西能用在什么地方呢？他们决定把棒棒糖放在荧光棒的顶端。最后,他们将发光棒棒糖专利卖给了美国开普糖果公司。

这个发光棒棒糖才是奇迹的小开端。两个邮递员继续往下想:棒棒糖舔起来很费劲,时间久了,小腮帮一定会很酸。棒棒糖能不能带一个能自动旋转的插架？由电池驱动小马达,通过小齿轮减速可以转动糖果。如果有这样的棒棒糖,腮帮就不会酸了,而且还增加了糖果的娱乐性。事实证明,旋转棒棒糖获得了巨大的成功！这种小东西通过超级市场以及自动售货机销售,在6年的时间,一共卖出了6000万个。这哥俩也得到了丰厚的回报(每个售价2.99美元)。

更大的奇迹还在后面。开普糖果后期被另外一家公司收购。原领导人约翰·奥舍开始寻找利用旋转马达能解决的新问题。经过沃尔玛超市时,他看到了电动牙刷。他发现电动牙刷的价格都高达50美元左右,所以,整体的销售量都很小。为什么不用旋转棒棒糖的技术,用5美元来制造一只电动牙刷呢？于是,美国日用品市场上最畅销的旋转牙刷诞生了！2000年,奥舍团队的公司卖出了1000万把这样的牙刷。

这样的结果让宝洁公司的老板坐不住了。宝洁公司派出一个高级经理与奥舍谈判。经过短时间的讨价还价,2001年1月,宝洁决定收购这家小公司,具体的价码如下:由宝洁首付预付款1.65亿美元,以奥舍为首的3个创始人在未来的3年内继续留在宝洁公司。但最后,宝洁提前21个月结束了它与奥舍3人的合同。因为,宝洁发现电动牙刷太好卖了,远远超出了他们的预期。这种产品通过沃尔玛超市在全球35个国家销售,成为席卷全球市场最快的一款产品。这就意味着:宝洁在合同期满后付给奥舍3人的钱要远远超出预期。最后奥舍和他的两位创业伙伴一次性拿到了3.1亿美元,加上原来1.65亿美元的预付款,一共共4.75亿美元。

课后习题

探索医药行业典型创业案例。

小组讨论确定一个最熟悉的医药行业典型企业或创业项目,通过各种渠道搜集资料,对其进行深入剖析。可选择推想科技、汇医慧影、阿里医药、23 魔方、慈铭体检、111 集团、美年健康、春雨医生、美维口腔、深圳名医汇等。

案例分析及展示可按以下思路开展。

1. 概要介绍项目情况。

2. 项目主要服务对象及解决方案。

3. 项目的特色和优势。

4. 反思与感悟,带给我们的启发。

第十二章
医学生的创业环境

随着我国高等医学教育逐年发展,医学生毕业人数逐年增加,但随之而来的医学生毕业就业问题也变成了一大难题。长期以来,医生被认为是具有较高社会地位和稳定收入的群体之一。近十年来,我国医疗卫生事业的迅速发展,尤其是大城市、大医院医疗规模急剧扩张,对于医学毕业生来说,既是机遇,更是挑战。医学生的就业形势不容乐观。

第一节　医疗产业环境透视

一、医疗机构行业发展的综述

1. 医疗机构规模不断扩大

我国医疗机构数量整体上呈增长趋势,截至 2017 年末,我国有医疗机构 98.66 万个,比上年的 98.34 万个增加了 0.32 万个,涨幅为 0.33%。截至 2018 年 4 月底,我国有医疗机构 99.44 万个,较上年 4 月底的 98.71 万个环比增加了 0.73 万个,涨幅为 0.74%。

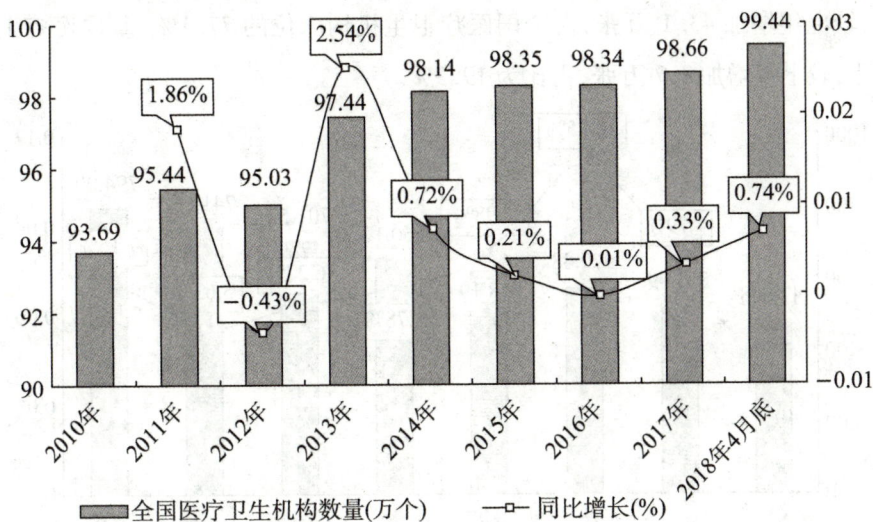

图 12 - 1

2. 基层医疗卫生机构是主要医疗机构

2017 年末,全国医疗卫生机构总数达 986 649 个。其中,医院 31 056 个,基层医疗卫生机构 933 024 个,专业公共卫生机构 19 896 个,占比分别为 3.15%、94.56%、2.02%。与上年相比,医院增加 1916 个,基层医疗卫生机构增加 6506 个,专业公共卫生机构减少 4970 个。医院中,三级医院 2340 个,二级医院 8422 个,一级医院 10 050 个,未定级医院 10 244 个。基层医疗卫生机构中,社区卫生服务中心(站)34 652 个,乡镇卫生院 36 551 个,诊所和医务室 211 572 个,村卫生室 632 057 个。政府办基层医疗卫生机构 120 444 个。专业公共卫生机构中,疾病预防控制中心 3457 个,卫生计生监督机构 2992 个。

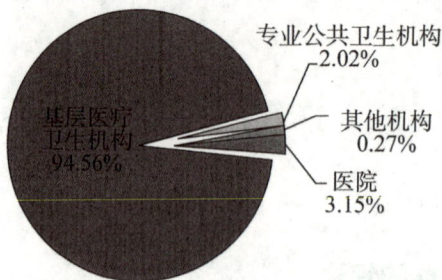

图 12 - 2

3.床位数和卫生费用伴随医疗机构快速增长

随着医疗机构规模的扩大,床位数需求量越来越多。2010—2017 年我国医疗机构床位数逐年增长,2017 年末全国医疗卫生机构床位有 794 万张,较上年增加 7.15%。其中,医院 612 万张,较上年增加 43.1 万张,占全国医疗卫生机构床位的 77.1%;基层医疗卫生机构 152.9 万张,较上年增加 8.7 万张,占比为 19.3%。

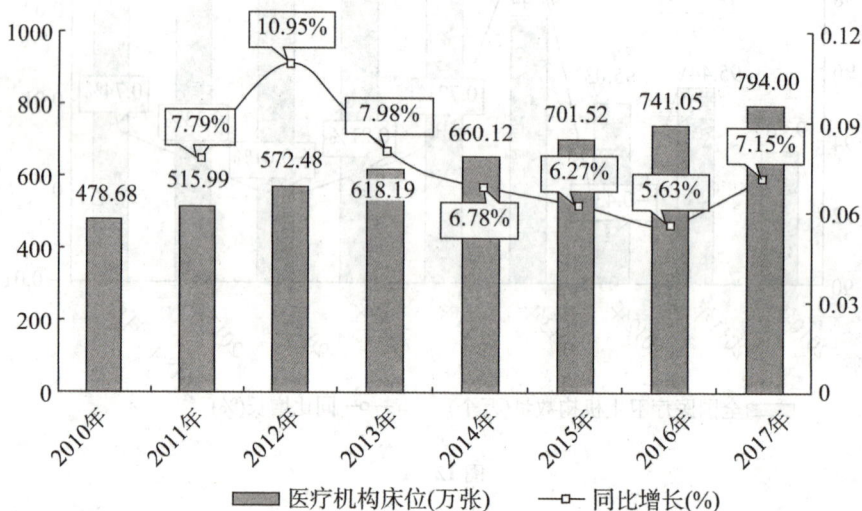

图 12 - 3

从卫生总费用来看,全国卫生总费用随着医疗机构的增加而增加。2017 年全国卫生总费用达 51 598.8 亿元,较上年增长 13.11%。其中,政府卫生支出 15 517.3 亿元,占总费用的 30.1%;社会卫生支出 21 206.8 亿元,占比为 41.1%;个人卫生支出 14 874.8 亿元,占比为 28.8%。

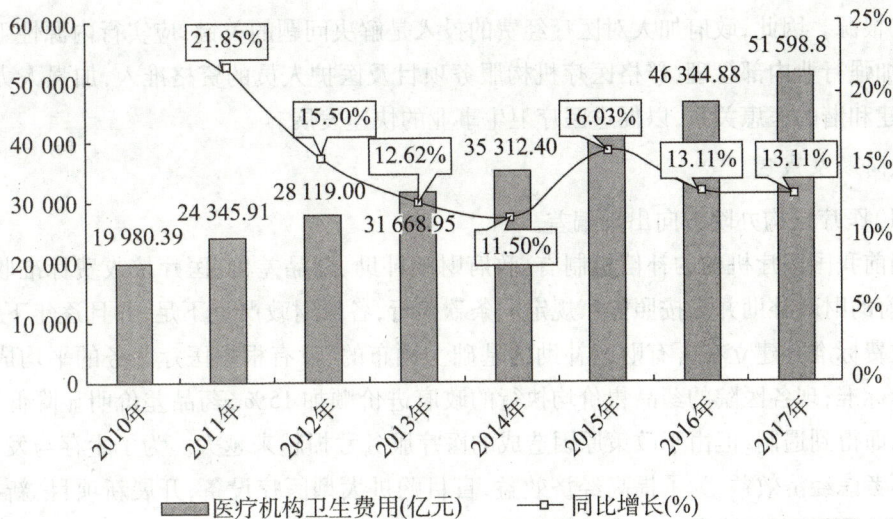

图 12-4

4.诊疗人数和入院人数双双上升

从医疗服务来看,2010 年以来我国医疗机构诊疗人数和入院人数双双呈增长趋势。2017 年,全国医疗卫生机构总诊疗人次达 81.8 亿人次,比上年增加 2.5 亿人次,增幅为 3.2%;2017 年居民到医疗卫生机构平均就诊 5.9 次。全国医疗卫生机构入院人数 24 436 万人,比上年增加 1708 万人,增幅为 7.5%,年住院率为 17.6%。

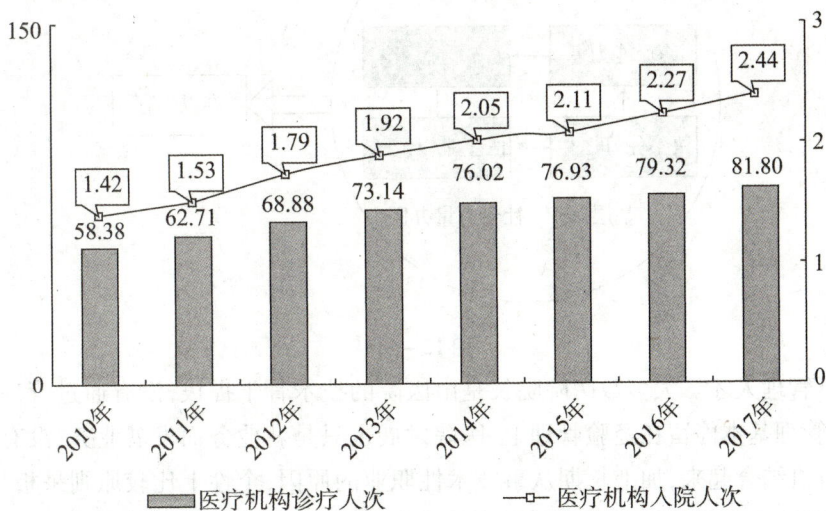

图 12-5

二、医疗机构行业市场环境及影响分析

医疗机构改革在市场经济的大环境下,办院方向往往出现偏差,为了生存与发展,盲目追求经济效益;人才的匮乏及不能很好地利用有限的资源;医患关系紧张,是阻碍医疗卫生

发展的根源。因此,政府加大对医疗经费的投入是解决问题的关键,应实行内源性卫生资源重组,加强行业内部管理,严格医疗机构服务项目及医护人员的资格准入,加强人力资源管理,构建和谐的医患关系,以促进医疗卫生事业的快速发展。

1.问题及成因

(1)医疗机构办院方向出现偏差。

当前我国医疗机构的补偿机制有:政府财政补助、药品差价、医疗按收费标准收费。然而,政府的财政补助并未按照国家规定的条款执行,各级财政严重不足,并且逐年下降;现行医疗收费标准是建立在含有财政补助的基础上颁布的,没有根据医疗服务的平均成本来确定收费标准;现各医院的药品售价均执行的政府进价顺加15%,药品差价明显降低,以药养医的局面得到遏制,但由于政策原因造成的医疗服务亏损越来越大。为了生存与发展,医院不得不考虑经济效益,为了提高经济效益,盲目购进大型医疗设备,开展新项目、新技术,区域内设备重复,资源浪费。医疗机构或医生超执业范围执业,为争患者,医院之间、医生之间相互诋毁,把病情夸大化或医治方案扩大化,剖宫产率居高不下就与此相关。

(2)人才匮乏。

人才的匮乏及不能很好地利用有限的资源,是阻碍医疗卫生发展的根源。据观察及专家分析,医疗机构缺乏六个方面的人才。

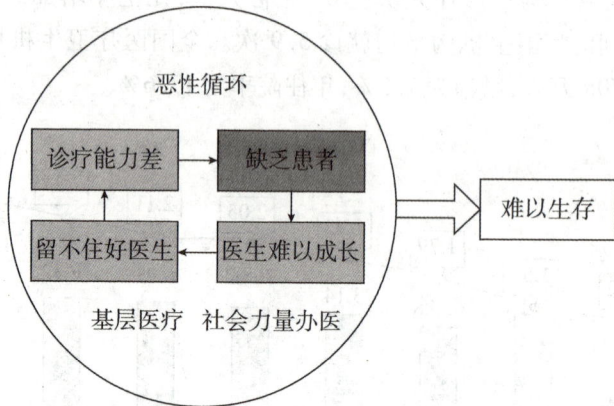

图 12-6

①经营管理人才。大多数医院院长是由医院的技术骨干提拔,没有通过管理专业的培训,医院的管理基本停留在经验管理上,医院发展也只是就业务而发展业务,没有把院内外各个环节有机结合起来,加上长期从事技术性职业的原因,个性上比较原则呆板,只看见有形的物质资源,而不能很好地开发利用非物质资源,特别是促进人际关系的处理。另外,副职及二级班子成员的管理意识和管理水平不足,执行力差,利用职务作为提高自己生产力的工具,有在其位不谋其政的现象,导致医院按部就班,发展缓慢。

②财务分析人才。医院的财务人员主要做的是账务处理,在分析医院财务运作指标上,不能向管理者提供对医院发展有用的可行性参考意见。

③市场营销人才。医院的各级人员都不懂得掌握及控制销售,医院的市场仍然停留在

上门就诊的人群上,没有专业的营销人员对整个卫生资源进行分析和开发,即在注重社会效益的基础上获得必要的经济效益。

④人力资源开发管理人才。在社会主义制度下的人事制度虽然近年来在不断地改革,但医院基本上没有人员进出权,只有用人的权力。怎样用好现有的人才,挖掘每位职工的潜力,形成良好的团队凝聚力,医院文化建设及激励机制有重要地位,前者未被管理者重视,后者又被种种因素制约。

⑤信息化管理人才。随着科学的发展,纸质化将被网络化取代,规范的逐步推行网络建设,可以提高工作效率及实现资源共享,医疗机构缺乏专业的网络开发及系统维护人才,从某种角度讲,降低了工作效率。

⑥专业技术及科技开展人才。由于前几年基层医疗机构相对发展缓慢,加之医学院的本科毕业生有限,故很难普及到基层医院,在基层医务人员中,大多数是中专毕业生。由于起点低,加上管理者没有重视人才梯队培养,医院存在很多不合理的状况,比如,年资高的医护人员虽然有执业资格,但没有理论和技术水平,年资低的医护人员有新知识、新技术,但无执业资格,原因是因为中专生取得执业资格时间至少7年,或者因岗位的变更,相应的执业资格范围需要专科临床进修两年,在短时间内基层不管是人力、财力都是不现实的,故导致普遍存在医师非执业范围执业。人才培养建设中也存在一些问题,比如,医院学习氛围不浓,学习方法不对,特别是在病案讨论上,展不开批评与自我批评,在上下级医生带习中,存在下级医生不愿学或盲目学习(追求手术的量及难度),而上级医生不尽心尽责,怕承担医疗风险或别人超过自己。到上级医院进修学习也同样存在类似问题。基层医院由于科研经费及设备条件不具备,科技开发更是空白。

(3)医患关系紧张。

医患关系紧张主要表现在看病贵、看病难的问题上社会关注看病贵、看病难这一问题,普遍认为是医务界造成的,不可否认,部分原因是少数医护人员受到利益的驱动,但政府、媒体、老百姓也都应承担一定的责任。政府的责任是:由于政府对卫生费用投入太少(占全世界卫生总支出的2%),不能保障群众享受基本医疗的网络建设,更谈不上设施齐全的农村卫生服务网络及较高专业素质服务队伍的建设。老百姓看病负担重的唯一原因,在于没有完善农村居民的合作医疗及医疗救助制度,如果看病能报销,老百姓还会有怨言吗?

再者,药品贵的问题,绝不是医院或医生造成的,以药养医是国家把医疗推向市场化的另一个补偿机制,而政府在投入越来越少的基础上,取消这一补偿机制,所要面临的就是基层医疗机构的倒闭,群众看病难的问题又如何解决。

最后谈谈"医疗纠纷"举证倒置和新的《医疗事故处理条例》。首先,在其他发达国家都没有这样的司法解释。其次,在临床工作中所有对患者的诊疗措施都有有益的一面和造成损害的一面,作为医生只能在两者之间做个利弊权衡,医学的局限性和高风险性决定了难以保证诊疗方案100%准确。第三,在尊重患者的知情权及选择权上,往往需要浪费很大的精力及很长的时间,但也不能求得一个满意的治疗方案,即使尊重患者及家属的选择,出了问题仍旧会追究医生的过错。第四,患者有权复印病历的规定,其唯一作用就是引起医疗纠纷,因为患者不懂,往往会拿着病历找有关专业人士咨询,每个医生对同一病例的处理及看法不同是难免的,能接受患者咨询的往往是有某种关系或某种目的,或多或少会偏向患者。第五,在医疗纠纷的三个解决途径中,协商解决被医患双方错误应用,如果医方有完全责任的医疗事故,会主动拿钱打发家属出院,而患者有同样的心理,明知道医院没有过失行为,采用医疗鉴定及法律诉讼可能得不到赔偿,只能采用闹医院、殴打医务人员等过激行为,医院害怕影响业务及声誉,政府官员害怕影响社会稳定和谐,往往只能出钱息事宁人,医院和医务人员的委屈无处诉说,得不到人们的理解,在吵闹事件中,真正的弱势群体是医务人员。媒体对医疗界的批评有80%是不客观的,用很片面的观点去阐述问题。而在医疗纠纷的报道中,对患者充满同情,对患者在医院干扰正常工作秩序甚至殴打医务人员的现象却轻描淡写,不为医务人员的忍辱负重而奔走呼吁也罢,但也不能对医务人员妄加指责,有意树立医患敌对关系。

老百姓对医务工作者劳动价值认识的偏差中国人的平均寿命从20世纪50年代的36岁延长到目前的70岁,生命是无价的,面对人的生命而劳作的医务人员的劳动也应该是无价的,而中国医生这个职业是低收入高付出,有多数患者对医生的劳动是不尊重的,认为咨询可以不挂号,或者交了钱,医生必须全心全意为我个人服务,却从不考虑还有多少人正在等着医生为他们服务,患者及家属对医务工作者不信任,当医生根据病情,要求继续诊疗时,常常会被误认为是为了榨取他们的钱而要求住院,试想医务人员如果连最基本的道德都不具备,医院还能办下去吗?患者及家属还常常指责医生没有同情心,是因为医生的同情心不能随时表现出来,当患者痛苦万分地来到医院,医生此时只能以平静的心情保持头脑清醒,在短时间内作出正确的诊断和处理,使患者尽快从痛苦中解脱出来,这才是最有同情心的具体体现。患者在指责医务人员服务态度不好时,常挂在嘴边的话是"医者父母心",但父母在心情不好时可以不理子女,在子女不听话时可以打骂子女,而医生对患者却不能。在回答患者及家属的咨询时稍微表情淡漠或者语言生硬就会引起患者或家属不满意,导致其在医疗过程中产生抵触情绪,这样的医疗环境怎能不让人感到困惑?

2. 对策

(1)政府加大对医疗经费的投入是解决问题的关键。

政府必须保障公共卫生体系网络服务的建设经费、工作经费及人员经费,只有解决好三级网络医疗的后顾之忧,才能真正实现定项服务及定额收费,从根本上缓解看病难、看病贵的问题。继续建立和实施农村合作医疗制度,规范完善社会医疗保险制度,药品价格的虚高应从源头上切断。

(2)实行内源性卫生资源重组。

由主管局统一规范,重新对辖区内医院进行功能定位,在对医疗市场调查研究的基础上,根据各医院的传统优势、特色服务和单位的辐射能力,确定各医院的规模、等级、特色及业务范围。县医院以外科为主,并重发展医技水平及各种辅助检查项目;中医院以内科疾病牵头,发展康复治疗;保健院以妇产科、儿科为技术支撑,加强全县的妇幼保健工作;城区镇卫生院以社区医疗为重点,明确规定医院的疾病收治范围,实现双向转诊,减少内部恶性竞

争,避免医院之间互相拆台的恶性循环,提高对区域外卫生资源的竞争实力。加强行业内部管理,严格医疗机构服务项目的准入及医护人员的资格准入,加强人力资源管理,打破常规,公开招聘高水平的管理人才任院长,由院长考察聘用高素质有战斗力的院级领导班子,有效杜绝利用职务来提高自己的生产力,在其位不谋其政的现象;对全县的医护人员进行统一调配管理,按照医护人员取得执业资格的执业范围,择优录用,医护人员做到能进能出,制定长远的人才培训制度,做到有计划的、规范的、专业化人才梯队建设,为年轻的可造之才提供发展平台。加强组织文化建设,掌握吸引与留住人才的主动权,培养及建设学习型组织。合理利用现有的设备资源,提高现有设备的利用率,有的放矢地购买高档设备,基层医院不宜盲目地追求做大,而是应该力求做强。

三、我国医疗结构发展分析与预测

1.医疗机构行业供需分析及预测

(1)医疗服务需求加速释放。

个体是接受医疗服务的单位,人口总数的增加是推动医疗服务需求上涨的第一要素,而行业需求的增长推动整个医疗服务行业的快速发展。我国是世界人口第一大国,尽管受过往计划生育政策等因素影响人口自然增长率已呈逐年下降趋势,但是总人口数依然持续上升,各类医疗机构就诊人数相应增长。

医疗机构总诊疗人数情况

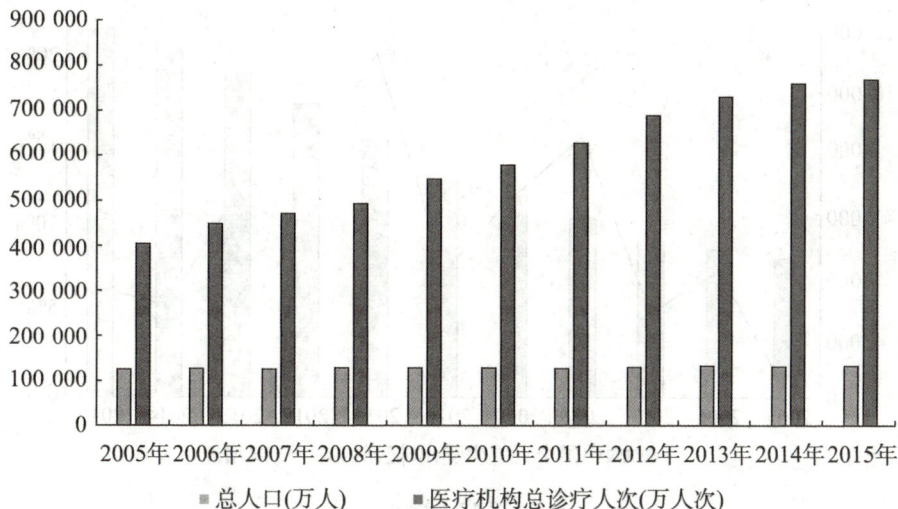

图 12-7

据研究,医疗服务需求的持续快速增长,与老龄人口的增长有更为密切的关系。截至2014年底我国65岁以上的老龄人口已超过1.3亿,比例达到10.1%,我国已成为世界上老龄人口最多的国家。根据《国家应对人口老龄化战略研究》课题组的估计,2025年老龄人口将突破3亿。北京大学国家发展研究院研究表明,65岁以上老年人口组的年均医疗费用远远高于其他组别的人群,这也说明老龄人口对医疗服务消费较其他组别有更明显的推动作用。

各年龄组人群年均医疗花费情况

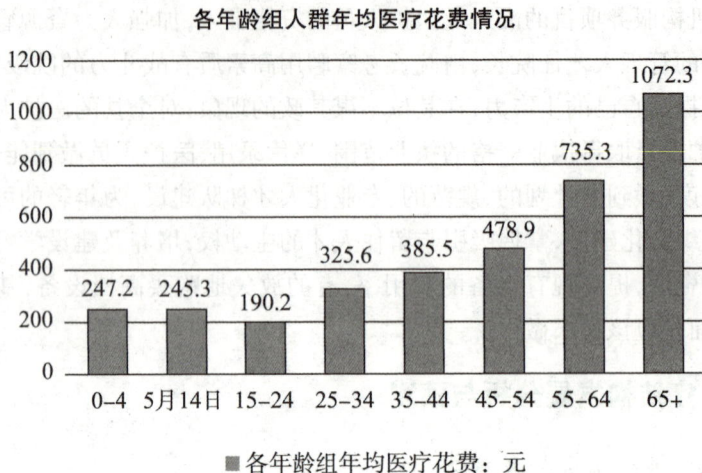

各年龄组年均医疗花费：元

图 12 – 8

在总人口数及老龄人口数持续上涨的双重推动下,我国医疗服务需求不断释放,个人卫生支出持续上涨。2015 年我国个人卫生支出已达 11 992.65 亿元,对比 1990 年 267.01 亿元,年均复合增长率达 16.44%。

中国个人卫生支出情况

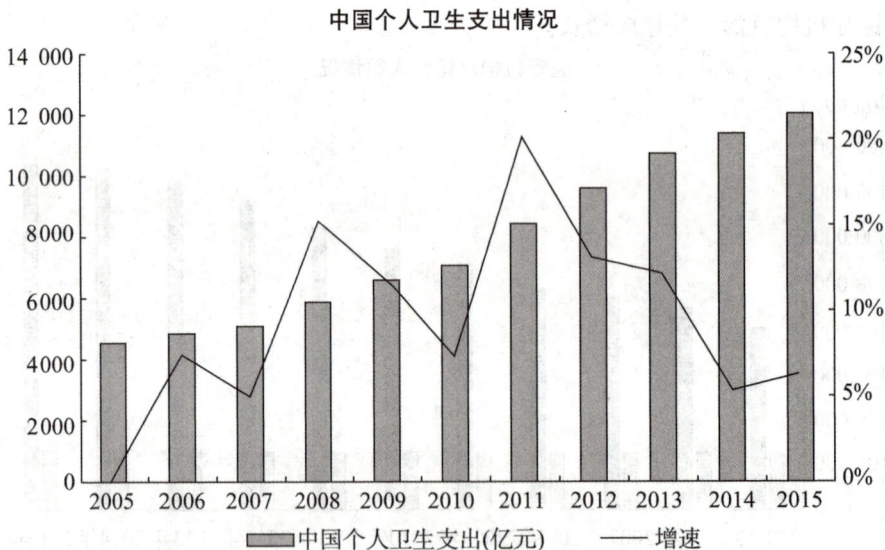

中国个人卫生支出(亿元)　　——增速

图 12 – 9

（2）医疗服务供给持续增加。

医疗服务需求持续快速增长的同时,国家从卫生投入、医疗服务机构以及医疗人员等三个层面增加供给以能满足日益高涨的医疗服务需求。

政府投入是医疗服务行业发展的关键推动力。近年来政府于医疗领域的投入持续增加,政府卫生支出自 2005 年的 1552.53 亿元增至 2015 年的 12 475.28 亿元,年复合增长率达 23.17%;占卫生总费用比重从 2005 年的 17.9% 增至 2015 年的 30.45%。

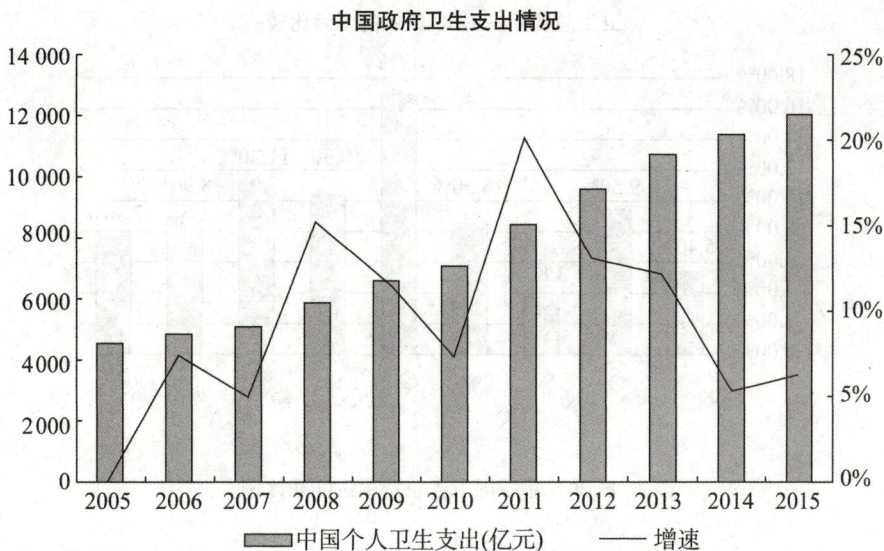

中国政府卫生支出情况

图 12 – 10

（3）医疗资源的供需矛盾。

德勤会计师事务所曾报告称,中国医疗服务市场巨大,并由此带动医疗保健和相关服务业的发展。然而,在医疗服务市场红火发展的外表下,持续的"看病难、看病贵"问题成为阻碍我国医疗服务市场健康发展的难题。造成这一问题的根本原因是医疗服务供给增量无法满足过快增长的医疗服务需求。

虽然我国医疗服务资源的供给量逐年增长,但医疗资源总量仍不足。从国际比较看,尽管我国卫生总费用持续增加,但是其占 GDP 的比例一直相对较低,卫生总费用不足。

我国的卫生总费用占 GDP 比例始终维持在 4%~6%,2015 年这一比例仅为 6.05%,远低于发达经济体。

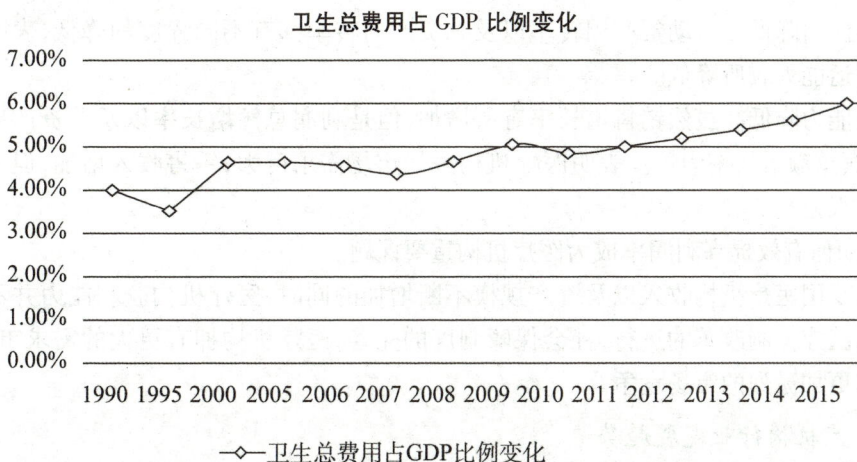

卫生总费用占 GDP 比例变化

图 12 – 11

卫生总费用占 GDP 比例的国际比较

■ 2012年各国卫生总费用占GDP比例

图 12 – 12

2.行业效益分析及预测

(1)资产规模、收入、毛利润增加。

医疗机构整体发展态势较好,资产规模以及收入水平稳步增多。随着资产规模以及收入水平的稳步增加,医疗机构净资产以及毛利润均有所增加,但增速缓慢于相应资产、收入增速;尤其是医疗机构毛利润大幅下降。2006 年我国医疗机构净资产达到 6244.5 亿元,比 2004 年增加近 1379.5 亿元,年平均增长 13.2%。

(2)行业经济运行能力下降。

行业盈利能力降低。由于药品降价、反医疗贿赂等医疗体制改革的进行,以及医疗机构普及化、竞争加剧,医疗行业暴利空间减少等原因,医疗机构销售毛利率、成本利润率以及资产报酬率三年来小幅降低。

营运能力降低。流动资产周转率以及总资产周转率都有不同程度的降低,表明医疗机构行业营运能力有所降低。

发展能力降低。虽然销售增长率有所增加,但是利润总额增长率以及总资产周转率下降,且利润总额增长率为负。表明医疗机构虽然市场需求巨大,销售收入增加,但是获取利润的能力很差。

(3)如何有效提高利润率成为医疗机构重要课题。

虽然我国医疗机构收入以及资产规模不断增加的同时,医疗机构获利能力并不尽如人意。随着医疗体制改革的进行,社会保障制度的完善,医疗机构拥有更大的需求市场,但同时也面临更加激烈的市场竞争。

3.医疗机构行业发展趋势

(1)医院规模将分为大型和小型化两种趋势。

今后医院将逐步分化为大型化、设备高精化、高新技术成熟化和小型化、专业化两种趋势。病人可享受高层次专业化的医疗服务,药物简化,检查简化,高新技术普及,医生专业

化,科学分工细化,每一所医院都会为病人提供全面的优质医疗服务。

(2)社区卫生服务组织、综合医院和专科医院合理分工的医疗服务体系逐步形成。

未来的医疗服务体系,将是社区卫生服务组织、综合医院和专科医院合理分工的服务体系。社区卫生服务组织主要从事预防、保健、健康教育、计划生育和常见病、多发病、诊断明确的慢性病的治疗和康复。综合性医院和专科医院主要从事疾病诊治,其中大型医院主要从事急危重症、疑难病症的诊疗并结合临床开展教育、科研工作。医院的医疗、教学和科研中心的地位将更加突出。

(3)医院间的协作化步伐加快。

随着医疗市场竞争的加剧,各医院要充分考虑资源的合理配置和有效利用,大小医院之间会建立各种形式的协作关系,达到资源共享的目的。比如医院集团、医院公司以及各种以合作、合资形式出现的医院等。

(4)医技保障会出现社会化服务机构。

为医院提供医技保障的部门:如影像中心、检验中心、制剂中心、血液供应中心、医疗器械维修中心等,都会有专门的机构出现,从而实现资源共享。这种资源共享的发展趋势,不仅减少了资源的浪费,也为社区服务网络提供方便条件。

(5)医院后勤服务社会化。

医院的一些后勤保障工作将委托院外企业经营,如消毒供应中心、被服洗涤中心、饮食供应中心、财务结算中心等,在地区内将以规模效益的新型企业出现。其设备、技术水平将超越单个医院,担负起区域内多个医院的任务。

(6)多媒体技术和"信息高速公路"开辟医学服务新领域。

现代高新电子信息传递技术的出现,可以实施远程医疗。用户只需备有一台微型计算机和互联网连接,通过和医院各种治疗信息的相互传递,病人即可达到不出家门或远距离接受健康咨询、会诊、治疗指导等服务。

4.对医疗产业链授信机会及建议

医疗器械产业将是未来重点发展的领域之一。随着中国医疗器械行业相关法规的完善,医疗器械行业将迎来进一步的快速发展。政府集中采购将必然引发行业洗牌,行业龙头企业的市场份额将逐步扩大。伴随着新医改的实施,每年政府给医疗体系的投入将可能达到 1000 亿元以上。2010 年,国家对农村医疗体系建设投资将达到 2000 亿元,其中用于医疗器械的占到 30%。这些均将给医疗器械产业带来新的生机,也将有助于龙头企业业绩的提升。

此外,关注受益于医改行业的企业。医改涉及面较大,政策关注于低端、全民医保,能真正受益的是具有规模优势、产品价格较低的大型普药生产企业。目前,国家已经确定基础用药目录及第一批定点生产企业,大型普药生产企业与医药流通行业的效益改善将逐步显现。根据 2010 年实现新型医疗体系这一目标,未来几年,若按人均年新增 50 元的药品消费计算,全国 9 亿农民将年新增大约 450 亿元的医药市场空间,而这一增量将主要集中在普药领域。

第二节 医学生创业的困境

一、医学生就业的困境

据权威资料显示,从 2003 年第一批扩招的医学专业大学生毕业至今,全国医学类的毕业生已超过 110 万人,并且而且还有逐年增加的趋势,但根据麦肯锡的一项调查数据显示,在毕业半年后失业率最高的专业中,医学排名第一。总的说来医学生就业形势非常严峻。

医学生就业的总体状况,具体说来,有以下特点。

1. 就业人数上升,就业率持续降低

由于高等医学院校每年持续增加招生人数,而且中国的医学院校数量众多,有的综合类大学还有医学部,从而造成的医学毕业生的总量增加,大学毕业生人数也逐年增加;而由于医院和医疗机构数量有限,因此对医学毕业生的需求有限。以上两个因素共同造成了人才供需之间越来越失衡,就业形势越来越严峻。各学历医学毕业生的供求状况并不相同,比如,同一个学校内,研究生相对于本科生和专科生来说更以易就业;不同院校之间,重点院校的毕业生相对于普通院校更易就业;不同专业之间,热门专业(比如临床医学)比冷门专业(麻醉学,传染病预防学)更难就业;不同城市之间,大型城市(比如北京,上海,广州,深圳等)要远比中小城市不容易就业。

2. 新增岗位不足,对能力的要求逐步增高

经过多年努力,医疗体系不断得到完善。但由于医学这一特殊职业具有很多特殊性,比如:学习时间较长;需要临床实践;一旦上岗,在职时间很长,退休时间较晚;人才流动性偏低等。因此有的医院和医疗机构出现了医生,护士和其他从业人员饱和甚至多人供一职的情况出现。不仅如此,由于有的医院医疗设备有限,人才数量不足,基础设施不完善,级别偏低,因此从新增岗位的数量和种类来说都很有限,进一步制约了以学生的就业情况。不仅如此,大多数毕业生都向往医疗设施完善,等级较高,最好是大中城市的中心医院(比如北京协和医院,成都华西医院等)。以上几个因素共同造成了医学人才的区域分布不合理,造成了医学毕业生就业分布的不平衡。有的重点医院,对学历要求极为严格,不如硕士以上。造成了某些本科生,专科生无业可就的局面。剩下的学历较低的学生只能去市级,县级,甚至村级医院和诊所,这也就进一步加剧了人才的分布不平衡。

3. 面对就业压力,选择转行甚至考研的道路

在巨大的就业压力的威慑下,很多人选择了不同的道路。

(1)选择与医学相关的工作。

比如有的医学生进入制药厂,从事药品的研发和生产;有的人开始从事医疗设备的采购

和销售;有的人从事医疗的宣传;有的人进了保险公司,推销人身伤害和医疗保险,这部分人也算就业,但荒废了自己学的一身本事;但有的人面对就业困难,选择了直接改行。

(2)选择考研或者考公务员。

比如现在开始流行的"国考"(国家公务员选拔考试)和"省考"(省级公务员选拔考试),吸引了大批毕业后找不到工作却又希望有一份稳定职业的医学毕业生,造成的结果是:每年有上百万人参加公务员资格考试,有的一个岗位有几百人竞争;与此形成鲜明对照的是,有的县级医院由于招录不到合适的医学毕业生,因此技术跟不上,很多手术不得不临时转到大医院去做,造成了很大不便。又比如考研,2011年总共有153万考生,这其中,医学专业的学生不在少数。通过深造,来躲避就业压力,研究生毕业后,仍然不得不面临及其严峻的就业压力。

(3)选择出国留学。

很多医学学生觉得既然国内就业这么难,通过考试出国一个该是个不错的选择。因此托福、雅思的报名者越来越多,但是由于国外的大学对于留学生数量的限制,每年医学的留学生名额最多只有几百个,这个数量相对于每年毕业的数量庞大的医学学生来说,简直是杯水车薪,解决不了实际问题。

二、社会需求导向的医学生就业前景影响分析及对策

随着近年来高校招生人数的持续扩招,我国高等教育逐渐步入大众化时代。随着教育事业的迅猛发展,办学条件的不断改善,各大院校都在不断进行扩招。2012年全国普通高校毕业生规模将达到680余万人,而医学毕业生将再超百万,其就业情况在这严峻的形势下不容乐观。党的十七大报告中特别强调"实施扩大就业的发展战略,促进以创业带动就业"。可以看出,在当今的毕业大潮下,医学生自主创业不失为一个新的出路。但不可否认的是,由于专业的特殊性,医学生创业又有诸多的影响因素。本文拟针对就业观、创业观、影响因素等几个方面对医学生展开调查,以期得出主要的影响因素,促进医学生自主创业。

1. 基于社会需求导向下,分析医学生就业前景的影响

(1)医学生就业状况。

近些年,医学院招生规模不断增大,医学生毕业的人数越来越多,在世界金融危机影响下,我国的就业形势也不容乐观。人才供需间逐渐失衡,不同层次毕业的医学生,已由原来供不应求向专科供过于求、本科平衡及研究生的供不应求转变。与普通医学院相比,重点院校的就业率要高一些。而同所院校中,影像学、预防及检验等专业的医学生因毕业生少,需求依旧旺盛,但临床等专业的学生就供应高于需求,就业率相对低一些。但整体看来,医学生的就业率依然处于下降趋势,大城市就更是趋于饱和。医学生大都愿进入大城市当中的医院工作,但随着多年补充完善,二甲以上医院的医疗人员基本饱和,甚至出现了超编状况。同时,这些医院对应聘人员学历的要求越来越高,除非常优秀人才及个别岗位外,医院大部分人员均要在硕士及博士学历以上。

（2）就业体制不健全，择业观陈旧。

医学生就业困难是我国社会体制不健全的具体反映。在社会需求导向下，劳动力间的供需并不是很平衡，劳动力的结构层次不是很合理。与其他专业学生同样，医学生大量涌向东部沿海及大中城市。在基层单位及广大农村地区，需要大量医疗人才充实，但很多医学毕业生并不愿意选择这些单位，择业观较为陈旧，认为县级以上的医院才有可能展现出自身的价值。在就业方面，竞争意识不足，就业期望值较高，还有些医学生认同的就业面窄，非专业岗位不接受。

（3）医学院扩招专业与社会需求相偏离。

目前医学院与市场供需不相匹配，矛盾较大。特别是医学生实际能力及综合素质方面，教学质与量关系没有处理好，并且医学院专业设置也不是很合理，临床实践与理论教学方面缺乏规范全面的评价体系。在专业设置及教学内容等方面较为落后，社会需求量比较大的专业，没有毕业生，有些专业的毕业生就相对过剩。像麻醉、影响及护理等专业的毕业较少，社会需求量较大。不合理设置使得学校与社会需求相偏离，影响了医学生毕业之后的就业前景。国家政策在影响创业的因素中占很大的比例。近年来，国务院办公厅及有关部门制订了一系列相关政策，鼓励毕业生多种渠道、多种方式就业，支持毕业生自主创业。比如在资金方面，在《国务院关于进一步加强就业再就业工作的通知》和《中共中央办公厅 国务院办公厅关于引导和鼓励高校毕业生面向基层就业的意见》中明确指出，大学生自主创业可获得以下政策支持：第一，可以获得小额担保贷款和贴息支持；第二，免收有关行政事业性收费；第三，可以获得培训补贴；第四，可免费获得创业服务。但是实际上真正了解这些政策的毕业生却不多，究其原因，一方面是由于很多医学生本身没有这方面的意向，创业意识不强，因此本身关注的就很少；另一方面也是由于政府和学校并没有深入地推广和宣传，学生获知的途径太少。正是由于医学生对于这些政策了解较少，从而导致他们选择创业之际不能够很好地利用国家提供的优惠条件，遇到流程、资金方面的问题时不能寻求政府加以解决。对于上述问题，最主要的解决方法是加强医学生对政策的了解，这时高校相关部门就要起到相当重要的作用。高校的就业指导中心目前仍然将促进医学生在医疗事业单位就业作为主要指导方向，举行招聘会、就业宣传讲座等，但是忽略了引导医学生自主创业，缺少关于创业的指导及对于国家相关政策的宣传。因此，医学院校的就业指导中心应该加强创业指导和对国家优惠政策的宣传。第一，开设创业指导课，培养学生的创业意识和思路，也可以邀请一些创业成功的企业家，为医学生开设创业讲座，增加医学生创业的意向；第二，学校可举办一些创业设计大赛，为医学生提供一个锻炼的平台，激发医学生参与创业的热情。当学生有了很强的自主创业的意识，对政策的关心程度也一定会随之增加。除此之外，不可否认的是，目前针对医学生这一特殊专业人群自主创业的相关政策仍不完善，国家应加强对创业的支持力度，提供创业信息和创业平台，增加技术上的支持力度。

（4）自身因素。

创业的主体是医学生自己，因此在创业过程中，自身的因素至关重要，而提高自身素质又可以从以下几个方面入手：首先，医学生应建立正确的创业观，应该认清现在的就业形势，跳出必须在医疗事业单位就业和专业对口的观念,主动培养自己的创业意识和能力,应该意识到自己除了传统的就业方式外有很大的发展空间,而去主动发掘自己的潜能。各个专业的学生应该学会利用自己的专业优势,拓展创业思路,如诊所、保健中心、月嫂服务及病人陪护等方面的工作。其次,提高专业水平。统计得知,大多数医学生会选择医学相关专业来进行创业,因此自身的专业水平非常重要。而医学生自身专业水平的提高,可以为自己提供技术上的支持,也可以避免创业时发生一些技术上的错误。再次,拓宽知识面。由于专业的限制,医学生对于其他领域的知识比较欠缺,因此在开始创业时可能因种种涉及商业知识的问题而遇到瓶颈,处处掣肘,阻滞创业的进展。因此,在准备创业时,医学生应该多学习创业的相关知识,如经济学、管理学和相关法律法规。最后,增强团队意识,提高社交能力,加强人际交往。有将近1/3的学生认为团队合作也是影响创业成功的一大因素,所以提高团队合作的意识从而学习一些团队合作的知识也是必不可少的,同时也应该多参加一些团队训练以提高团队协同能力。良好的沟通能力是成功的重要基础,加强人际交往能力至关重要。在平时的生活中,医学生就应有意识地培养自己的人际交往能力,在创业的过程中也可以得到更多的支持。

(5)市场环境及社会支持。

良好的市场环境对相关产业的发展有明显的推动作用,因此,在创业之前考察市场环境这一环节必不可少。医学生应主动考察当前市场情况,了解哪些行业已经趋于饱和或行业环境较差,哪些行业方兴未艾,哪些行业还未兴起但形势良好,从而正确地选择创业项目。在每年庞大的毕业大军中,选择创业的人只占很少一部分,而医学生创业的则少之又少,社会上对于医学生创业的支持也相对缺乏。因此,社会对医学生创业应加以鼓励,积极为其营造良好的创业环境和提供有利的创业条件。

总而言之,自主创业已经成为医学生解决就业压力、创造自我价值、实现理想的一个重要途径,这是一个复杂而漫长的过程,需要医学生做好充分的准备来面对困难。同时也需要政府和社会各界对创业者给予充分的支持和鼓励,为医学生创造一个良好条件,促进医学生自主创业,以实现医学生的全面创业和发展。

三、医学生走出创业困境的对策

医学院校的毕业生就业主要面向两大领域,即医院和医药公司,统称为医药行业。医药行业是按国际标准划分的15类国际化产业之一,被称为"永不衰落的朝阳产业"它包括医疗事业、医药工业和医药商业。由于医学院校的数量和规模不断发展,相应医学院校的招生人数和毕业生人数也在扩张,仅2006年全国普通高等学校医药专业招生人数就为39.2万人,毕业生人数为25.3万人。普通高等医学院校招生人数不断攀升,势必带来医学生就业问题越来越突出。因此随着市场竞争的不断激化,以及中国就业矛盾的日益尖锐,毕业生就业难的现状不但没有缓和的可能,而且会逐年升级。有专家指出,鼓励创业有利于解决这一问题,创业能带动就业,能给国家的经济建设带来许多好处。

医学生自主创业可以促进自身素质的培养,把知识和能力运用到实践中,更重要的在于能提供新的就业岗位,缓解当前医学生就业压力异常严峻的现实。

1. 医学生要逐渐培养创业思维,提高创新意识,自主更新就业的传统观念

(1)就业观念决定了就业取向。医学生在校期间就应该认清当前的就业压力形势,调整就业观念,跳出单一的医疗事业单位与专业对口这个禁锢,对自己的大学和将来的职业做出规划,做两手准备。一手准备毕业后直接就业,一手准备毕业后自主创业。

(2)创业与创新有着密不可分的联系。可以说,创新贯穿于创业的全过程。无论是发现市场机遇还是撰写创业计划,再到创业融资乃在创业活动的管理与控制,都是一个创新的过程。所以,作为一个创业者,必须具有在技术和管理上的创新能力。当然,这里所说的创业者并不局限于个体,而是包括团队在内的组织。创新能力又来源于创造性思维,很难想象一个墨守成规、循规蹈矩的人能够成为一个成功的创业者。比如,广泛的参加校内外的各种校园文化活动。丰富多彩的校园文化活动是大学生发掘自己的重要窗口,相对于其他社会群体,大学生更容易从社会活动中形成对自身的了解与评价,能够使他们了解自我、悦纳自我、正视自我、接受现实、接受他人、与人为善、协调和控制情绪,保持良好的心境。在专业知识学习中培养自己的创业意识,在活动中培养自己的创新能力。

(3)除学习专业相关课程外,医学生应当积极投入到社会法律、计算机应用、医院管理学与企业管理学等与创业有关的学科的学习当中去,广泛了解相关知识,这样可以较好地解决医学生创业知识面窄的瓶颈制约。作为时代的精英,我们不应该只追求稳定的收入和稳定的工作单位,要具有随时应对社会变化的心态和适应社会的能力。

2. 医学院校要从课程安排上和技术上加强对学生的指导和支持

(1)开设创业指导课,渗透创业思路。医学专业的专业性特别强,学校除了继续开展原有的就业指导课,还应该切合国家政策与实际,开展形式多样,切实有效的创业指导课,为医学生创业提供理论支持,使医学生在态度上树立起职业生涯发展的自主意识,树立积极正确的人生观、价值观和就业观念。能够掌握自我探索技能、信息搜索与管理技能、生涯决策技能、求职技能等,还应该通过课程提高学生的各种通用技能,比如沟通技能、问题解决技能、自我管理技能和人际交往技能等。并要基本了解职业发展的阶段特点;较为清晰地认识自己的特性、职业的特性以及社会环境;了解就业形势与政策法规;掌握基本的劳动力市场信息、相关的职业分类知识以及创业的基本知识。

(2)开展形形色色的创业活动。全国大学生"挑战杯"创业大赛是一个很好的平台,医学院校也应该以此为契机,举办各种类型的创业大赛,激发学生参与的热情。同时,医学院校也可以创办自己的创业基地,给学生打造更多的创业平台,各个专业的医学生可以利用不同专业形势,拓展创业思路,不拘泥于专业对口,敢于想到并大胆尝试创办那些与医学专业相近或相邻的新兴行业工作,如保健、康复、美容、医药、家庭护理、计划生育、临终关怀、养老院等。要敢于从事相关职业,一些交叉学科的专业人才,如保险公司的医药核赔师、医药公司的医药代表、专门处理医疗事故的律师等,为积极创业的学生提供一个更好的环境。

(3)积极鼓励社会与家庭给予学生创业支持。医学生创业是一项开拓性的事业,需要来

自各方面的支持。当然,医学生创业也有其自身的优势,我国新一轮的医疗卫生改革正在进行中,体制的改革,覆盖的范围很广,涉及各个方面的人事调动和组织安排,也肯定要增加一些原来没有的各种各样的医疗机构、药品生产与监测等的公司或事业单位。还有其他的配套的设施或者服务项目也是这次医疗卫生改革成功的重要组成部分。各个专业的医学生可以利用这个大好形势,拓展创业思路,不拘泥于专业对口,中小城市、社区、广袤的农村地区,缺医学人才,可以为医学生创业提供广阔的场地。有了这样一片创业的沃土,医学生创业可以从基层干起,大大提升创业的成功率。社会要多给予医学生创业以鼓励,家庭在创业者遇到困难与挫折时,要宽容的对待他们,给他们更大的支持,不要只看到一时的成败。

医学生创业是一项系统的工程,也是解决当前医学毕业生就业难问题的一条重要途径,医学院校、医学生自身甚至家庭和社会等方面都应积极地去营造和谐的创业环境和有利的创业条件,实现医学生的全面就业。

第十三章
医学生创业教育

第一节　医学生创业意识的激发

一、医学院校加强创业意识教育的必然性

随着近年来高等教育事业的快速发展,医学类高校毕业生逐年增多,每年毕业生的就业问题已经成为当今社会重点关注的现象。医学院校专业性强,毕业生的就业范围小,高等学校不断扩招、用人单位需求逐渐饱和、社会大环境改变等因素的影响,导致其就业市场发生了较大的变化。在这样的大的社会背景下,加强医学生创业意识的培养,支持、鼓励大学生积极自主创业,是解决医学生就业问题行之有效的方法。大学生创业不仅是实现自身价值的平台,还是创造就业机会,对于家庭和谐、社会稳定、经济发展至关重要。

二、医学生创业意识教育存在的问题

1. 医学生自身存在的问题

首先,放眼当今社会,要想成功创业,只有拥有专业技能是远远不够的。医学生所学课程专业性较强,有关商业方面的知识严重匮乏,对市场经济运行情况知之甚少,再加上残酷的市场竞争,使医学生创业处于劣势。每当提到医学生以创业代替就业时,广大医学生首先想到的是开诊所,想到自己一没钱、二没经验、三没有医师执照,简直天方夜谭,从而创业计划也夭折。其次,许多学生认为创业是找不到工作的无奈之举,他们认为只要拥有大学毕业文凭,将来就会有所成就。在严峻的就业形势下,稳定的职业仍是医学毕业生最高的追求,片面地认为医学生创业是叛逆和无奈的行为,极少有人想过去探索一条充满坎坷和未知的创业之路。再次,创业伴随着一定的风险,部分学生人格发展不健全,世界观、人生观及事业观还显得很不成熟,一些医学生的挫折耐受力低、社会适应能力差,存在人际交往障碍,无法以良好的心态面对就业过程中遇见的挫折。再加上少数学生在创业之前对创业前景过度乐观,在创业实施过程中遇挫后,从自信乃至自傲转变为自卑乃至自弃的极端心里。

2. 医学院校存在的问题

从广义上说,创业教育是为了培养具有开拓性创新性的个人,从本质上说,创业教育就是指培养学生创业意识、创业素质、创业技能的教育活动,其中创业意识教育是前提。有些医学院校的教师认为只需学好专业知识和掌握专业技能,无须接受创业教育。我国大部分医学院校创业教育师资缺乏创业实战经验,对学生进行创业意识教育显得力不从心,难免使创业意识教育陷入纸上谈兵的尴尬局面。我国目前的教学模式仍然以机械的知识教育传授为主,特别是医学生专业课程多、学习压力大、社会实践少,忽略学生个性化、创造性、创新性的培养,创业意识教育体系不完善,创业将难以付诸实施。

3. 社会环境对医学生创业意识教育的制约

浓郁丰富的创业环境是学生创业意识教育的基石。要营造一个浓郁的创业意识教育氛围必须得到政府、社会各界和高校本身的大力支持。为扶持学生创业,发达国家均有各自的信贷计划和创业基金,为学生创业提供咨询和资金、技术、网络支持。而我国医学生创业并未引起全社会足够重视,相比普通院校,医学院校专门用于创业教育的资金和匹配的相关政策显得不足。此外,医疗行业创业还有执业资格的限制,医疗服务行业所面对的性命和健康的严肃性执业资质的限制等,选择医疗创业的学生将面对更多的困难,而有关行政部门对医学生创业支持力度也不够,特别是在资金支持、政府项目、创业教育与培训、商务环境等方面。总之,社会和学校还没有形成一个良好的氛围去滋生和培养大学生的创业意识。良好的社会环境对学生创业意识教育有着非常重要的作用,努力建设良好的创业意识教育环境应当引起全社会重视。

三、增强和培养医学生创业意识的对策

1. 解读政策,激发医学生的创业意识

近年来,国家出台了一系列扶持大学生创业的方针政策,但医学生把主要的精力都放在专业知识的学习上,对其他事物甚少关注,据调查发现,82%的医学生不了解创业优惠政策。这说明学校对于创业政策的推广和宣传工作还做得不够。因此,医学院校应给予重视,开设创业指导课程,在平时多宣传国家的政策,并留意对有创业意向的同学重点引导,也可以邀请一些创业成功的企业家开设创业讲座,增加医学生创业的意向。

2. 培养创业师资队伍,构建完善的课程体系

首先,加强师资建设,以老师的言传身教来培养学生良好的创就业观念。聘用既了解医学行业有具备创业知识和技能的教师任教,打造一支专兼职相结合的创业教育教师队伍。其次,要完善创业教育课程体系,采用灵活多样的教学手段,并可分不同年级开展不同阶段的创业教育,提高学生各方面的素质。

3. 依托校园文化,组织各种实践活动

相对于课堂教学,大学生更容易通过丰富多彩的校园文化活动来了解自己。医学院校可以举办相关的创业设计大赛、创业课题研究,培养医学生的创业观念和创业精神;深入发掘校友资源中的创业成功典范,邀请他们回母校做创业专业报告;开展创业教育实践和创业孵化基地等活动,激发创业热情。

4. 建立平台,提供一定的创业支持

可以设立专门机构,向学生提供与创业教育相关的配套服务;建立 SYB 创业培训基地示范点,指导学生创办自己的企业;设立创业基金,在一定程度上提供支持;依托政府,创建创业孵化基地,提供场地和技术支持;同时,学校创业部门还可以整合各专业创业资源,帮扶组建具有各项专长的创业团队,将创业的风险降到最低。

第二节 医学生创业动机

　　创业是市场经济发展的一个必然趋势,而医学生则是创业大军中一股强有力的力量。但是,医学生创业现状却不容乐观,所以作为学校和社会,要对其进行必要的教育和引导。要对医学生进行创业教育,首先要了解医学生创业的动机和特点。

　　创业动机是创业行为背后的驱动力,促使具有创业能力和创业条件的个体进行创业,是区分创业者和非创业者的重要区别。医学生创业动机又有着其特殊性,有人曾经对医学生创业动机进行了调查。对医学生创业动机进行具体分析,可分为以下几种。

一、满足医学生价值观需要

1. 医学生价值观的现状

　　医学生是未来的医务工作者,是人类的健康使者,担负着救死扶伤的重任。总体而言,当代医学生在理想追求、人生态度、医德等方面的主流是健康的,他们大部分认可社会主义核心价值体系,拥有献身医学的人生态度和较高的职业道德标准,认为扎实的医术与高尚的医德是实现个人理想和人生追求的前提和基础。但是由于我国社会处于历史转型期,拜金主义悄然滋生,个别医学生出现了自我迷失与主体失落的现象:他们有较强的个性,但在学习、求职、恋爱等行为中,表现相当的从众性;他们渴望成功,但缺乏明确的人生目标;他们认为"救死扶伤"是医生的天职,但也赞成医生收受"红包"和"回扣"的行为。他们一方面承认医生职业的崇高,另一方面又目睹医生不太受尊敬的现象,这些都或多或少影响了他们价值观的形成。

2. 医学生核心价值观培育的内容

　　医学生核心价值观与社会主义核心价值体系,两者之间是微观与宏观、个性与共性的关系。在价值主体的范围上,医学生的核心价值观仅包括未来的医务人员,而后者则涵盖我国全体社会成员;在价值标准上,国家对医务工作者的道德素质标准要高于一般社会成员。因此对医学生核心价值观的提炼,应将社会主义核心价值体系作为理论根基,又要凸显医学行业的色彩,纳入医学的话语体系。依据社会主义核心价值体系的基本内容,医学生的核心价值观可凝练为"健康至上,献身医学;勤于学习,敢于创新;救死扶伤,廉洁行医"。

　　(1)健康至上,献身医学。

　　"健康至上"是马克思主义指导思想在医疗领域的体现。马克思主义理论不管是哲学、科学社会主义还是政治经济学,都是紧紧围绕人展开的,在根本上对人进行改造,最终实现人的全面发展。马克思指出,全部人类历史的第一个前提无疑是有生命的个人的存在。恩格斯则把人的需要分为三种层次:生存、享受和发展创造的需要。其中医疗需要属于人的生存需要,人正是在需要的不断产生和满足过程中,发展其本质力量,促进人全面发展。"献身医学"是医学生所追求的共同理想。它可以激励医学生们掌握和实践医学知识,促使他们在漫漫的求医之路上精益求精,引导他们准确认识国家和民族的前途,鼓励他们精医报国,为建设富强、民主、和谐的社会主义现代化国家做出贡献。

(2)勤于学习,敢于创新。

它符合民族精神和时代精神的要求。民族精神的核心在于爱国主义。医学生肩负着神圣的社会责任和时代使命,是我国医疗卫生事业的主力军和接班人,因此更要心怀祖国和人民。一个优秀的医生会情系祖国,以人为本,视患者为亲人。医生是一种知识永无止境的职业,许多疑难杂症还有待攻克。广大医学生只有增强医学责任,打好基本功,学习世界范围内先进医学知识,了解医学界最新前沿动态,才能实现"医学梦"。医学不是"死记硬背"的学科,广大医学生要拓展创新思维,独立思考,学会学习,注重理论与实践相结合,不盲目迷信权威。

(3)救死扶伤,廉洁行医。

它符合社会主义荣辱观的要求。医务人员应当把维护病人生命,促进人民健康,看作自己最光荣的使命。马克思认为,如果我们选择了最能为人类福利而劳动的职业,那么我们的幸福将属于千百万人。

扩展阅读

医以德为本,无德不成医

《心律失常的诊断和治疗》《冠心病心电图学》《如何分析心律失常》《心电图鉴别诊断学》……12部心血管病专著,填补了心电学国内出版界的空白,更获得了中华医学会颁发的"中国心电学终身成就奖",他就是滨州医学院"终身教授"张文博老师。

在张教授近50年的医疗生涯中,"医以德为本,无德不成医"的千年古训,一直是他能够成为一名具有高尚医德和高明医术受人爱戴受人尊敬的良医的最执着的信念。

有学生、病人的地方,就是战场

张文博,1933年出生在烟台一个并不富裕的家庭,5岁开始读书,勤奋好学,异常刻苦。1947年随家人迁居青岛。1952年他以优异成绩考取山东大学医学院,大学期间更加努力,5年只看过两三次电影,星期天,在图书馆一待就是一天。当时我们的国家刚建国不久,一切都百废待兴,全国人民正意气风发团结一致大干快上,年轻而充满朝气的张文博在这种热火朝天的氛围中也决心多读书,读好书,用自己扎实的本领为祖国多做贡献。所以,他对一切都感兴趣,除了专业外,他还通读了马克思的《资本论》,对外语更是情有独钟,不仅是英语,还学了日语和俄语,阅读了大量的文学作品,这些为他以后取得巨大的成绩奠定了坚实的基础。1956年,张文博圆满完成学业被分配到青岛医学院工作。20年后,由于工作关系他又来到了滨州医学院。

让病人少花钱,治好病

"救死扶伤"是医生的天职,也是医生这个职业在社会中赖以立足的基石。整个社会都要求医生要有起码的医德医风。张文博在他从医的近50年里,坚持不变的原则就是:尽可能让病人少花钱,治好病,从不收红包,不开拿"回扣"的药。

张文博在青医工作期间,有三分之一的时间是在农村参加巡回医疗,农民看病难,农民生活的艰辛他看在眼里,记在心里,虽然没有太多的钱可以贴补,但是,他可以用自己的实际行动减少农民的负担。他说:"要想让病人'少花钱,治好病'的一个关键就是积极钻研业务,深入了解病情,及早做出诊断。"多少年如一日,他除了学习就是学习,除了工作还是工作。

1963年,胶南县青年农民韩某,因慢性持续性房性心动过速发作晕厥,在青岛市立医院住院,张文博是主治大夫,当时这种病国内文献尚无报道。于是他查阅了大量的国外文献,在新出版的《美国心脏杂志》看到4例报道。详细阅读,反复思考,将他们的经验用于病人身上,很快病人的病情稳定下来,但需要住院治疗。韩某家在农村,有三个孩子,经济十分困难,张文博帮他精打细算,住了一周院只花了十几元钱。以后的几十年一直与韩某保持联系,按时给他寄药。直到2003年韩某去世。

生命不息,战斗不止

张文博是退休了,可他是退而不休。每周二和周四上午,他到内科病房查房,对一些疑难病例,他依然亲自询问病情,以求做出早期诊断,早日为病人解除痛苦。2002年,博兴有一位老年妇女突然发作呼吸困难、胸痛,诊断不明,张文博查房后又去病房仔细检查病人,询问病情,最后确诊为肺栓塞,对症治疗后病人很快恢复健康。为了病人,他从退休到现在一直辛勤工作在第一线。同事们都关切地告诉他要多注意休息,他说:"来日不会太长了,我愿趁自己的体力和智力还好的时候多为滨医做一些力所能及的工作。"他不仅关心每位医生的技术提高,也重视护士水平的提高。他曾用了一年的时间给她们讲课,讲心电图,讲心血管药物等,使内科护士的技术水平在全国闻名,外出进修也获得很高的评价。

张文博已近古稀之年,但他从没放松过自己,学习工作从不间断,他知道心力衰竭晚期的治疗十分困难,称为难治性或顽固性心衰。他在2001年的欧洲心脏病杂志和2003年美国心脏病杂志上看到了"小量高渗盐水合并大剂量呋塞米"治疗策略。经过认真研究,他认为这虽然是一个反传统的治疗观点,但有坚定的理论基础,又有近200例的使用经验,于是他号召在科内开展了这一治疗方法,治疗数例患者,疗效十分显著,况且这个治疗方案花钱极少,一个疗程不过数百元,而以往治疗难治性心衰一天就能花上几百元甚至上千元。所以,他们已将这个治疗方法作为心内科的研究课题,准备进一步开展工作。

今年张文博教授从事内科临床工作兼心电图工作整50周年。2005年9月24日,张文博教授在北京卫生部礼堂接受了中华医学会颁发的"中国心电学会终身成就奖"荣誉证书,全国仅有6位心电学专家获此殊荣。目前,他依然担任《滨州医学院学报》的特邀编委,《心电学杂志》《实用心电图学杂志》《中华现代中西医杂志》的编委,定期给他们撰写文章。他说:"生命不息,战斗不止。我想在我有生之年,继续学习,继续工作,为提高我院的医疗质量、教学水平和培养年轻一代做出自己应有的贡献"。

3.培育医学生核心价值观的途径

医学生核心价值观的培育不是一蹴而就的,它渗透在学校育人工作的各个环节。其中课堂教学是培育的主渠道,校园文化活动是重要载体,临床实践活动是有效阵地。只有构建课堂教学、校园文化、临床实践"三位一体"的育人平台,才能提高培育的实效。

(1)充分发挥课堂教学主渠道作用。

培育医学生核心价值观,首要的是加强和改进高校课堂教育。要紧密结合医学生的思想实际,了解医学生关注的焦点,通过讲授思想政治理论课,主动推进社会主义核心价值观进教材、进课堂、进学生头脑,让医学生能够在大千世界中,通过政治理论的学习较好地解决思想上的疑惑,使他们在面对价值多元取向时,能在比较中辨别、困惑中清醒,从而确立有意义的核心价值观,而不是被动地接受。正如著名教育家苏霍姆林斯基所说:道德,只有它被学生自己去追求,获得亲身体验的时候,才能真正成为学生的精神财富。因此,教师要改变单方面灌输的教学方式,采用互动式教学、启发式教学、案例式教学等,用心、用情启发学生思考,多运用通俗风趣的语言、鲜活生动的案例、新颖别致的形式,充分发挥医学生在价值观培育中的主体作用,让他们主动辨析善恶美丑。

(2)充分发挥日常思想政治教育的促进作用。

理论如果不回归生活就会被生活遗忘。日常思想政治教育,则是培育医学生核心价值观的重要途径之一。核心价值观的内容是根植于生活。医学生中思想困惑问题,是靠辅导员及班主任的日常思想政治教育来解决的。拉思斯认为,如何处理生活中常见的友谊、恐惧、合作、爱情、贫穷、金钱、暴力等问题,不是学生个人的问题,而是重要的社会问题。并且正是这些问题使生活复杂化,造成价值问题显得扑朔迷离。这就要求我们贴近学生,以学生为本,想学生之所想,急学生之所急。与其他非医专业的大学生不同,医学生有着更多的现实困扰:学习任务繁重,考试密集,不少学生过着单调乏味的生活;就业压力大,医患关系的紧张,媒体的不当渲染,使得不少医学生心理失衡。针对这些困惑,我们要通过走访、座谈、QQ群等形式,把核心价值观融入这些问题的解决之中。通过学习上帮助、生活上关心、心理上疏导等方式,切实满足医学生各方面的合理需求,引导他们在艰辛的求医道路上,选择实现自我价值的途径,树立起正确的价值观念。

(3)充分发挥校园文化的引领作用。

大学校园文化是大学精神风貌的展示,是培育医学生核心价值观的重要途径。良好的校风是学校广大师生员工宝贵的精神财富。要加强学校领导干部的作风建设,形成以人为本、开拓创新、民主管理的优良作风;要加强师德师风建设,引导广大教师教书育人、严谨笃学、淡泊名利,成为校园文化建设的参与者和指导者;要引导学生孜孜不倦,勤于思考,优良的校风、教风、学风能积极促进学生价值行为的养成。其次,学校要以核心价值观来统领校园文化建设,积极举办丰富多彩的校园文化活动,着力于培养学生关爱弱者、乐于施善的行为习惯,让核心价值观渗透到医学生的意识中去。此外,学校要重视校园环境建设,校园里的花草树木要精心规划,楼亭与走廊悬挂医学名人的画像和名言,让墙壁会说话,从而增强医学文化意蕴,使学生在不知不觉中受到感染。同时,学校可以充分利用网络媒体,在校园网或校报开辟核心价值观专栏,融知识性、思想性、趣味性于一体,倡导积极健康的价值观念。

(4)发挥医学生临床实践活动的教育作用。核心价值观的培育重在实践教育。马克思指出,不是意识决定生活,而是生活决定意识。医学生核心价值观的培育,有赖于活生生的临床实践活动。注重临床实习的医德教育。医院里病人痛苦的呻吟、血淋淋的伤疤、无助的呼唤,都会使医学生产生强烈的同情心和责任感。这些丰富的情感体验有利于医学生形成"救死扶伤、健康至上"的价值观。在临床实践中,实习医院在向学生传授专业知识的同时,可以帮助学生总结自身医疗服务中的经验教训,组织学生分开展医疗行风评议讨论等活动,引导学生在纷繁复杂的社会现象中冷静思考,增强辨别是非善恶的能力。同时,能促使学生把核心价值观内化为约束自身行为的一种信念,牢牢确立"健康所系,性命相托"的神圣使命,收到在课堂教学中无法收到的好的效果。

感悟名医榜样,学习身边典型。古往今来,我国许多优秀的医生,继承了"大医精诚""悬壶济世"的优良医风,默默奉献,谱写了一首首生命的赞歌。

扩展阅读

2013 感动中国十大人物:周月华、艾起——残疾医生夫妇

颁奖词:她背起药箱,他再背起她。他心里装的全是她,而她的心里还装着整个村庄。一条路,两个人,二十年。大山巍峨,溪水蜿蜒,月华皎洁,爱正慢慢升起。

获奖名片:清香传得天心在。

周月华,女,43 岁,重庆北碚区柳荫镇西河村乡村医生,艾起是她的丈夫。

周月华出生后 8 个月被诊断为先天性小儿麻痹症,左腿残疾,这一切并没有摧垮她生活的意志。凭着自己的执着,周月华完成了中学学业并成功从卫校毕业。

在找工作的过程中,周月华因身体残疾而四处碰壁。后来,看到乡亲们每次都要步行几个小时才能到镇上医院看病,她就动了行医的心思。

周月华将平时省吃俭用下来的 200 元加上家中仅有的 600 元储蓄作为开诊所的启动资金,又把家里堂屋修整了出来做场地,药品采购则靠两个弟弟用小竹筐一筐筐往回背,1990 年 11 月,周月华的"柳荫镇西河村卫生室"终于正式挂牌营业了。

"我喜欢我的工作,喜欢我现在所做的一切。"周月华说道,"住在偏远地方,农民看病要走上好几小时。所以我现在做多一点,让乡亲们少跑一点,少花一点,自己会感到很开心。"

最开始行医时,周月华右肩挎的是药箱,左肩挂着拐杖在山间艰难行走,这种行医方式直到她遇到了人生中的第二条左腿——她的丈夫,艾起。

周月华和艾起结婚之后,无论上山涉水,刮风下雨,只要有出诊,艾起便会揽起周月华的手,用宽阔的后背将她背到病人家里。"背你一辈子,我无怨无悔!"这个男人用 20 年的行动,默默支持着妻子的事业。

二十多年来,她硬是靠着拐杖和丈夫的后背,"爬"遍了方圆 13 平方千米的大小山岭,为辖区近 5000 村民带去了医疗服务。

"没有他,这么多年,我做不到的。"周月华说道,"他是我这辈子的第二条左腿。""我背着她走了 18 年。我说过要背她一辈子,就要实现这个诺言,永远都不放弃。"周月华的丈夫艾起说。

二、满足医学生职业理想需要

虽然我国的大学生就业率达到了 90%,但是这个指标水分相当多。几乎所有的学校为了提高就业率指标,都会让一部分学生"被就业"。实际上目前大学生就业的情况不容乐观,存在着人才过剩、竞争大、专业不对口、薪酬低等问题。除了客观因素导致就业难之外,怕吃苦、眼高手低、对自己的错误定位等主管因素也严重影响了大学生就业。据权威资料显示,从 2003 年第一批扩招的医学专业大学生毕业至今,全国医学类的毕业生已超过 200 万人,并且而且还有逐年增加的趋势,但根据麦肯锡的一项调查数据显示,在毕业半年后失业率最高的专业中,医学排名第一。总的说来医学生就业形势非常严峻。在这种情况下,部分找不到合适工作或者不满意替人打工的大学生,也走上了创业之路。

1. 医学生职业理想教育的重要意义

(1)理想对于青年学生的成长至关重要。

理想是指引人生的奋斗目标。俄国伟大的文学家、思想家列夫·托尔斯泰曾经说过:理想是指路明灯,没有理想,就没有坚定的方向;没有方向,就没有生活。德国戏剧家、诗人歌德认为,一个人最重要的就是要确定一个伟大的目标,并决心实现它。理想提供人生前进的动力。理想是悬在人生之路上的明灯,指引人前行。作家高尔基曾说,当大自然剥夺了人类用四肢爬行的能力时,又给了他一根拐杖,这就是理想! 理想能提高人的精神境界。理想会给予一个人向善的力量,同时也会赋予其拒恶的勇气,人的一生,难免有坎坷,有挫折,有各种各样的诱惑,胸怀远大理想的人,不会自暴自弃、随波逐流,也不会在利益与诱惑面前,放弃自尊。

(2)医学生职业理想教育是体现医学职业精神的要求。

医学生的职业理想,就是个人渴望达到的医学职业境界,是对未来职业活动和职业成就的超前反映。医学生个人的职业理想,与社会需求的医学职业精神密切相关,具体表现在对生命的敬畏和人类健康的珍重,就是把病人的利益放在第一位,坚持以病人为中心,关注病人的健康,重视病人的权利、人格,维护病人的利益与幸福,在专业上求真务实、开拓创新,在医疗临床实践中尊重客观事实与医学规律,依据循证医学方法进行科学试验的开拓创新,在操作规范指导下进行医学临床防治疾病实践,防止差错事故,推动医学科学的发展,为人类健康服务。引导医学生树立崇高的职业理想,就是要培养学生对职业境界的憧憬和追求,就是在未来从事职业过程中所追求的贡献以及自我价值的体现。

(3)现代医学发展要求医生必须有理想信念的力量支撑。

当下,自然科学属性领域均取得了日新月异的进步,各种新技术、新发现、新疗法等层出不穷,让人目不暇接,仅一个《中国生物医学文献数据库》(CBM)每年增加的文献量就达40万余篇,这就要求从医人员必须终生坚持学习、艰苦探索。随着人类的进步以及医学模式的转变,其社会科学的属性也得到了空前的重视和发展,现代医学更加强调社会、经济和心理因素对生理的影响以及人们内外环境、心身的统一,从而使医学介于自然科学和社会科学之间,两者互相渗透和促进。敬畏生命、珍重健康的价值理念充分体现了其人与人互相关怀的人文属性,人们对生命权、健康权、知情权等的追求,给医学带来了巨大的挑战。生命系统的复杂和奥妙无穷,注定了医学的复杂和困难。作为医学的实践者,医生被赋予了极高的要求,他们既要具备丰富的医学科学知识,掌握高超的医疗技术,还要有高尚的人格品质,除此之外,医生的价值理念还要与人们的期望和社会的需求吻合,只能在奉献、服务中实现自身的价值,医生往往是在被患者认可的情况下,才能获得精神的满足,这对个性张扬的年轻人无疑是个挑战,也难免会让医生遭受更多的误解、挫折。

2. 医学生职业理想教育的主要内容

(1)大医精诚的理念。

我国古代孙思邈著述的《大医精诚》,被誉为是"东方的希波克拉底誓言",其思想精髓主要体现为以下几个方面。

医乃仁术,医者必须具有仁爱之心。孙思邈说:"人命至重,有贵千金,一方济之,德逾于此。"又说"夫二仪之内,阴阳之中,唯人最贵。"还说"凡大医治病,必先安神定志,无欲无求,先发大慈恻隐之心,誓愿普救含灵之苦。"医务工作者要做"苍生大医","广施善术"。医者对患者要一视同仁,必须具有"志存救济""一心赴救""普同一等"的崇高思想境界。"上以疗君亲之疾,下以救贫贱之厄"。"若有疾厄来求救者,不得问其贵贱贫富,长幼妍媸,怨亲善友,华夷愚智,普同一等,皆如至亲"。医者要有勇于担当,不计个人得失的气魄,恪守"淡泊明志"的道德理想。医者"不得瞻前顾后,自虑凶吉,护惜身命""不得持已所长,专心经略财物""不得以彼法规,处以珍贵之药,令彼难求,自炫功能"。医者必须勤学不倦,虚怀若谷,力求达到医术医德的完美统一。"凡欲为大医,必须谙《素问》《甲乙》《黄帝针经》《明堂流注》……",必须"涉猎群书","博极医源,精勤不倦,不得道听途说,而言医道已了"。务须刻苦学习,精研医理,勤求古训,博采众长,努力探求至精至微之医理,掌握至纯至熟之医术。医者必须注重自身修养,尊重同道。孙思邈指出:"夫大医之体,欲得澄神内视,望之俨然,宽裕汪汪,不皎不昧。"对待患者,"其有患疮痍下痢,臭秽不可瞻视,人所恶见者,但发惭愧凄冷忧恤之意,不得起一念蒂芥之心",对待同道,则不得"道说是非,议论人物,炫耀声名,訾毁诸医,自矜已德。偶然治差一病,则昂头戴面,而有自许之貌,谓天下无双,此医之膏肓也。"这种注重自身修养爱护病人尊重同道的精神,堪为后世医者之行为准则。

(2)医师和医学生誓言。

医师的誓言就是医师对自身行为规范的承诺,更多的是基于社会公认的医学职业道德、职业精神的认可和追求。西方医学的奠基人、被后人尊称为"医学之父"的古希腊人希波克拉底提出的《希波克拉底誓言》,明确了医生对病人、对社会的责任及医生行为规范,两千多年来,其基本精神一直被视为医生行为规范被广泛接受,直到今日,在很多国家的医学生入学时还要学习该誓言,很多医生就业时还必须按此誓言庄严宣誓。1984 年,世界医学会在此基础上制定了《日内瓦宣言》,它制定了国际医务人员道德规范,明确指出病人的健康是医务人员首要关心的、具有头等重要地位的问题,医务人员应坚持医学事业光荣而崇高的传统职业道德,其基本精神与《希波克拉底誓言》一脉相承。在 1988 年的英国爱丁堡召开的世界医学教育大会上,通过了《爱丁堡宣言》,该宣言指出:"病人理当指望把医生培养成为一个专心的倾听者、仔细的观察者、敏锐的交谈者和有效的临床医生,而不再满足于仅仅治疗某些疾病。"

2002 年,《新世纪的医师职业精神———医师宣言》发表,为当代医师提出了 21 世纪医学职业道德的行为规范和行为准则,到目前为止,已有包括美国、英国、法国、德国、加拿大等国在内的 36 个国家和地区的 120 个国际医学组织认可和签署了该宣言。中国医师协会于 2005 年正式签署该宣言,加入推行《医师宣言》的活动,中国的医师承诺的誓言包括了平等仁爱、患者至上、真诚守信、精进审慎、廉洁公正、终生学习等六个方面的内容,高度凝练了医师的职业精神和要求。1991 年原国家教育委员会高等教育司以文件的形式颁布了《医学生誓言》,它是在充分吸收了国际上公认的几个誓言内涵的基础上,结合我国的国情而制订的,它既是对医学生的要求,更是对他们未来成为医务工作者的职业精神要求。

扩展阅读

新世纪的医师职业精神——医师宣言

新世纪医师职业精神的核心内容是:将患者的利益置于医师的利益之上,并在医师和全行业正直的基础上得到公众对医师的信任。这一精神表现为以下三项基本原则和十项职业责任。

三项基本原则

(1)将患者的利益放在首位的原则。这一原则建立在为患者服务的基础上。

(2)患者自主的原则。医师必须尊重患者的自主权。

(3)社会公平的原则。医学界必须在医疗卫生体系中促进公平,包括医疗卫生资源的公平分配。

十项职业责任

(1)提高业务能力的责任。医师必须终身学习并有责任不断更新保证医疗质量所必需的医学知识、临床技巧和团队精神。

(2)对患者诚实的责任。医师必须保证在治疗之前及治疗之后将病情完整而诚实地告诉患者。

(3)为患者保密的原则。为赢得患者的信任和信心,当提及患者有关情况时需要有恰当的保密措施。

(4)与患者保持适当关系的责任。由于患者固有的弱势和依赖性,医师与患者之间的某些关系必须避免。

（5）提高医疗质量的原则。医师必须为不断提高医疗质量而努力奉献。

（6）促进享有医疗的责任。所有医疗卫生体系的目标是提供统一的、充分的医疗标准。

（7）对有限资源进行公平分配的原则。医师必须明智而有效地利用有限的临床资源为患者提供卫生保健。

（8）对科学知识负有责任。医师有义务赞同科学的标准、促进研究、创新知识并保证知识的合理应用。

（9）通过解决利益冲突而维护信任的责任。医师有责任认识、向大众揭发并处理责任范围内或工作中产生的利益冲突。

（10）对职责负有责任。医师应最大限度地为提高医疗水平而通力合作、相互尊重并参与自律。

三、满足医学生成就需要

比尔·盖茨、乔布斯、张朝阳、马云、陈欧这样一些成功的创业者,他们的名字在大学生中并不会陌生,他们的创业故事也为同学们津津乐道。作为偶像,这些人的经历给大学生提供了自主创业的经典,对未来的美好愿望,希望自己有那么一天也能向他们一样成就一番事业,出人头地。另外,一些自我意识很强的学生,选择自主创业是为了通过这一途径来证明自己的能力,在一些单位由于制度的约束,无法按照自己的想法来做事,创业可以有一个空间来发挥,来实现自我价值,得到社会的认可。

第三节　医学生创业素质的内容

一、医学生创业的职业素质及培养

近年来医患关系有趋于紧张的态势,各种医患矛盾曝光于媒体之下,进入了公众的视野。尽管矛盾是多方面因素造成的,但是作为医务人员应充分反思自身可能存在的问题,提高职业素质,以避免医疗事故的发生,缓和医患矛盾。医学类院校也要深刻意识到,培养什么样的医学人才才能达到公众的要求? 医学生的职业素质问题应是高专院校重点关注的问题。

1.医学生职业素质的构成

职业素质是指从业者在一定生理和心理条件基础上,通过教育培训、职业实践、自我修炼等途径形成和发展起来的,在职业活动中起决定性作用的、内在的、相对稳定的基本品质。医学生具备的职业素质集中表现为医术、医德。

（1）医术是医学生的根本素质。

医术是学医者的根本。学医不精,只会成为庸医,导致误诊误医。一般来说,医学生必须经过三年、三年半或者四年的医学学习和一年的临床实习,总共五(四)年的医学熏陶,能获得一定的医学专业理论知识和医疗技能。这是一个从医者应掌握的基本医术。医学是一门实践性很强的学科,它更注重医学生的实践操作性。高专院校培养的目标是医疗技术应用型人才。这恰恰符合医学的学科性质。医学生医术的高低反映一个学校的教学水平,医学类院校就是从医术的角度出发,来重点培养医学生的医疗水平。

(2)医德是医学生的核心素质。

医学生在学校学习不仅仅是要掌握专业知识和专业技能,同时还需要构建高尚的医学品质。医生救死扶伤,是一个光辉的职业,承载着公众的寄托和希望。没有良好的医德,就不适合成为一名医生。高专院校要时刻明白培养的人才是治病救人的医生,而不是职业屠宰手。医德教育贯穿于整个大学教学当中,是医学生要培养的核心素质。

2. 医学生职业素质的培养

(1)培养医学生的职业道德。

医学院校一般都开设了"思想道德修养与法律基础"和"医学伦理学"课程。学校可以用这两门课程为基础来开展医学生职业道德教育。学生学习后能够知晓基本的道德规范,洞悉医学伦理道德,能清楚地意识到哪些该做哪些不该做。平常的时候医学生应多投身于公益事业,参加大学生青年志愿者活动和无偿献血活动,充分展现自己的爱心。实习时,想病人之所想,急病人之所急,以病人为第一,时刻保持着认真谨慎的态度,将职业操守作为一种潜意识,形成条件反射。不受社会上不良风气的影响,坚守自己的道德底线,对违反职业道德的行为坚决说不。

(2)培养医学生的职业技能。

医学生的专业课程是比较多的,学生在课堂上需要掌握大量的医学知识,课余时间也要多去图书馆查阅相关医学书籍,努力提高自身的医学理论水平。在上实验课的时候,医学生需要更加注意锻炼自己的动手操作能力。珍惜每一次实验课的机会,按照教师的要求认真操作,对自己的医学技术务必要精益求精。实习的时候,要多看,多向带教老师请教,从细微处做起,重视每一次动手操作的机会,操作时要小心谨慎,不厌其烦,多多操练,尽其所能地提高自身的医术水平。

(3)培养医学生的职业习惯。

一个人习惯的好坏对自己从事的工作有非常重要的影响。作为医学生尤其是要养成良好的职业习惯。在校期间,严格按照学校规定的作息时间安排学习和生活,不迟到,不早退,不旷课。实习的期间,严格按照医院的规章制度,按时上下班,保持积极的工作态度,以饱满的热情应对每天的工作。

(4)培养医学生的沟通能力。

沟通能力是医学生很重要的职业素质,现在医患关系的紧张,有一部分是医生和患者缺乏有效的沟通所造成的。医学生在学校的时候,要掌握良好的沟通技巧,经常与同学和老师进行沟通。同时,也要走出去多与社会接触,尝试着与不同的社会人员进行交流。实习的时候,与带教老师多沟通,熟悉医院环境,学习医疗技术。与同事多沟通,便于协调配合。与患者多沟通,能及时掌握患者病情和心理状况。

(5)培养医学生的法律意识。

目前我国没有专门的卫生法,与医疗相关的法律法规主要是《中华人民共和国执业医师法》、《医疗机构管理条例》及其实施细则、《护士条例》、《中华人民共和国母婴保健法》及其实施办法、《中华人民共和国义务献血法》。医学生要了解这些法律常识,在医院实习的时候,一定要按照医院程序来完成医疗操作,切不能玩忽职守,违反相关法律法规,造成医疗事故。依照法律法规程序行医,可以有效避免一部分医患纠纷。

医学生职业素质的全面提高不是短时间内能完成的,需要一个长期积累的过程。学校进行的职业素质教育应是无处不在,无时不在。公众期待的医学生是具有仁心和仁术的医学人才,只有培养出这样的人才,公众的健康和生命才能得到很好的保障。

二、医学生创业人文素质及培养

医学生是大学生中的一个比较特殊的群体,原因在于医学生是未来的医务工作者,本身应该具有比普通专业大学生更高的人文素养和道德水平。如果学校只顾一味地注重专业技能水平的训练,而忽视医学生人文素质的培养,那么培养出的"专门"人才只不过是一群冷冰冰的医疗工具。将来这些缺乏人文素养的学生走向工作岗位,对于本来就很紧张的医患关系来说,更加是雪上加霜。基于医学类院校对人文教育轻视的现实,促使我们应该对高职医学生人文教育进行深入的思考和探究,以期促进医学科学精神与人文精神的融合,培养出具有人文素养的合格医学人才。

1. 医学生人文素质培养现状分析

人文素质是指一个人的人文知识和技能的内化,是一个人的文化素质和精神品格,是人们在人文方面所具有的综合品质或达到的发展程度。医务工作者应该具的人文素质包括:渊博的知识、良好的沟通能力、高尚的道德情操。这些人文素质在医学生时期就应该得到教育,但是由于各种原因,医学类院校学生的人文素质还有待于提高,主要表现在以下几个方面。

(1)学校过分注重专业知识传授而轻视人文素质培养。

由于医学教育长期以来过分注重医学生的专业知识教育,而人文素质教育则长期处于被忽略的地位,不少医学生在文明礼貌、勤奋谦虚、爱心沟通等基础素质方面表现欠佳;缺乏对社会历史、现实人生和人际关系方面的了解和认识;知识面狭窄,语言表达能力较弱、文明礼貌欠缺,不能流畅地书写日常医用文件;缺乏"仁爱精神""救死扶伤"的职业观念,对待病人冷漠、无所谓和不负责任;将来就业必将加深医患关系紧张程度。

(2)医学生功利思想严重,价值观扭曲。

许多医学生功利思想严重,认为只要学好专业技能课,能为以后工作和赚钱服务就可以了,对待人文基础课态度冷淡,甚至置之不理,把人文课当成休闲课,在人文课上睡觉、玩手机屡见不鲜。学生入学后根本不注重自己人文素养,不讲文明礼貌、不讲社会道德,对自己的语言、行为放纵,思想懈怠、散漫。更有甚者,医学生入学的目的很明确,认为学医将来毕业后地位高、受人尊重,而且还有灰色收入,错误地把赚钱当作工作的目的,价值观扭曲,把医务工作者的人道主义精神和救死扶伤的职业素养抛到脑后。

2. 加强医学生人文素质培养的重要性与迫切性

医学生是未来的医务工作者,学校应该加强人文素质教育,这既是医学自身发展的要求,也是时代发展的要求。医学生只有真正形成对生命的尊重和对健康负责的意识,才会在走上工作岗位后发自内心地关爱和尊重患者。近期,医学生学生在实习过程中表现出的人文缺失,如浙江某医学院校护理系学生在儿科实习时,虐待新生儿事件,足以说明医学生的人文素质教育不能适应职业的需要,必须加强和提高医学生的人文素质已刻不容缓。

(1)加强医学生人文素质教育,是适应医学模式转变的需要。

"医学是以人的生命、人的健康为研究和服务对象的学科,其本质为人性化的医疗。"医学的服务对象直接是人,比其他科学更加强调人文关怀和人道主义。现代医学模式已由传统的单纯的医疗服务,向关心患者的心理和情感需要的社会医学模式转变,医疗的目标由过去的疾病转为病人,全新的医学模式对现代医务工作者提出了全新的要求。如果医务工作者缺乏人文修养,将无法应对病人以及因病衍生出来的许多问题。作为医学生,在学校里不仅要具有专业知识技能,还要有厚重的人文素养。加强医学人文教育,可以直接或间接地提升医学生的道德伦理、人际沟通等能力,提高现代医疗服务中处理问题的能力,有利于适应医学模式由自然向社会的转变,有助于医疗质量和医疗水平的提高。

(2)加强医学生人文素质教育,是防范医患纠纷的需要。

近年来,医患关系十分紧张,医疗纠纷频频发生,在这种情况下,我们应该重新认识和思考医务工作者的人文素质问题。目前,不光是医院和医生受到医疗纠纷的困扰,患者也为得不到良好的医疗服务而烦恼,这种恶性循环在某种程度上是为我们过去的和现在的那些违背医学人文精神的不当行为而"买单"。面对日益增多的医患纠纷,人道主义、人文关怀应该是化解医患矛盾的最好办法。各种医患矛盾日益凸显,重要的原因之一就是医学培养体系缺乏人文教育。医学生大多是从应试教育中走过来的,对当前医疗卫生领域出现的问题常常表现出不知所措。医学院校要加强对医学生的人文素质教育,增强他们的以患者为中心的意识,提高他们处理医患关系的能力,妥善解决医疗纠纷,避免医患矛盾激化,保证医疗工作的顺利开展和实施。

(3)加强医学生人文素质教育,是构建和谐医患关系的需要。

医疗服务的最高境界,应该是患者完全相信医务工作者,医务工作者是患者的精神支柱。所以高尚的品德和无私的关爱是医务工作必需的人文修养。医务工作者在学生时代就要将人文精神植根于内心,将"仁爱"思想融入疾病诊疗的过程之中,满怀人文之心去对待病人,把自己培养成为具有爱心与人文情怀的人。医学生应做好充分的心理准备,在校期间努力提高自己的人文素质,在将来为患者提供医疗服务的时候,要考虑患者的需求,聆听患者的声音,体会患者的感受,真正做到关心、关怀、关爱患者,努力实现和谐医疗。

3. 培养医学生人文素质的途径和方法

(1)完善人文课程体系,优化人文素质教育内容。

医学院校要将专业技能课和人文基础课放在同等重要的位置上，合理地增设人文课程，包括文学、历史、哲学、美学等。将人文课程纳入医学教育体系中，在学生总课时中占一定比例，要让医学生建立起对人、社会、自然和自身的正确认识和正确态度，树立科学的世界观，培养道德情操和人文素质。由人文课程和医学课程交叉产生的边缘学科如医学美学、医学社会学、医学心理学、医患沟通等课程的知识要在教学中有所涉及，引导医学生能运用人文社会科学的理论和方法探讨与医学有关的问题；引导医学生尊重生命，正确认识生命与健康的价值，认识到医务工作者的责任；同时尊重人和人的权利，正确认识和处理医患关系，为将来走向工作岗位打下良好的基础。

（2）优化人文师资，注重医学生人文精神熏陶。

一个学识渊博、专业精深、情趣高雅，具有积极向上的人生态度、正确的政治方向、高尚的道德情操和健全人格的教师队伍，其自身文化素养所体现出来的师德风范、学识水平、人格魅力及教学艺术，乃是医学院校人文教育的重要组成部分。在校园里，每个老师都要将教书和育人看得同等重要，都能尊重学生、主动指导学生并以身作则；在课堂上，无论是专业课教师还是人文课教师，讲课时都应该渗透人文精神，使每一节课都有仁爱、都有感动，都对医学生有所触动。在这样人文环境中，对医学生进行熏陶，因此教师要主动修炼自己、提高自己、要求自己是很重要的。北京大学常务副校长、医学部常务副主任柯杨语的感言很有启发："当教育传达出对学生的善意、信任和关爱时，唤醒的是学生的向学之心和向善之志。"我们的医学生正需要这样的教育来提升人文素质。

（3）在实训、实习中，加强对医学生的人文素质的渗透。

医学教育具有很强的实训性，医学生在实训、实习中，体验职业情感、培养职业的行为规范，将人文素质整合到学生实践中，贯穿"以患者为中心，密切联系实际"的教学思路，让医学生更关注人，对人注入更多的爱，使医学生具备关注现实、关爱生命、关怀平民的医学人文态度，时刻提醒学生每件事情都应想到患者的需要，想到患者的反应，想到患者可能发生的情况。还要在医学生实习实践中融入人文教育，学习医学行为规范、职业道德，联系实际将医疗战线上的楷模和因责任心不强、专业知识缺乏、人文修养差而引起的严重医疗事故的事例，穿插到教育过程中，对其进行正反两方面的教育，使学生在实践中体会人文精神的意义及价值。

课后问答

1. 医学生的创业动机有哪些？分别体现在什么方面？
2. 如何增强和培养医学生的创业意识？

第十四章

创新创业项目及创新
创业相关政策

第一节 认知大学生创新创业训练计划

● 案 例 ●

第八届全国大学生创新创业年会在哈尔滨开幕

由中国教育部主办,由哈尔滨工业大学承办、以"青春 梦想 创新 创业"为主题的第八届全国大学生创新创业年会在哈尔滨拉开帷幕。

中国大学生创新创业年会旨在进一步深化高校创新创业教育,展示高校创新创业教育方面的成果,推动高校人才培养模式的改革,迄今已经成功举办了七届,累计吸引了中国730多所高校25万大学生参加。

本届全国大学生创新创业年会规模进一步扩大,报名作品为历届最高。自2015年3月启动以来,共收到491所高校报名推荐的学术论文756篇、创新创业展示项目721项、创业推介项目156项,合计1633项,为历届年会数量最高。年会还收到了来自俄罗斯和澳门特别行政区的13项学术论文及创新创业展示项目,首次增加了国际化元素。经过全国36所"985"高校相关学科专家初评及"国创计划"专家组复选等阶段,最终遴选出了参加本届年会的学术论文180篇、创新创业展示项目150项和创业推介项目45项。这些材料集中反映了各高校最新的创新创业教育成果,也直接体现了当代大学生的创新思维和实践能力。哈工大共有5组项目入选本届年会,分别是来自材料科学与工程学院和理学院化学系的2篇学术论文,来自航天学院和机电工程学院的2项创新创业展示项目,来自电气工程及自动化学院的1项创业推介项目。

据介绍,本届年会共分为学术年会、创新创业项目展示会、创业项目推介会、工作研讨会和联谊活动五个板块,全面展示大学生最新的创新创业成果。

近年来,党中央、国务院对高校创新创业教育工作重视程度日渐提高。针对高校的创新定位高度前所未有,创新驱动的政策密度前所未有,创新体制的改革力度前所未有,创新创业的热度前所未有。习近平总书记多次做出重要指示,强调要加快教育体制改革,注重培养学生创新精神,造就规模宏大、富有创新精神、敢于承担风险的创新创业人才队伍。李克强总理也指出,大众创业、万众创新,核心在于激发人的创造力,尤其在于激发青年的创造力。刘延东副总理要求全面提升高等学校创新能力,支撑引领创新驱动发展战略。"大众创业 万众创新""互联网+""创客""中国制造2025"等已成为当前时代发展的主题。

在这个大背景下,本届全国大学生创新创业年会,紧扣时代发展脉络,更加具有重要意义,对加快实施创新驱动发展战略、推进高等教育综合改革、推动高校毕业生更高质量创业就业具有十分积极的作用。

一、大学生创新创业训练计划

1.什么是创新创业训练计划

大学生创新创业训练计划是国家教育部为提升高校人才培养质量、转变教育思想观念、改革人才培养模式,增强学生的创新能力和在创新基础上的创业能力,而面向在校学生开展的创新创业能力训练项目。

2.创新创业训练计划有哪些类别

(1)按种类分,包括创新训练项目、创业训练项目、创业实践项目三类,并在申报上不限学科专业。

创新训练是学生个人或团队在导师指导下,自主完成创新性研究项目设计、研究条件准备和项目实施、研究报告撰写、成果(学术)交流等项目训练。

创业训练是学生团队在导师指导下,团队中每个学生在项目实施过程中扮演一个或多个具体的角色,通过编制商业计划书、开展可行性研究、模拟企业运行、参加企业实践、撰写创业报告等项目训练。

创业实践是学生团队在学校导师和企业导师共同指导下,采用前期创新训练项目(或创新性实验)的成果,提出一项具有市场前景的创新性产品或者服务,以此为基础开展创业实践活动。

(2)按级别分,一般情况下每所院校分为校级、省级和国家级三类。

校级项目由学校自主进行立项评审,并推荐优秀项目参与省级项目评选;省级项目评选由省教育厅组织专家评审,合格者确定为省级立项项目,并推荐优秀项目参与国家级项目评选;国家级项目评选由教育部组织专家评审,优秀者确定为国家级立项项目。

3.创新训练、创业训练、创业实践的关系

三类项目之间存在着密切的关联和递进关系,如图 14-1 所示。

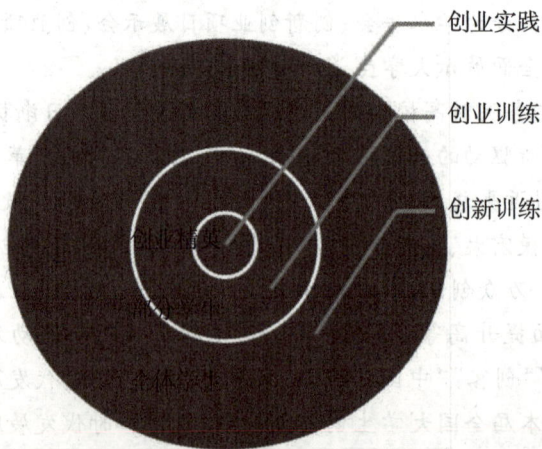

图 14-1　创新训练、创业训练、创业实践之间的递进关系

由此可见,从面向学生的群体分类上看:创新训练是面向全体学生的,即每一名学生的;创业训练则是面向有创业意愿的部分学生;创业实践则是面向极少部分已经创业或正准备创业的学生,可谓学生中的"创业精英"。

从项目的实施效果上看:创新训练中部分具有市场潜质的成果可转化为创业项目;创业训练则是结合创新训练的成果,通过组建团队、进行市场调研、制定销售计划、预测财务投入等进行项目前期的创业规划,即撰写创业计划书,具有承上启下的作用;创业项目则是按照创业计划进行真实的实施,即创业行动。

4. 创新创业训练计划申请规则

(1)项目立项每年进行一次,通常情况下5月中旬申报,如果你有意愿,一定要做好提前的准备。

(2)项目申请人为普通高等学校的本专科学生个人或团队,鼓励组建跨学校、跨院系、跨专业、跨年级的团队申报项目。

(3)每个团队指导教师和项目主持人不超过2人,项目组成员人数应控制在5人以内,并且有明确的课题任务分工。

(4)在年度内,每名学生只能负责一项立项,指导教师仅限指导一个团队,不得一次同时在不同项目之间交叉申报。

5. 创新创业训练计划项目资金支持

每个省份、学校都不一样,你可查阅学校和省教育厅的立项通知。一般情况下,省教育厅支持省属高校的立项,如果你的学校是部属院校,项目研究资金则由教育部给予支持。

二、大学生创新创业训练计划的意义

参与完成大学生创新创业训练计划到底对你会有哪些帮助和影响呢? 主要体现在以下四个方面。

1. 提高分析问题和解决问题的能力

项目选题一旦确定后,一系列的问题就出现在你的面前,而你所已掌握的知识并不能完全解决问题,这就需要通过查阅资料、观看视频课程、自学等方式不断充实知识,并通过项目团队集体研讨、分享信息资源、寻求解决问题的方法和途径。

随着项目的实施,你会从日常相对被动学习转为自主求学,学习的效率会显著提升,因为你的学习目的非常明确。此外,你分析问题、归纳问题、解决问题的能力也会逐步提升。

2. 增强知识的系统性

在参与项目之前,你所学到的知识大多数是理论知识,并不能与专业实践、社会实际需求有效地结合。项目实施时,你以实际需求为导向,将已掌握的知识应用于实践之中,原本课本上枯燥抽象的理论变得具体而真实,你知识的系统性会显著增强。

3. 提升实践能力与专业素养

作为一名优秀的大学生,你不仅应具备大量的理论知识功底,更要有大量的专业实践经验、深厚的专业素养,具备创新能力和实践能力,而参与项目为你提供了一个很好的实践机会。寻找、分析、选择和实施解决方案过程,其实是一个开阔视野的过程,这为你今后的职业更好地选择或适应行业的需求奠定坚实的基础。

4.增强团队意识与协作精神

实施和完成项目需要投入大量的时间和精力,这不是你一个人单枪匹马就可以做到的,每个环节都需要与团队成员的密切配合和共同分担,这会加深你对团队意识真谛的理解,你的团队意识、协作意识、个人能力的在项目实施中不断加强。

第二节　全面的创新训练

汤之《盘铭》曰:"苟日新,日日新,又日新。"——《礼记·大学》,其释义是商朝的开国君主成汤刻在澡盆上的警词,旨在激励自己自强不息,创新不已。文中三个"新"字,本义是指洗澡除去肌肤上的污垢,使身体焕然一新,在这里引申为精神上的弃旧图新。因此,这句话的意思是:如果能每天除旧更新,就要持之以恒。

古人尚讲创新,作为今世的我们更应该注重创新,因为创新是时代的主旋律,是人类社会发展的基石。作为大学生,利用好大学生创新创业训练计划中的创新训练,正是你培养和提升创新精神、创新能力的重要方式和载体。

一、创新训练项目选题范围

创新训练从参与范围上来说,是面向每一个在校学生的,所以,选题一方面可结合专业所学、兴趣爱好等来进行选题,另一方面你也可结合专业前沿知识、经济社会发展中的难点或热点问题来进行选题。具体选题范围可参考如下:

(1)老师所在研究的科研或技术研发(技术服务)课题中的子项目。

(2)参与的开放实验室、实习基地或实训活动中综合性、设计性、创新性的实验与训练项目。

(3)可完成的制作项目,例如:发明、创作、设计等。

(4)在专业中的课题研究或前沿探索。

(5)基于问题导向的社会调查项目。

(6)其他有研究与实践价值的项目。

当然除此之外,如果你立项研究内容与区域社会经济发展、与区域产业行业发展结合的话,是很有价值的创新研究和训练;如果研究项目能够转化成创业项目,那就太棒了。

选题样例

选题一:北京市公交政策优化探究

项目简介:通过调研建立北京市居民出行选择模型,分析当前北京市政府出台的交通政策的效应,针对当前北京市政府的公交企业补贴方式提出优化补贴机制,实现巨额财政补贴的最佳效益。

选题点评:北京市交通问题既有工业化、城市化发展过程的共性问题,又有着特殊的国情和地域特点,已经成为北京建设"世界城市"的突出问题。项目选题关注社会难点、焦点问题,具有很强的针对性、应用性;能够综合运用经济学、管理学相关理论和数理经济模型,具有很强的专业性和原创性;项目调研范围选在北京,适合我校学生开展,有利于节约资金。合适的选题为项目圆满实施奠定了良好的基础,该项目在结项验收时被5名评委一致评为优秀项目。

选题二:面向金融紧缩环境下的中国中小民企财务困境研究——以浙江中小民营制造企业为例

项目简介:实地调研收集中小型企业及外部宏观环境数据,借鉴杜邦分析法、动态财务分析法建立中小型企业数学模型,预测未来运营成果,为其面对的债务危机和融资困难等问题提出最优解决方案,为中小型企业走出目前财务困境并健康稳定地发展提供指导性意见。

选题点评:选题紧跟社会热点,符合政策倡导方向,具有较强的时效性、针对性和现实性;地点选择具有典型性,便于开展社会调查研究,适合本科生开展;紧密结合专业理论知识,运用定量模型分析、预测并提出最优解决方案,体现了较强的综合性、实验性和应用性。

二、创新训练项目选题注意事项

创新训练项目选题是极为重要的,这关乎立项是否成功并且能否完成。刚才学习了创新训练项目选题的范围,现在我们说一说选题的注意事项。

(1)涉及课题研究一定要从具体的问题入手,避免涉及"大而空"的问题。

(2)对于大学生来说,尽可能选择描述性的研究课题,避免过于抽象的课题。

(3)尽量从学科专业和感兴趣的范围内选题。

(4)选题一定要考虑实施研究和训练的可能性。

(5)选题要明确所提出和解决的问题。

(6)选题要对解决现实问题的有指导作用。

(7)善于从社会现象中寻找和发现问题,应尽可能反映社会的焦点、难点问题。

对于选择一个好的题目,首先要明确研究或训练方向,其次通过阅读、查阅资料或实际调研浓缩内容,最后细化研究或训练内容,做到聚焦。

三、创新训练项目实施流程

创新训练项目的实施流程是怎样的呢？如图14-2所示。

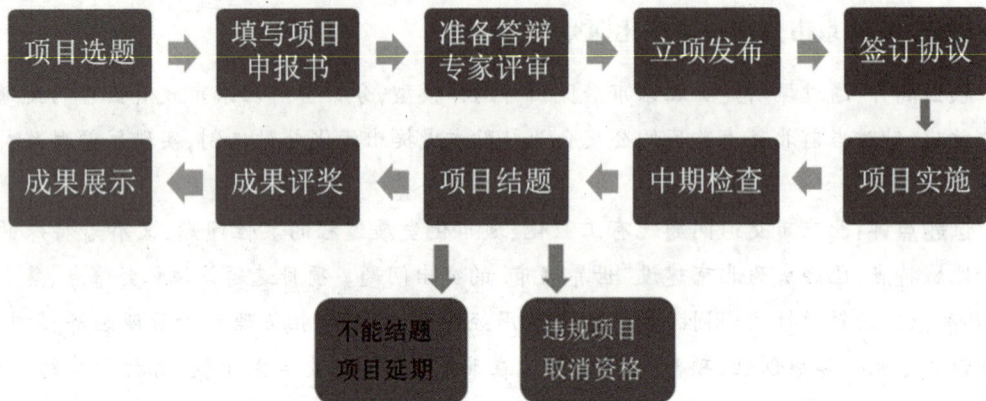

图14-2　创新训练项目实施流程

你在项目的研究和实施过程中,特别要注意项目的研究进度规划和时间管理,这点很重要,所以在填写项目申报书时就要提前考虑好,这样能够有效避免由于学业任务重而导致项目不能按时按质完成所带来的影响。

TIPS

*项目立项期限一般为一年,建议分为前期调研、中期实施、后期总结的研究进度规划。

*制定合理的项目研究计划,并根据目标制定时间结点,有效进行时间结点管理,确保各阶段任务按时完成。

*做好进度控制,最好将完成时间提前,以便因突发事件或学业任务导致规定时间不能完成。

*建议在实施过程中,采用管理学中的PDCA循环模型(质量环),主要包括4个阶段:P(Plan)——计划,制订计划,确定方针、目标和活动内容;D(Do)——执行,实现计划中的内容;C(Check)——检查,总结执行计划的结果,找出问题;A(Action)——行动,对检查结果进行处理。PDCA循环的4个阶段不是运行一次就完结,而是周而复始,一个循环结束了,解决了一部分问题,可能还有问题没有解决或者又出现了新问题,那就需要进行下一个PDCA循环。

申请书样例

基于灰色AHP模型的黑龙江省国有林区产业工人的配置与再就业研究

申报书封皮省略

基本信息栏省略

一、项目实施的目的、意义

2015 年 2 月,《黑龙江省人民政府办公厅关于推进国有林区转型发展的若干意见》中指出,黑龙江省森林面积占全省土地面积 45%,具有重要的战略意义。然而,国有林区产业的转型发展导致林区工人再就业形势愈加严峻。经济体制和经济增长方式转换引起的林区劳动力"供"大于"求"的结构性矛盾难以短时间调和。因此,解决这一问题,具有重大的研究价值和现实意义。

1.1 研究目的

黑龙江省森林覆盖率为 34.7%,列全国第 4 位,是我国最重要的生态功能区。然而由于林业资源锐减,国有林区产业转型导致产业工人下岗再就业问题迫在眉睫。林区下岗职工工龄普遍偏高,平均年龄超过 45 岁,加之就业观念落后、专业技能较差、素质低等,再就业对于他们而言,可谓难上加难。

本项目以黑龙江省国有林区产业工人为着眼点,目的在于对影响其再就业的因素进行 PEST 宏观环境分析以及 SWOT 分析,通过构建下岗职工再就业灰色层次分析模型和劳动者胜任力模型等,为国有林区产业工人再就业提出解决策略。

1.2 研究意义

(1)有利于国有林区下岗职工再就业,促进社会稳定和社会和谐;完善社会保障和福利体制;创造更多的社会财富和机会。

(2)有利于黑龙江省林区产业结构转型,经济可持续发展;立足黑龙江省实际,走出一条具有林区特色的转型之路,与全省同步建成小康社会。

(3)有利于黑龙江省林区森林资源价值、质量和生态保障能力全面提升。

二、项目研究现状与分析

2.1 国外研究现状

世界林业研究中心总干事 David Kaimowitz(2008)指出"长期经营天然林不是一个有利可图的事,只能维持生计,大规模采伐可以获得短期利益。"英国经济学家庇古(2010)认为,如果在完全自由竞争的市场条件下存在失业的话,那么只会存在所谓的"等待性失业"和"摩擦性失业"。美国经济学家弗里德曼(2013)指出经济动态系统不断重复呈现出的具有收敛点的失业率,这种失业率的存在与劳动市场和商品市场的实际结构性特征有关,也与市场信息的不完全性和劳动力的转移成本有关。

2.2 国内研究现状

刘丽红等(2010)在《我国国有林区就业问题新探》中指出采取有效的就业政策,促进就业与再就业,改善林区职工生存困境是各级政府面临的重要问题。刘德权等(2013)在《国有林区就业影响因素分析》一文中对黑龙江省国有林区就业的现实状况进行分析,提出了国有林区在就业方面的影响因素,并运用层次分析对国有林区就业的影响因素进行权重分析并提出有效措施。刘丽红等(2014)采用了 AHP 法对国有林区职工生存状况的影响因素进行了分析,通过建立指标体系,为其提出了多项对策。张永利等(2015)指出在天然林保护工程实施背景下,林业工人失业率极高,就业率极低,就业难在林区十分普遍。

2.3 研究现状综述

目前,国内外关于就业问题的研究非常多,研究也较为深入,但对于国有林区产业工人的再就业研究较少。很多学者只是对国有企业转型问题进行了研究,有的则是单纯研究国有林区就业影响因素,专门对国有林区中的下岗职工的配置和再就业问题进行研究的学者较少。此外,将灰色预测和层次分析法结合、将胜任力模型引到因子分析中的研究几乎为零,故本项目组有了更大的发挥空间。

三、项目研究内容和目标

3.1 研究内容

本课题的研究内容涉及黑龙江省国有林区产业工人的配置和再就业两个方面的问题。项目基于灰色预测 GM(1,1) 和层次分析法(AHP)、SPSS17.0 统计软件、模糊综合评价法(FSE)等定量化方法,构建灰色层次分析模型。同时,结合劳动者胜任力模型、PEST 模型等定性化方法,将影响林区职工就业的因素进行全面分析。

通过建模、数据整理、因子分析、定性模型分析等,将定量与定性方法结合,构建出林区产业工人再配置与再就业的最优方案,从而分别从劳动者、用人单位、社会、国家 4 个角度提出应对策略和有操作性的方法,以实现国有林区产业人力资源的合理配置和高效利用。

3.2 研究目标

本项目立足于黑龙江省国有林区产业结构转型的大背景,目标为通过对影响国有林区产业工人的再配置和再就业的因素分析,结合数学模型,建立林区产业工人再就业递阶层次结构,揭示导致国有林区职工下岗的本质原因,针对经济体制和经济增长方式转换引起劳动力供求关系变动这一点对国有林区产业职工再就业的影响深入探究,得出其存在的劣势和弊端,并据此研究相应改善和解决措施。

第一,对黑龙江省国有林区产业工人配置和再就业现状及其特点进行综述。

第二,通过多层面分析,对林区产业工人下岗的原因及影响因素进行分析归纳,并通过数据分析、建立数学模型,发现问题症结所在。

第三,针对林区产业工人自身,构建劳动者胜任力模型,分析劳动者自身素质高低对再就业成功与否的影响。

第四,结合灰色层次分析法,提出对策,从国家政策扶持、劳动者自身技能和素质的增强等方面提出可实施对策,使得黑龙江省在实现"后继有林"的同时,国有林区产业工人合理配置与再就业问题得到缓和和解决。

四、项目技术路线(方法)与进度

4.1 研究方法

层次分析法、灰色预测、灰色 AHP、实证分析法、PEST 分析法、胜任力模型分析法、文献查阅法、SWOT 分析法、专家访谈法、个案研究法、定性定量分析、模型分析法等。

4.2　技术路线

(1)运用 PEST 分析法、SWOT 分析法对黑龙江省林区产业工人的配置和再就业状况进行分析、整理。

(2)运用层次分析法、灰色预测、灰色 AHP 对影响国有林区职工再就业的因素进行量化分析。首先,构建林区产业工人再就业灰色层次结构模型,对灰数进行白权化处理;其次,用类比方法获得客观阈值,进行底层元素权重组合,通过构建评估指标值矩阵,确定评估灰度;接着,计算灰色评估系数,对不同的评估指标进行分析,求出灰色评估权向量和权矩阵,根据权向量对各个方案所属灰度进行优劣排序;最后,综合所有指标,得出最佳方案。为确保方案的实用性和有效性,构建判断矩阵对模型进行一致性检验,从而增强方案的正确性和科学性。

(3)借助胜任力模型分析法、个案研究法,构建劳动者胜任力模型,将冰山模型分为 2 部分,为增强劳动者综合素质提供建议。

(4)借助 SPSS17.0 对模型方案层数据进行量化处理,构建完整的备选方案。

(5)宏观分析与微观分析相结合。文章将国有林区产业工人再就业问题与国家宏观的产业布局和发展现代产业体系相联系;将产业结构优化升级与职工再配置相联系;夯实微观经济基础与增强宏观经济动力有机结合;将转变经济发展方式贯穿于国家、社会、用人单位、劳动者自身的发展研究中。

(6)将规范分析方法与实证分析方法结合。通过实证研究揭示黑龙江省国有林区产业工人再就业过程中存在的问题及形成原因,规范研究应用经济学,得出可行方案。

如图 8-3,黑龙江省国有林区产业工人的配置与再就业研究分 3 部分进行。

第一,提出问题。查阅有关黑龙江省国有林区产业转型及劳动力再就业和配置的文献资料,充分了解相关课题研究现状,为项目开展奠定良好基础。制定项目研究计划,做好前期准备,包括研究背景、研究目的、研究思路、研究的内容与方法等。

第二,分析问题。对项目相关的理论基础(生命周期论、转型经济学、配置模型、再就业模型)进行学习。同时,对国内外国有林区产业工人配置与再就业的发展趋势进行分析。进而进行机制比较分析,对黑龙江省国有林区产业工人配置与再就业进行机理分析,运用 AHP 法、灰色预测、模型分析、SPSS 统计等定量研究方法,运用 PEST 分析、SWOT 分析等定性研究方法进行多维角度分析。此外,进行实证分析与影响因素分析,构建影响黑龙江省国有林区产业工人的配置与再就业的指标体系,总结黑龙江省国有林区产业工人再就业难的本质原因。

第三,解决问题。根据所建模型综合分析,从国家、社会、用人单位、劳动者 4 个层面入手,给出林区工人配置与再就业的解决方案和策略,包括再就业管理机制的构建和再就业体系的设计。针对劳动者自身素质层面,引入胜任力模型,对其再就业过程中所需素质进行分析,并得出结论。最终形成黑龙江省国有林区产业工人配置与再就业策略。

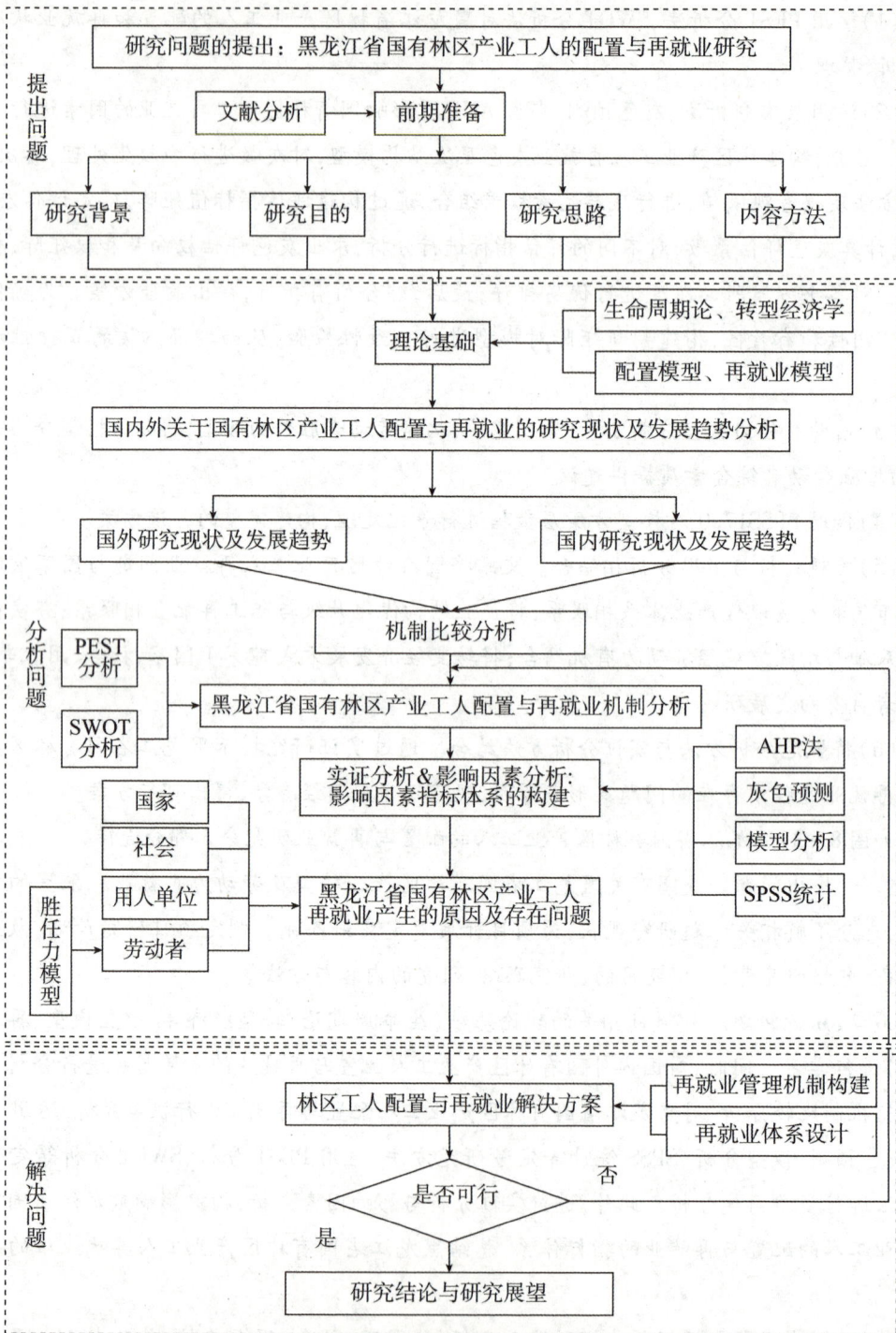

图 14 - 3　本文研究的技术路线图

4.3 实验方案

第一,了解研究现状。通过搜集并汇总相关数据和资料,了解课题相关内容。

第二,进行因素分析、个案研究。将影响林区职工再就业的因素以点带面式展开,从4大主要因素中抽离多个二级因素进行分析。

第三,建立模型,量化分析。根据搜集的数据信息,制作图表进行比较和量化分析,运用灰色 AHP 建模分析、预测结果,并初步得出可行的几种方案。

第四,得出结论,提出可行性建议。结合所建立的灰色层次结构模型和调查数据,进行综合分析,得到结论。针对黑龙江省林区产业工人的配置与再就业中存在的问题并根据问题产生的原因制定解决或改善策略,提出建议。

4.4 研究计划及进度

第一步,(2016 年 5 月—2016 年 7 月)了解研究现状。全面分析黑龙江省国有林区产业转型背景,对国有林区产业工人的配置和再就业现状及特点进行综述;通过搜集、汇总相关数据和资料,了解课题研究动态。

第二步,(2016 年 7 月—8 月)进行因素分析、个案研究。制定国有林区产业工人配置和再就业调查问卷,并进行初步调查分析,总结影响因子。将影响林区职工再就业的因素以点带面式展开,从4大主要因素中抽离多个2级指标因素进行分析,对林区产业工人下岗原因及影响因素进行归纳,初步总结症结所在。

第三步,(2016 年 9 月—10 月)构建林区劳动者胜任力模型。针对林区产业工人自身,分析劳动者自身素质高低对再就业成功与否的影响。

第四步,(2016 年 11 月—12 月)建立模型,量化分析。根据搜集的数据信息,制作图表进行比较和量化分析,分别构建黑龙江省国有林区产业工人配置和再就业的 GM(1,1) 模型和 AHP 模型,并将二者结合,形成林区工人再就业灰色 AHP 模型,借助 SPSS17.0 统计软件进行数据计算与一致性检验,确保结果的科学性与可行性。此外,为了弥补灰色 AHP 模型的不足,我们将在模型推广部分建立 FSE 模型,规避层次分析法主观性较大的缺点,使得黑龙江省国有林区产业工人配置与再就业模型更具定量化和科学化,从而得出影响职工下岗的主要因素,并对结果进行预测,形成初步配置方案。

第五步,(2016 年 12 月—2017 年 2 月)将定性模型与定量模型有机结合,揭示导致国有林区职工下岗的本质原因。将2者研究结果统一,由此分析林区工人下岗本质原因,并针对经济体制和经济增长方式转换引起劳动力供求关系变动这一点对国有林区产业职工再就业的影响深入探究,得出其存在的劣势和弊端,并据此研究相应改善和解决措施。

第六步,(2017 年 3 月—5 月)得出结论,提出可行性建议。结合灰色层次结构模型研究结果和调查数据,从国家政策扶持、劳动者自身技能和素质的增强等方面提出有效策略,使得黑龙江省在实现"后继有林"的同时,国有林区产业工人合理配置与再就业问题得到缓解。

4.5 项目研究已取得的阶段性成果(研究已有进展)

(1)团队参加《第十三届中国林业经济高层论坛暨第十六届全国大学生林业经济论

坛》,听取了戴光翠(国家林业局经济发展研究中心书记)、柏广新(吉林森工集团董事长)、杨国亭(黑龙江省林业厅厅长)、魏殿生(黑龙江省森工总局局长)等业界知名专家观点,结合论坛其他代表发言及文献查阅,据此总结出部分黑龙江省国有林区产业工人再就业策略。

(2)项目主持人杨峰在导师指导下在国家核心期刊 CSSCI《管理学报》上发表《基于 AHP 模型的关键绩效 KPI 指标系统的构建——以黑龙江省国有林区 HJ 公司为例》学术论文 1 篇,现处于二审状态。

(3)团队为了获取影响国有林区产业工人配置和再就业的因素,已编制《黑龙江省国有林区产业工人配置与再就业调查问卷》一套,问卷已投放到实地调研过程中并得到一手资料,经过数据整理分析,已获得初步成果。

(4)项目对灰色预测 GM(1,1)及 AHP 模型的理论建模部分进行了深入研究,并将黑龙江省国有林区产业工人再就业问题引入 2 种模型中,进行科学分析,为下一步模型建立及求解奠定了深厚基础。

(5)团队结合《国有林区改革指导意见》、论坛意见、文献资料、调查问卷分析等,初步得出黑龙江省国有林区产业工人再就业的策略及可行性建议。

五、项目预期成果及说明

(1)发表相关学术论文 1 篇,探究黑龙江省国有林区产业工人的配置与再就业问题的深层次原因及影响,并得出结论、制定科学方案。

(2)发表研究报告 1 份,以探究黑龙江省国有林区产业工人的配置与再就业问题为主题,对研究过程中的阶段性成果及步骤进行报告汇总和编撰。

(3)发表相关研究方法论文 1 篇,展示研究过程中数学模型及定性模型的建立与使用过程,供其他学者或读者研究参考。

六、项目经费使用情况(省略)

第三节　　精英的创业实践

我们一起学习了创新训练和创业训练,之所以称之为"训练",就是将你所掌握的知识、技能进行特定的练习,强化本领;而"实践"是指改造社会和自然的有意识的活动,即实际行动或实际去做。

每一个创业者都是行动的践行者,都真刀实枪的在市场中拼搏、奋战过,而不是将创业项目只停留在头脑中,只是一个完美的 Idea。正如马云所说:"孙正义跟我有同一个观点,一个方案是一流的 Idea 加三流的实施;另外一个方案,一流的实施,三流的 Idea,哪个好? 我们俩同时选择一流的实施,三流的 Idea。"可见实际实施即实践的重要性。

在大学期间,学业是大学生们最首要任务,此外由于大学生们的经验与阅历、管理与资金的不足,能够真正开展创业活动的大学生创业者毕竟是极少数,从全国最新的统计数据可知也就3%。大学生创新创业训练计划也体现了创业实践群体的"小众化",其项目比例为10%,但就是这10%却孕育和助推了众多的大学生创业者,使其成为这个时代大学生们的"精英"。

一、实施创业实践项目的前期准备

创业实践项目的实施过程其实就是创业的过程,因此充满了各种各样的困难和风险,为了有效面对创业、做到理性创业,这就需要你实施创业实践项目前做好各项准备工作,主要包括以下8点。

(1)再次验证你的创业项目,并在实施过程中依照创业计划逐一开展。

(2)要组建一支跨专业的多元化团队,明确人员在团队内的分工。

(3)如果你已经准备注册企业了,那你一定要十分清晰的考虑好股权结构问题。

(4)创业项目是否来自你或团队成员的技术研发或发明创造,如果是切记专利才是相对保险的事情。

(5)你的创业场所是否找到了,如果没有可以向学校相关部门申请或选择其他方式。

(6)你的创业资金准备得怎么样了,没钱可干不了创业。

(7)你是否已经聘请了相关的教师、企业家、创业者做你的创业导师,创业导师在你的创业过程中可以起到积极的助推作用,为你的创业实践提供支持和帮助。

(8)你是否已经清楚指导所在地市对大学生创业的所有优惠政策和资金扶持项目。

二、大学生在创业实践中存在的主要问题

创业是一项极为困难的事情,你在创业的过程中存在着大量的变数,你只有提前了解并防患于未然,才能提升你创业实践的成功率。大学生在创业实践中主要存在以下问题。

(1)创业实践目标不清晰,看中短期效果。

(2)资金困难、社会资源缺乏。

(3)创业方向选择盲目,难以找到精准的创业切点。

(4)存在着"眼高手低"的问题,实践动手能力不足。

(5)心理准备不足,风险承担能力较弱。

(6)存在"一个和尚挑水吃,两个和尚抬水吃,三个和尚没水吃"的现象,团队合作意识较差。

(7)缺少商人的理性思维,做事容易感情用事。

三、创业实践中切入点的选择

在校大学生创业实践中存在的大部分问题与实践项目的选择密切相关,因此,能否找到合适的切入点,选择合适的创业实践项目,直接决定着创业实践活动的成败,决定着在校大

学生创业教育的最终实施效果。一般来说,在校大学生创业实践切入点选择应考虑以下几个方面。

切入点一:项目应基于专业产生,易于知识支撑。

切入点二:项目内容应与大学生学习、生活相关联,易于把握。

切入点三:项目的风险应与大学生心理承受的能力相适应,易于调整。

切入点四:项目所需资金门槛应与大学生的身份相适应,易于开展。

切入点五:项目的时间性要求应与大学生学习任务相适应,易于完成。

申请书样例

东小农原味果蔬

申报书封皮省略

基本信息栏省略

一、创业项目简介

东小农原味果蔬创业团队,成立于 2015 年 9 月,由×××大学在校学生创业组建。

公司主营草莓番茄、千禧番茄、礼品西瓜等园艺新鲜果蔬,同时开发多种艺镜花卉及新奇特保健蔬菜。依托农业大学园艺实验站丰富的设施及科研产品资源,充分利用其优越的地理位置,着力将公司打造成为一家集健康果蔬销售、多肉花卉培育、优质种苗繁育、园艺新产品开发的现代生态农业科技开发公司。公司将秉承"天然孕育原始风味,科学保证品质如一"的营销理念,以校园为基点,辐射周边学校、社区、饭店,并逐步向全市拓展。

公司法人代表被评为"大学生创业典型",东农忆源果蔬科技开发有限公司是首批入住大学"SIPT 创客空间"的创业团队之一,多次得到了省、校领导的肯定与赞许。

公司坚持科学发展、稳步前行的原则,以让消费者在喧嚣忙碌的城市中品味到果蔬的原始味道,绿色的乡土气息为经营初衷。

二、市场需求分析

1.目标客户群及市场规模预测

产品主要目标客户群为教工、学生、城市各阶层收入群体。

(1)其中教工和学生为产品初期主要销售对象。学校现有全日制本科生 28 000 余人,根据前期抽样调查得到的数据分析,约有 42.7% 的同学有意向购买原味果蔬并且存在购买力;老家属区和新家属区现有住户 2300 余户,从针对教职工发放的调查问卷得出的数据分析,约 68.3% 的教职工愿意购买我们的原味果蔬产品。

(2)在公司经营发展期,将营销重心转向城市高收入人群。这类市场主要是收入水平较高、追求高品质健康生活的群体。如松北、利民开发别墅区。哈公馆、群里中高档社区、会展中心周边中高档社区。这类市场已经认可高品质果蔬,并且品牌意识强。对价格敏感度较低,消费行为比较成熟。市场前景较好,一旦打开市场,预计有79%左右的高收入群体会在消费时选择原味果蔬。

(3)当公司运营至成熟期后,重点开拓城市中低收入群体潜在消费市场。这类市场主要是中等偏下收入水平、渴望拥有高品质健康生活的群体。这一群体接触到高品质果蔬的机会较少,缺少品牌意识,对价格敏感度较高。打开这类市场前期会存在一定的阻力。预计初期在这一市场会有17%左右的市场占有率,后期随着市场渗透工作的深入以及群众产品体验的增加,市场占有率将提高至29%左右。

2. 市场份额

随着人们收入的增加、生活水平的提高,高品质果蔬的市场占有率也呈现逐渐上升趋势。根据团队进行问卷调查、分析得到的数据,原味果蔬进入市场后,市场占有率可达到8.9%。并且随着品牌推广的深入以及消费者消费观念的逐渐转变,我们的市场占有率有望在此基础上以每年10%的增速持续上升。

3. 竞争对手分析

(1)普通果蔬。

价格便宜,目前占据城市果蔬市场的绝大多数市场份额,在城市各区中小型农贸市场占主导性地位,是大众消费者的首选。

(2)高品质果蔬。

价格与普通果蔬相比略高,目前虽在城市场份额较低,但随着居民整体生活水平的提高,对果蔬安全、营养意识的不断提高,呈现出较好的市场发展趋势。

(3)水果直营店。

水果专营店已覆盖各区,社区小型中高端超市加入到果蔬行业,绿色蔬菜直营店正在迅速兴起,此类果蔬经销商均为竞争或潜在竞争对手。

三、资金计划及盈利预测

1. 资金计划

(1)提取种子基金的20%作为盈余公积,用于基金短缺时的资金供给以及年度亏损弥补。

(2)将剩余的种子资金用于团队新品种研发以及运营等一系列费用。

(3)团队成员个人以股权投资方式投入资金,此部分流动资金用于公司运营过程中所产生的宣传、销售、财务、管理等费用。年末以股权分红方式获得收益。

表 14 – 1　资金来源

	团队自筹	风险投资
资金	270 000 元	30 000 元
百分比	90%	10%

表 14 - 2　投资估算表

类别	资金用途		数量	单价/元	金额/元
固定资产	电动运输车		2	3 500	7 000
	手推车		3	500	1 500
	产品展示台		1	1 000	1 000
	电脑及其宽带上网设备		——	——	10 000
	打印机		1	1 000	1 000
	小计		——	——	20 500
人员工资	管理人员		1	——	3 000
	财务人员		2	——	4 000
	销售人员		4	——	8 000
	小计		7	——	15 000
市场开拓费用	广告宣传	海报印刷	——	——	2 000
		网络媒体平台构建	1	——	20 000
		各类产品包装	——	——	15 000
	联系蔬菜生产基地		——	——	15 000
	联系需求商		——	——	
	小计		——	——	187 000
其他资金	基地租赁费		1/年	——	20 000
	水电费		1/年	——	15 000
	保险费		1/年	——	10 000
	小计		——	——	45 000
合计					267 500

注:人工支出主要指人员工资,职工人数以团队正式运营后生成岗位定员设置来测算

2. 盈利预测:

表 14 - 3　盈利预测表

项目	第一年	第二年	第三年	第四年	第五年
一、营业收入	230 000	455 000	640 000	1 500 000	2 190 000
减:营业成本	270 000	365 000	380 000	590 000	120 000
营业税金及附加	——	——	——	35 280	52 560
销售费用	3 500	6 500	9 000	14 000	20 000
管理费用	2 600	5 700	6 500	12 000	16 000

项目	第一年	第二年	第三年	第四年	第五年
加:公允价值变动损益	——	——	——	——	——
投资收益	——	——	——	——	——
二、营业利润	−46 100	77 800	245 500	848 720	1 981 440
加:营业外收入	30 000	10 000	14 000	24 000	25 000
减:营业外支出	10 000	12 000	13 000	17 000	20 000
三、利润总额	−26 100	75 800	245 500	684 576	1 590 152
减:所得税费用	——	——	——	171 144	396 288
四、净利润	−26 100	75 800	245 500	684 576	1 590 152

四、"P—M—M 三角"产销模式

P－M－M 即 Production－Marketing－Market(生产、营销、市场),是将生产、营销、市场三者有机结合,建立起稳定的三角关系体系。传统生产模式只是简单种植,并未考虑市场需求,导致产品不受市场看好、产品滞销;传统营销方式只是一味跟随市场需求进行销售,不去考虑果蔬的品质以及安全问题。"P－M－M 三角"解决了市场与生产对接不合理,不协调的问题。东小农原味果蔬产销团队成为生产基地与消费市场的有利连接纽带,营销团队通过前期市场调查将果蔬市场需求反馈生产团队,生产团队通过反馈的信息为技术把控生产基地制定生产种植计划,基地种植的产品再由原味果蔬营销团队进行推广与销售。"P－M－M 三角"实现了基地产品与市场的直接对接,解决了城市吃不到高品质果蔬,基地高品质果产品无销路的问题。同时省略中间批发环节既保证了果蔬的新鲜,销售的产品源头的可追溯保证了果蔬的品质。达到种植基地与市场消费者的双赢。

五、创业项目风险分析

1.风险分析

(1)自然风险:果蔬生产过程中自然气候等不定因素对产品品质、产量的影响。

(2)产品风险:果蔬属生鲜类产品,保鲜期短,不耐储运。

(3)管理风险:团队成员均为在校大学生,缺乏一定的管理经验,对部分新理念营销策略的清晰,会造成选择上的模糊与困难。

(4)竞争风险:随着原味果蔬的畅销与普及,可能会导致部分模仿竞争者的出现,使得销量有所影响,竞争对手的策略改变也会带来应付策略上的不确定性。

(5)成本风险:原味果蔬部分产品在技术上采用了新的培育方法和生产模式,因此部分产品的价格略高于低收入水平的果蔬市场,这在一定程度上影响了进入低收入水平果蔬市场的营销策略。

2.应对策略

(1)通过科学统筹、合理种植来确保果蔬产量。

(2)运营初期,种植基地距离城市距离较近,大大缩短运输时间、间接降低产品损耗,保证了果蔬的新鲜度。

(3)身为在校大学生,成员具有很强的学习能力,随着项目的运营可以通过自身学习不断提高营销能力,团队也会定期组织专业培训。

(4)不断完善种植体系,提高产品品质,通过品质打造专属品牌,再通过品牌更好的宣传产品品质,不断完善营销体系。

(5)在确保品质、果蔬生产成本及团队正常运营的情况下,制定最科学、最合理的定价方案,给予购买者最实惠的价格。

六、进度安排

(1)公司成立第 1 年,主要经营目标为打开校内市场、完善公司内部管理体系、打造品牌形象。

(2)公司运营第 2～5 年,经营重心为打开中高端消费市场,以大学为核心,逐步辐射周边高档商圈,在第五年将销售范围扩大至城市 80% 的高档商圈。

(3)公司运营稳定后,开拓中低收入者市场,以一至两个"明星产品"打开市场,通过缩小与普通果蔬产品的差价,将原味果蔬打入百姓市场。

七、项目预期成果

针对解决城市高品质果蔬购买难,周边生产基地高品质果蔬无销路的尴尬境况。团队通过"优品种、高品质、创品牌、树品味"的"四品"理念,努力完善"原味果蔬"从田间地头到城市家庭的对接渠道与实施方式,达到真正的农—市对接,通过打通、健全城市高品质果蔬销售市场,从而推动园艺种植生产行业的整体发展。

八、项目经费使用情况(省略)

📖 课后问答

1.什么是大学生创新创业训练计划?

2.创业实践项目应该有哪些前期准备?

参 考 文 献

[1]高润元.实行集团医院管理 盘活企业医疗资源[J].中华医院管理杂志,2002,18(40)：263-264.

[2]宣世英.内生性卫生资源在医院集团化扩张中的作用[J].中华医院管理杂志,2002,18(12):264-265.

[3]郑长荣.医疗机构管理面临的问题与对策中国卫生质量管理[J].中国卫生质量管理,1996,1(19):21-22.

[4]徐秀敏.基层医院医德医风管理的方法与体会[J].中国现代医生,2008,46(7):149-150.

[5]祝闻华.依托信息化从容提升医疗管理水平[J].中国现代医生,2008,46(5):149-150.

[6]崔永生.防范医疗纠纷的关键-加强医疗质量管理[J].中国现代医生,2007,45(21)：144-145.

[7]刘玉侠.大学生就业难与我国高等教育的改革[J].黑龙江高等教育,2006(3):63-65.

[8]张艳清,杜长林,等.医学研究所人文素质培养的探索[J]医学与哲学（人文社会科学版)2008,29(1):64-65.

[9]陈建松,王衍.浅谈如何转变高职高专学生就业挂念[J].卫生职业教育,2009,27(01):75-76.

[10]周烁,吴蕾蕾,等.关于医学生"就业竞争力"培养模式的探讨[J].中国高等医学教育,2010(1):75-76.

[11]万茗,刘淑英.提高大学生就业能力对策浅析[J].职业教育研究,2009,(5).

[12]吴孔阳,杨娆,娄亚芳,等.创新创业训练计划项目驱动下大学生自我管理途径及对学生能力的影响[J].科技经济导刊,2018(26):102-103.

[13]陈红兵,赵丽娅,卢进登.新形势下大学生创新创业训练计划培养模式的思考[J].教育现代化,2017(15):7-9.

[14]彭艳华,陈广明,夏希悦,等.众创背景下大学生创新创业教育的改革与思考[J].产业创新研究,2019(5):64-65.

[15]卢燕.社会创业生态下的大学生创业教育发展[J].中国高校科技,2019(5):58-60.

[16]任金恒,徐永涛,霍宁宁.大学生创新创业教育现状与路径研究[J].科技风,2020(16)：52-53.

[17]汤姆·科斯尼克,莉娜·拉姆菲尔.啮合前行:测试商业模式潜力,规划创业成功之路[M].北京:中国人民大学出版社,2016.